Os Embaixadores da Luz

© Self Empowerment Academy, 1999
Título original: *Ambassadors of Light*

Copidesque: Veridiana Maenaka
Revisão: Jefferson Donizeti de Oliveira
Editoração eletrônica: Ediart
Capa: Niky Venâncio

CIP - Brasil - Catalogação na Fonte
Sindicato Nacional dos Editores de Livros, RJ

Jasmuheen
  Os Embaixadores da Luz : viver de luz
/ Jasmuheen ; tradução de Dinah de Abreu Azevedo.
- São Paulo : Aquariana, 2002

  Tradução de : Ambassadors of Light : Living on Light
  ISBN 85-7217-080-4

  1. Auto-realização (psicologia). 2. Vida espiritual.
  3. Corpo e mente. I. Título : Viver de luz.

02-1148   CDD 158.1 - CDU 159.947

Direitos reservados à
Editora Aquariana Ltda.
Rua Lacedemônia, 68 – Vila Alexandria
Cep 04634-020 São Paulo - SP
Tel.: (x11) 5031-1500 – Fax: 5031-3462
aquariana@ground.com.br
www.ground.com.br

Jasmuheen

Os Embaixadores da Luz
Projeto Saúde e Fome Mundial

Tradução:
Dinah Abreu Azevedo

EDITORA AQUARIANA

Dedicatória

Dedicamos este livro
aos angélicos e aos arcturianos, por seus ensinamentos
sobre a Ciência da Luz Superior,
e aos Embaixadores da Luz, por seu compromisso
com a revelação de seu potencial
e
por sua coragem ao desafiar o *status quo*.
Quero agradecer também aos Mestres Ascensos,
a quem chamo de Mestres Alquimistas,
por sua visão, sua inspiração e suas soluções pragmáticas
para os desafios enfrentados pelo mundo moderno.

Agradecimentos

Obrigada, Helen e Jeff, da SEA,
por toda a ajuda na edição e na pesquisa.
Agradeço também a todos os Embaixadores da Luz
que participaram de nossa pesquisa.

Fontes de Pesquisa
Órgãos das Nações Unidas
Enciclopédia Britânica
Internet

"— Não acredito nisso! — exclamou Alice.

— Não? — perguntou a Rainha num tom penalizado.
— Tente de novo. Respire fundo e feche os olhos.

Alice riu. — Não adianta tentar — disse ela. — Não acredito em coisas impossíveis.

— Ouso dizer que você não praticou muito — respondeu a Rainha. — Quando eu tinha a sua idade, sempre praticava meia hora por dia. Porque às vezes eu acreditava em até seis coisas impossíveis antes do café da manhã."

Citação de "Alice no País das Maravilhas", de Lewis Carrol

Sumário

Introdução, 11

Seção 1
A viagem pessoal continua...

1. O Esplendor Supremo – O Poder da DI, 16
2. Os Embaixadores da Luz, 24
3. Os Embaixadores do MSPD e o Projeto Saúde e Fome Mundial, 33
4. As Distorções da mídia, 39
   Questão 1 – Anorexia, 41
   Questão 2 – Os especialistas, 45
   Questão 3 – Provas, 49
   Questão 4 – Fome mundial, 50
   Questão 5 – Reportagens responsáveis, 50
   Questão 6 – Crenças questionadoras, 52
   Questão 7 – A posição de influência, 56
5. Minha casa, meu laboratório; meu corpo, meu experimento, 57
   Daquela época até agora, 60
6. A preciosa preparação, 83
7. Estilo de vida prazeroso – Parte I
   Uma receita diária para a obtenção de maestria sobre o corpo físico, 90

8. Estilo de vida prazeroso – Parte II
   A conexão com a DI – entrando em forma para receber o prana, 96

9. O processo dos 21 dias – continuação..., 104
   Ajustes a serem feitos depois do processo de 21 dias – Jaxon Wu, 110

10. A estabilização do peso antes e depois do processo, 116

11. A família e os amigos, 123

12. Fatos e fé – prove-me!, 128

13. O retorno dos mestres do chi – Um desafio ao *status quo*, 152

Seção 2
Pesquisas de Jasmuheen e de outros

14. Pesquisas de outros
    O trabalho do dr. Karl Graninger, 163

15. Bigu e Qigong – estudos científicos, 167
    O poder do prana e a pesquisa sobre emissão de qi, 174

16. Prana e cura, 181

17. A dra. Barbara Ann Moore, 185

18. Afirmações e pranayama – O dr. Juergen Buche, 190

19. O poder do prana – pranayama, 195

20. A dança divina – o Dervixe Rodopiante e a bioenergética, 204

21. Mitocôndrias – pesquisa de Charles Mills, 211

22. Acupuntura e vícios
    O dr. Michael Smith e dr. Mikio Sankey, 215

23. Prana – o misterioso tijolo da construção do Universo, 220
24. A hipótese sobre o jejum prolongado – pesquisa do dr. Sudhir Shah sobre Hira Hatan Manek, 228
25. Pesquisa e análise estatística, 239

Seção 3
A situação mundial

26. A situação global, 249
27. Saúde harmoniosa – Fatos e números, 252
28. O vegetarianismo, 261
29. A evolução humana, a engenharia genética e a clonagem, 269
30. Pobreza, fome, inanição e desnutrição, 277
31. População, escassez de terra e desenvolvimento sustentável, 285
    Estatísticas, 288
    Solo, 290
    Árvores, 291
    Florestas tropicais, 291
    Água, 292
    Petróleo e energia, 292
    Sistemas de esgotos, 293
32. Nosso planeta, nossa descendência: redirecionamento dos recursos, 295
    Nosso planeta – fatos, visões positivas e outras, 296
    Redirecionamento dos recursos, 302
    a) O fator recurso humano, 302
    b) A educação no novo milênio, 303
    c) Dízimos e instituições de assistência social, 308

d) Proibição, 314
e) Desarmamento global, 316
f) A dívida do Terceiro Mundo, 321
g) Levantamento de fundos para o bem-estar social, 324

33. A dança da democracia – Declaração de Interdependência, 329
34. Servir, civilidade e ação – dançar para melhorar, 339
35. Pérolas e programas para nossos descendentes, 349

Seção 4
Apêndices

Órgãos de apoio aos projetos de combate à fome mundial, 362

Visões e propostas do MSPD, 364

Sobre Jasmuheen e seu trabalho como Embaixadora do MSPD, 372

Livros sobre Respiratorianismo, 375

Livros de Jasmuheen, 376

Introdução

"O conhecido é uma prisão. O desconhecido é que é o campo da potencialidade pura, o campo no qual precisamos entrar."

Dr. *Deepak Chopra*

É interessante estar aqui sentada escrevendo essa introdução para um livro que é a seqüência de *Viver de Luz – A Fonte de Alimento para o Novo Milênio*, pois, quando fui orientada pela primeira vez a contar minha viagem pessoal de libertação da necessidade de consumir alimentos graças ao poder do Divino, não tinha idéia de que o livro se tornaria tão popular e seria publicado em tantas línguas. Também não tinha consciência do impacto potencial que esse modo de vida teria sobre as questões da saúde mundial e do combate à fome, nem das controvérsias que essa "viagem sem comida" despertaria.

À medida que o tempo passa, um número cada vez maior de pessoas está contando suas experiências sobre grandes possibilidades que surgem da conexão com A Divindade Interior – (DI) – entre as quais ter condições de viver exclusivamente de Sua energia. Meu trabalho também continua a se expandir e mudar devido à minha própria conexão com a DI. Durante os últimos anos, concentrei-me na Embaixada MSPD – Movimento por uma Sociedade Positiva e Desperta – e, mais recentemente, na redação da *Trilogia de Camelot* com Saint Germain.

Apesar disso, o que parece chamar a atenção das pessoas é que agora existem pessoas "comuns" inteiramente livres para escolher se querem ou não comer – sem medo de passar fome e morrer. Além de apoiar a redistribuição efetiva de recursos para combater a fome mundial, as pessoas também podem aprender a se libertar de seu vício de comida, se assim desejarem.

Quando uma pessoa escolhe um modo de vida que promova e concretize o bem-estar físico, o bem-estar emocional, o bem-estar mental e o bem-estar espiritual, viver livre da necessidade de se alimentar com comida está a seu alcance, se ela quiser. Um dos principais benefícios do autocontrole é a liberdade em relação a limitações conscientes ou auto-impostas. Como continuamos enfatizando, a viagem de viver de luz é exclusiva-mente uma questão de liberdade de escolha.

É nosso desejo neste livro não só atualizar as informações e histórias de minha própria experiência contínua nesse campo de pesquisa como examinar as formas pelas quais podemos aplicar globalmente esse conhecimento em nível pragmático. Nem todas as minhas histórias podem ser provadas, como aquelas a respeito de pessoas que já se foram. Algumas histórias vêm com muita pesquisa, como a obra do dr. Karl Graininger, ou do fenômeno Bigu da prática do Qigong (Chi Kun), e oferecemos contatos para você investigar mais a fundo se precisar desse tipo de prova.

Em vez de nos alongarmos sobre a questão de que é possível continuar vivendo sem comer, apresentando estudos detalhados que provam essa experiência, gostaríamos de abordar outras questões, como nosso Projeto Saúde e Fome Mundial e o que isso realmente significa. Nossa pesquisa mostrou que existe uma receita ou modo de vida que tanto os indivíduos quanto os governos podem aplicar para resolver os problemas de saúde e felicidade pessoal, além de questões globais como a sustenta-bilidade dos recursos a longo prazo, pobreza e fome. Portanto, o objetivo deste livro é oferecer soluções viáveis a esses desafios em harmonia com a Declaração de Interdependência do MSPD (ver o capítulo 33).

Em 1996, com a orientação dos Mestres Ascensos Kuthumi e de Saint Germain, a SEA (*Self Empowerment Academy* – Academia de Promoção do Poder Pessoal) australiana criou o MSPD – Movimento por uma Sociedade Positiva e Desperta (ver o artigo sobre as Visões e Plataformas do MSPD no fim deste livro). O foco do movimento é oferecer soluções pragmáticas para alguns problemas graves enfrentados por muitas pessoas e países de nosso mundo moderno, unificando as pessoas com visões comuns.

Ao trabalhar com plataformas específicas em nível social, educacional, econômico e político, os Embaixadores do MSPD comprometem-se com o progresso pessoal e planetário. Foi publicado o "Manifesto da Aliança do MSPD" para mostrar fatos, números e *feedback* sobre algumas das áreas de tensão atuais do planeta, à parte os problemas de saúde e fome mundiais.

Nem todos os Embaixadores do MSPD optaram por viver de luz, pois essa possibilidade não faz parte de seu projeto de vida no momento. Saber como obter uma forma de alimento alternativo à comida é o campo de conhecimentos especializados dos Embaixadores da Luz do MSPD. É nosso projeto, nosso compromisso "de inspiração divina", explicar como isso é possível, para que um número maior de pessoas possa ter a verdadeira liberdade de escolha.

Os benefícios globais dessa opção têm inúmeras ramificações para a sustentabilidade de nossos recursos, de nossos planos de saúde e até de nossa felicidade pessoal como espécie em evolução. Mas o que o mundo vai fazer com nossa pesquisa é realmente algo que cabe a ele decidir.

Este livro talvez seja meu depoimento final sobre esse tópico, pois sinto que minha pesquisa e meus textos sobre ele estão praticamente terminados, e tenho outros projetos a realizar na Embaixada do MSPD. Uma série educacional de histórias em quadrinhos inspiradas no livro *Our Camelot – The Game of Divine Alchemy* (Nossa Camelot – o Jogo da Alquimia Divina) está nos meus planos, assim como outros projetos com os Mestres que realmente fazem meu coração cantar de alegria. Sinto-me muito honrada por ter partilhado essa viagem com todos vocês, por mais controvertida que tenha sido. Estamos aqui para questionar o *status quo*! Parece um jogo do qual alguns de nós foram destinados a participar e é nosso desejo fazer isso da maneira mais elegante e impecável possível.

Quando as pessoas fazem barulho e chamam nossa atenção – às vezes é uma proposta para vermos o "filme" de outro – paramos, olhamos, escutamos e optamos por dar ouvidos à sua mensagem. Mas se fizermos uma pausa em nossa vida agitada, ficarmos em silêncio, meditarmos e ouvirmos a voz interior, vamos escutar a mensagem mais brilhante de todas. É a voz da Divindade Interior convidando-nos a ir além de nossas limitações e a participar da experiência do paraíso pessoal e, depois, do paraíso global.

Para os Embaixadores da Luz, está na hora de sermos mais pragmáticos e, através do redirecionamento dos recursos vitais de nosso planeta, eliminar todos os problemas de saúde global e acabar com a fome mundial, criando um paraíso mundial para todos, não só para uns poucos.

Não há dúvida de que vamos despertar muito mais controvérsia se discutirmos nossas razões para:
- ♣ uma educação holística
- ♣ a utilização apropriada do fator recurso humano
- ♣ o pagamento de dízimos e a prestação de serviços
- ♣ o desarmamento global
- ♣ a dissolução das proibições
- ♣ o perdão da dívida do Terceiro Mundo e o levantamento de fundos para a previdência social.

Mesmo assim, desafiar os "poderes instituídos" que hoje controlam os recursos do planeta nunca foi uma maneira popular de progredir! O dinheiro dos poderosos contra a unidade de propósito para que todas as pessoas possam ter alimento suficiente, abrigo e educação decente é um desafio interessante que muitos Embaixadores da Luz acham que vale a pena lançar. Como Henry Ford disse certa vez, "se o dinheiro é sua esperança de independência, você nunca vai tê-la. A única segurança verdadeira que um homem pode ter nesse mundo é uma reserva de saber, experiência e capacidade".

Portanto, o objetivo deste livro é apresentar nossa experiência e nosso saber de quase três décadas de práticas no campo da metafísica e aplicá-los a alguns de nossos atuais desafios globais. As informações estão à disposição de todos, mas procurá-las, organizá-las e utilizá-las positivamente é outra história – assim como vivenciá-las.

Como Brigham Young disse, "a verdadeira independência e liberdade só pode existir quando fazemos o que é certo". Em unidade e apresentando alternativas inteligentes, podemos fazer o que é certo para todos e alterar o equilíbrio de forças para que o poder volte para o povo e a verdadeira democracia possa prevalecer.

Temos esperanças de que a riqueza de informações contidas nestas páginas lhe dê tanto respostas quanto *insights*. Como em todas as nossas obras, pedimos a você que mantenha o coração e a mente abertos, mas com discernimento, à medida que falamos de nossa própria pesquisa e do trabalho de outros – sobre os modos de vida dos Embaixadores da Luz e o que isso pode significar para o mundo.

Namaste,
Jasmuheen

1
A Viagem Pessoal Continua...

1. O Esplendor Supremo – o Poder da DI

"Quanto mais depender de forças exteriores a você, tanto mais você será dominado por elas."

Harold Sherman

Vivemos numa era de magnificência, de prosperidade e alegria genuína, e só precisamos de uma receita para nos sintonizarmos com ela. Que milagres são esses que nos levaram a receber tanto amor, sabedoria e poder para usar a nosso belprazer? Muitos dos Embaixadores da Luz acreditam que nascemos como Deuses para descobrir os Deuses que somos em forma física terrena. Alguns dizem que Deus é como o sol. Ele nos alimenta, nos mantém, e Sua natureza é nirvânica e amorosa. Quando mergulhamos Nele, quando nos fundimos com Ele, quando o sentimos, quando permitimos que Ele nos ame tal como nos lembramos Dele, os milagres acontecem. Alguns acham que viver sem a necessidade de se alimentar é um milagre.

Mas, falando em termos simplistas, a capacidade de viver de luz é o resultado de uma iniciação na Presença da Divindade Interior, que depois nos alimenta com o poder de Sua radiação. Prefiro dar-lhe o nome de A Divindade Interior, ou nossa DI.

Segundo a experiência dos Embaixadores da Luz, o Poder da DI é uma fonte ilimitada e infinita de energia pura que existe dentro de tudo o que existe, seja ou não um ser vivo. É o Poder ou Presença daquilo que alguns chamam de Esplendor Supremo de UC-UI – Um Coração e Uma Inteligência que existem dentro de tudo.

Alguns chamam o poder do UC-UI da DI de poder de Deus, poder de Alá, poder de Brahma, a força da Inteligência Suprema, a irradiação da Singularidade, ou outros nomes, dependendo da cultura e das crenças. Como dizem os seres de luz com quem trabalho freqüentemente, *"não nos importamos com que nome vocês invocam o seu Deus, desde que O invoquem"*. Pois a *experiência* Dele traz amor, sabedoria, paixão e sentido para nossa vida. Falar sem ter tido a experiência perpetua o separatismo, pois nossa mente sempre filtra o saber de modo a espelhar nossas próprias crenças.

A viagem de viver de luz nunca diz respeito a comer ou não comer, sempre diz respeito ao Poder da DI. Todos têm esse poder à sua disposição, nas mesmas quantidades; a única diferença é que temos acesso a ele com uma regularidade diferente e em quantidades diferentes. O Poder da DI não é limitado por nossa raça, religião, cultura ou crenças. É como uma fonte oculta de energia que, quando é reconhecida, conectada e vivenciada, quando permitimos que ela flua livremente por nosso corpo, faz com que os milagres aconteçam em nossa vida. Livrar-se da necessidade de retirar nosso alimento da comida é *um benefício muito pequeno* que ela nos traz.

Há uma miríade de formas de vivenciar esse Poder da Divindade, e a iniciação de 21 dias de que falamos em meu primeiro livro sobre esse tópico é apenas uma. Como conseqüência dessa iniciação, que tem por objetivo nos ligar mais ainda ao poder da Divindade Interior, a pessoa descobre a liberdade em muitos níveis e, sim, é verdade que para muitos isso significa libertar-se da necessidade de se alimentar com comida. É fato.

Como isso acontece já foi descrito em detalhes em nosso primeiro livro, chamado *Viver de Luz – A Fonte de Alimento para o Novo Milênio*. O sucesso dessa iniciação e a capacidade dos Embaixadores da Luz de se manterem e tirarem todo o seu sustento do prana depende da opção por um modo de vida muito disciplinado. A pessoa envolvida concentra-se na manutenção de um nível elevado de bem-estar físico, emocional, mental e espiritual.

Chamamos o indivíduo que opta por esse caminho de Embaixador da Luz ou guerreiro espiritual, pois passar pelo processo de conversão à alimentação prânica costuma exigir tanto disciplina quanto coragem. Para conseguir alimentar-se de prana durante um longo período de tempo, a pessoa tem de ter um desejo muito grande de vivenciar o Poder da DI à medida que Ela irradia Sua Presença através de todos nós aqui na Terra. Muitos que fazem essa viagem perceberam que o Santo Graal pode ser encontrado dentro de si e que o corpo físico também é um templo que abriga a Presença dessa Força Divina da Criação.

Ao longo dos milênios, os guerreiros espirituais têm passado por iniciações que lhes permitem irradiar a luz, o amor e a sabedoria da Divindade Interior. Obviamente existem aqueles que acreditam que a Força Divina da Criação é uma forma externa – e não uma Força que impregna tudo – e, por isso, acham que não podem vivenciar pessoalmente esse Poder Supremo.

O dicionário Oxford descreve Deus como "um ser sobrenatural que é cultuado por ter poder sobre a natureza e o destino humano". Os antigos Vedas dizem que estamos para Deus como o raio de sol para o sol. Na verdade, os Vedas têm mais informações sobre prana e Seu poder do que qualquer outra fonte literária.

Debater a forma pela qual acreditamos que a Divindade Se expressa não é o objetivo deste livro. Todos sabemos que a experiência pessoal fala por volumes inteiros e ultrapassa a teoria e a postulação, e muita gente pode ter experiências de "Poderes Superiores" que desafiam tanto a explicação médica quanto a científica. Isso é verdade no caso dos Embaixadores da Luz. Em resumo, a capacidade de viver exclusivamente de prana é um subproduto natural de *permitir* que a DI nos alimente quando a *convidamos* a irradiar-se através de nós. É o que os cristãos chamariam de Luz de Deus – literalmente. Os textos e escrituras religiosas estão cheios de referências ao poder dessa radiação divina.

Todos os seres vivos são das religiões da Luz? Não necessariamente – ao menos não da forma comumente aceita; apesar disso, mais de 80% dos Embaixadores da Luz têm tanto uma compreensão muito profunda da metafísica quanto praticam a meditação há muito tempo. Em minha opinião, não se pode viver de luz a não ser que se tenha uma compreensão intrínseca e alguma vivência relacionada à existência de uma Inteligência Superior – uma ordem cósmica por trás do caos. Pois, se deixarmos de nos alimentar com comida e não acreditarmos que seja possível continuarmos vivendo, ou não tivermos nenhuma experiência da Força Divina, então o que vai nos servir de alimento em lugar da comida?

Os seres humanos precisam de alimento para sobreviver, caso contrário o corpo físico vai consumir a si próprio e acabar morrendo: é o que acontece a quem tem anorexia, ou àqueles que vivem em situações de escassez de alimento, ou àqueles que fazem greve de fome. Mesmo dispondo de muitas pesquisas sobre o que acontece às pessoas privadas de comida, quase não há precedentes no Ocidente de pessoas alimentadas de prana.

Em sânscrito, prana significa energia primordial. Essa palavra às vezes é traduzida como respiração da força vital, embora seja mais que isso. O tema do prana é comum no pensamento iogue e falaremos mais a respeito no capítulo intitulado "O Poder do Prana". Para mim, o prana é a essência da DI e *viver com saúde sem comida requer a capacidade de se conectar com o Poder da DI para obter essa forma alternativa de alimentação*. E, como viver exclusivamente de luz é um exercício de automaestria, não é possível fazer isso sem conhecer e vivenciar nosso Eu Divino. Não o eu/ego/personalidade influenciados culturalmente, mas o Eu que nos inspira a explorar e compreender nosso verdadeiro potencial humano.

Alguns chamam esse desejo de vivenciar o Eu Divino de viagem da iluminação. Segundo o *Dictionary of Symbols* (Dicio-nário de Símbolos), iluminação é "símbolo de uma condição experimentada pelos candidatos durante os ritos de iniciação. A estrutura conhecida desses ritos envolve morte, uma viagem ao mundo do espírito e um renascimento".

Aqueles que passaram pelo processo de 21 dias descobriram que se trata de uma iniciação que requer coragem, comprometimento e grande confiança. Todos os Embaixadores da Luz que optaram por dar continuidade à experiência de ser alimentado pelo Poder da DI cultivaram durante muito tempo o interesse por iniciações e questões esotéricas, o que lhes permitiu ficarem mais "cheios de luz".

Albert Einstein disse certa vez:

"A coisa mais bela que podemos vivenciar é o mistério. É a fonte da verdadeira arte e da verdadeira ciência. Aquele para quem a emoção é estranha, que não consegue mais parar e se assombrar e ser tomado por uma sensação de respeito, esse está praticamente morto: seus olhos estão fechados. O vislumbre do mistério da vida, mesmo misturado ao medo, também fez surgir a religião.

Saber que o que é impenetrável para nós existe realmente, manifestando-se como a mais elevada das sabedorias e a mais radiante beleza, que nossas faculdades imperfeitas só conseguem compreender em suas formas mais primitivas – esse saber, esse sentimento, é o que está no centro da verdadeira religiosidade."

Para os Embaixadores da Luz, a radiação do Esplendor Supremo da DI é da maior importância para compreender que esse foco, em si, tem o poder de transformar nosso mundo. Como tem sido desde que o tempo linear começou na Terra, todo ser humano individual tem a opção de decidir qual é a melhor forma de levar sua vida, de momento a momento. Optar por se concen-trar na responsabilidade por si mesmo e no auto-refinamento, em chegar a conhecer a DI, é o que vai levar ao cumprimento da profecia da "Segunda Vinda".

Isso é algo que todos os que respiram podem fazer corretamente aqui e agora, em vez de ficar esperando por milagres ou pelo retorno do "Messias" para nos salvar. Concentrar-se na Perfeição Divina que existe dentro de nós é algo que desencadeia uma experiência da consciência crística ou da consciência búdica em nosso coração e mente, e leva o mundo e seus habitantes a um estado de verdadeira harmonia e graça.

Existem muitas maneiras de irradiar o Esplendor Supremo, descritas com detalhes em nosso livro anterior *Em Sintonia*, e também no material esotérico e metafísico e nas escrituras de muitas religiões. O conhecimento desses caminhos sempre é revelado àquele que o busca sinceramente, pois nossa DI está sempre em busca de oportunidades de revelar Sua Presença em nossa vida, quando a convidamos a fazer isso.

Sim, irradiar o Esplendor Supremo está relacionado com "iluminação" – e, para muitos Embaixadores da Luz, isso significa estar cheio de luz. Dizem que os quatro atributos da "iluminação" são: 1. discriminação; 2. ausência de desejo; 3. boa conduta; 4. amor. Essas são as questões que os Embaixadores da Luz consideram as mais importantes.

Como os textos antigos sempre disseram, dispomos de todo o conhecimento e de todas as chaves da sabedoria universal dentro de nós. Nada é novo e tudo acaba se desenrolando na Terra de acordo com o Plano Divino. Esse Plano é um campo de possibilidades do qual todos aqueles que acreditam na graça e na magia podem participar. Os feiticeiros chamam aquilo que acontece dentro desse campo de jogo da Alquimia Divina, que discutiremos em detalhe ao falar da Trilogia de Camelot.

Para os seres de luz, que chamo de MA, ou Mestres Alquimistas, os modos de vida dos Embaixadores da Luz que optaram por ser alimentados pela DI oferecem uma alternativa mais civilizada à matança contínua tanto de animais quanto de seres humanos de nossa época.

Para mim, é maravilhoso ter condições de fazer parte de um pequeno grupo de pessoas que consegue oferecer essa alternativa ao mundo, mesmo aceitando que seja um questionamento dos sistemas de crenças de muita gente. Para aqueles que respondem intuitivamente a essa opção de modo de vida, Viver de Luz parece uma alternativa muito natural.

Embora a pergunta "Exatamente como isso é possível?" ainda requeira muita pesquisa científica e médica, o *fato é que as pessoas podem alimentadas pela luz líquida, pelo chi ou prana, se estiverem bem física, emocional, mental e espiritualmente e desejarem esse modo de vida*, como fizeram os iogues durante milênios.

Em épocas mais recentes, foram feitos estudos sobre o estado de *bigu*, conseguido por emissões de *chi*, que é a irradiação de um mestre de Qigong ou Chi Kun. Depois dessa experiência, muitos disseram ter perdido o apetite e que não comeram, nem desejaram fazê-lo, durante dias, meses e anos.

Nossa viagem rumo à alimentação prânica é um pouco diferente, mas os resultados são os mesmos. O grau em que somos alimentados pelo prana e o grau em que podemos manter essa forma de alimentação a longo prazo estão diretamente ligados ao grau em que permitimos que a DI se irradie através de nosso corpo. Controlamos diariamente essa quantidade de emissão pela qualidade de nossos pensamentos, palavras e atos.

Como diz meu amigo e colega Louix Dor Dempriey em seu livro *Dawn of Enlightenment* (O início da iluminação):

"A divindade revela-se a partir do eu, onde está latente até aquele momento em que a alma está pronta e disposta a externalizá-la. São quatro as qualidades necessárias para liberar a alma: desejo, fé, disposição e obediência. Entre as quatro, a obediência é a última à qual a personalidade egóica vai sucumbir. Não basta ler todos os livros certos e citar todos os grandes sábios. As leis divinas de causa e efeito têm de ser obedecidas."

A evidência dessas leis está em todos os cantos do planeta para aqueles que optaram por olhar, assim como a evidência da Santidade que se manifesta de diferentes maneiras para pessoas diferentes. Apesar disso, não é a diferença entre nossas crenças que nos impede de vivenciar a Santidade – é a falta de um desejo profundo. Sem esse desejo, sem a intenção e sem a visão, a evidência do Esplendor Supremo continuará fora da vista de todos nós. Muitos daqueles que encontraram e viven- ciaram a evidência da Santidade tornaram-se Embaixadores da Luz.

2. Os Embaixadores da Luz

"Você não fortalece o fraco enfraquecendo o forte."
Abraham Lincoln

"Seja um homem tal, leve uma vida tal que se todo homem fosse como você, e toda vida como a sua, essa terra seria o paraíso de Deus."
Phillip Brooks, sacerdote norte-americano

Passei a chamar de Embaixadores da Luz aqueles que optaram por ser alimentados pela luz da DI, e eles vêm de muitos campos de experiência e dos ambientes mais diversos. Nem todos os que escolheram esse caminho se consideram religiosos, e muitos não compartilham de minha visão da realidade, na qual a telepatia é comum, assim como a comunicação com seres de luz e o fato de estar na presença deles.

Provavelmente os exemplos mais maravilhosos e mais célebres de Embaixadores da Luz sejam Jesus, Buda, Maomé, Krishna, a Virgem Maria, Kwan Yin e todos os mestres inspiradores que agraciaram nossa Terra através do tempo, partilhando sua luz, amor e sabedoria. Para mim, esses seres ainda existem para guiar e ajudar muitos em seu desejo de vivenciar o potencial humano de uma forma que respeite a vida.

O Dicionário Oxford diz que embaixador é um "diplomata enviado por um Estado soberano a outro em missão; diplomata do mais alto escalão que representa um soberano ou Estado numa corte ou governo estrangeiro". Sim, é verdade que muitos dos Embaixadores da Luz acham que existem para realizar e vivenciar um objetivo superior, mais divino. Muitos também acham que o "Estado" que representam é o Estado Divino da Graça e que a "corte estrangeira" é o planeta Terra.

Em minhas viagens pelo mundo inteiro, conheci muitos Embaixadores da Luz que se consideram budistas, cristãos, judeus, católicos, adeptos de Sai Baba, de Babaji, de um número incontável de gurus indianos, além daqueles que não defendem ideologias religiosas e que só desejam aumentar seu bem-estar e saúde. Em geral são pessoas que desejam qualidade de vida para si mesmos e também para os outros. Alguns se dedicam a causas ambientais ou defendem o fim da matança de animais, apontando as vantagens – do ponto de vista moral, ou de benefícios à saúde, ou da sustentabilidade dos recursos a longo prazo – proporcionadas tanto por uma alimentação vegetariana quanto por um modo de vida em que não há necessidade de comida. Pesquisei todos eles.

Nos últimos anos, falei na mídia, conversei com cientistas e médicos e percebi que idéias inicialmente rejeitadas passaram a ser toleradas e até compreendidas. Esse é o poder da reeducação dirigida, que pode levar à eliminação do medo pela eliminação da ignorância.

Embora os Embaixadores talvez não tenham um processo específico passo a passo para enfrentar todos os desafios do planeta neste início de milênio, temos, sim, um número suficiente de informações e instrumentos simples e práticos que vão gerar mudanças pessoais e globais muito profundas – pressupondo que nossas sugestões sejam adotadas e praticadas. Pode não acontecer da noite para o dia, mas vai acontecer.

Com a mudança de opções muito básicas em termos de modo de vida, os Embaixadores da Luz propõem a eliminação do mal-estar social, o que vai permitir o redirecionamento de bilhões de dólares para programas de previdência social.

De acordo com a Plataforma do MSPD, fundamos a Embaixada da Luz para aqueles que Merlin chama de *Cavaleiros da Luz*, a fim de continuarmos a falar a respeito de nossas viagens pessoais com o poder da DI e de viver de Sua luz. Meu último livro, *Our Camelot – The Game of Divine Alchemy* (Nossa Camelot – O Jogo da Alquimia Divina), detalha autobiograficamente minhas experiências com esses Embaixadores Cósmicos da Luz, que passei a chamar de Mestres Alquimistas (os MAs).

Neste livro, Merlin descreve assim os Embaixadores da Luz na Terra:

"Cavaleiros cósmicos em missão em nome de UC-UI (Um Coração-Uma Inteligência), cujo papel é preparar o terreno para a alimentação prânica como a forma de nutrição da humanidade no novo milênio. Em geral, são inspirados a ajudar no fim da matança de toda a vida na Terra, principalmente do reino animal. Além dos benefícios morais de um modo de vida vegetariano, também costumam ser ambientalistas interessados na sustentabilidade dos recursos planetários a longo prazo."

Mais adiante, neste mesmo livro, Merlin, no futuro, olha para trás e fala mais sobre a diferença entre aqueles que Ele chama de Cavaleiros do Nirvana e de Cavaleiros da Luz:

"Os Cavaleiros do Nirvana inspiraram todos a procurar conhecer a DI, a se 'encherem de luz' e promoveram o êxtase da iluminação. Seu lema era: 'E de êxtase*, o poder, não a droga!', que de certa forma parecia apropriado na época do 'tapa rápido' das pílulas e poções que hipnotizavam os menos disciplinados na Terra.

---

* NT – Êxtase; em inglês, *ecstasy*. Merlim deixa claro referir-se ao sentimento de iluminação, não à droga que, no idioma ingês, leva o mesmo nome.

Os Cavaleiros da Luz eram os fanáticos pela boa forma, como se fossem professores cósmicos de ginástica aeróbica. Foram os que encontraram uma solução para os problemas de saúde e todos os outros relacionados com a fome no final do milênio, antes da grande mudança. Muitos tinham se tornado membros da Embaixada da Luz e eram defensores do que alguns passaram a chamar de 'nirvana do prana'. Para conseguir ser alimentado pela DI, era necessário estar em forma em todos os níveis."

Independentemente de estar em boa forma em todos os níveis, um dos maiores desafios para os Cavaleiros da Luz é a área do controle ambiental. Ter condições de viver neste mundo, mas, ao mesmo tempo, distanciado dele o bastante para não ser afetado pelo meio ambiente – exceto por opção – é uma das muitas habilidades que os Embaixadores da Luz ainda estão desenvolvendo.

Para chegar a ter a experiência do nirvana do prana, são necessários vários preparativos. Para Embaixadores da Luz, isso inclui um programa diário de atenção concentrada à alimentação, exercícios e solidão, além de tempo para contemplação e alinhamento com a DI. Em outras palavras, precisamos fazer opções básicas de modo de vida que sirvam de base ao bem-estar sustentável em todos os planos de nossos ser. Aqueles que não têm ou não mantêm uma prática espiritual "sólida" consideram impossível viver somente de prana.

Desde que comecei a pesquisa para este livro, outros modos de vida sem ingestão de comida vieram à luz. Como são pouco familiares a mim pessoalmente, só posso falar sobre as experiências e pesquisas daqueles que conseguiram uma transformação do corpo suficiente para se alimentar de luz, como descrevi no meu primeiro livro sobre esse assunto. No estado de *bigu* os praticantes de Qigong parecem ter uma experiência diferente, e o que estou discutindo aqui pode não ter relevância para sua metodologia.

O que muitos Embaixadores sentiram é que estar em plena forma em todos os níveis cria um veículo forte para o Divino irradiar-se a partir de dentro. Um veículo menos forte só pode atrair, segurar e emitir certos níveis do Poder da DI, que podem não ser suficientes para permitir que o veículo seja sustentado só pelo prana durante longos períodos de tempo.

Além disso, quando a pessoa não está em plena forma em todos os níveis, durante o processo de 21 dias ela pode enfrentar problemas com o circuito eletromagnético do corpo. O controle da mente tem de ser praticado por todos os Embaixadores da Luz à medida que aprendem a se liberar da influência das crenças limitadoras baseadas em experiências passadas e medos futuros.

Os benefícios de estar em plena forma são numerosos demais para citar todos aqui; basta dizer que, depois de desfrutar essa experiência, você fica viciado. Nenhuma doença, alegria absoluta, a sensação de que sua vida tem propósito e paixão, relações afetivas maravilhosas, abundância em todos os planos – esses são alguns dos atributos de que muitos usufruem com esse tipo de controle.

Lembro-me de uma conversa recente com Saint Germain, durante a qual Ele disse:

"– Controle é ter consciência da escolha e fazer uma aplicação inteligente dessa escolha. Escolher pensamentos de qualidade, sentimentos de qualidade, alimentos de qualidade são escolhas que levam a um modo de vida de qualidade. Independentemente de culturas, rituais ou religiões – você tem todas as opções –, ninguém lhe diz o que pensar, o que dizer ou o que comer. Até onde há pouca comida, quando um ser espera ter saúde ele ordena a seu corpo que se alimente de prana e da Divindade Interior, e tem fé, ele é alimentado. Mesmo assim, ainda há muito que um Cavaleiro da Luz pode fazer para fortalecer e sustentar esse processo de revelação.

– Revelação? – perguntei.

– A revelação do poder, da DI, querida – respondeu ele.

– A revelação faz muito mais do que alimentar o corpo. Alimenta a alma, dá sentido e visão ao coração e à mente. Plenitude espiritual e magia. A revelação da DI é algo que todos podem testemunhar e vivenciar. À medida que você se permite irradiar mais a Presença a cada dia que passa, mais magia, graça e sincronicidade são atraídas magneticamente para o seu campo de energia, e logo você vive constantemente dentro dessa zona de sentido e prazer.

– Parece ser o melhor vício que se pode ter! – respondi com uma ponta de dúvida.

E ele replicou:

– É isso mesmo, querida, pois os seres humanos estão constantemente se viciando em alguma coisa – em comida, em amor, em sentido de vida. Mas viciar-se na DI satisfaz todos os outros vícios simultaneamente."

Até eu passar por esse processo de transformação, nunca pensei que as pessoas fossem viciadas em comida. Como muitos dos Embaixadores da Luz, eu achava que todos precisavam de comida para viver, embora eu tivesse conhecido muita gente que vive para comer. Mas, ao longo dos últimos seis anos, percebi que muitos de nós são viciados em sensações gustativas, enquanto outros ainda são viciados no prazer social de comer.

É provável que sempre sejamos como alcoólatras em fase de recuperação. A pergunta que temos de fazer é: nossos vícios – sejam eles quais forem – são saudáveis e promovem a pessoa que queremos ser na vida? A essa pergunta, muitos vão responder não. Um estudo sobre obesidade conduzido pela *British Nutrition Foundation* disse que mais de 40% da população inglesa está obesa ou acima do peso. Segundo esse relatório, o nível de obesidade decorrente de opções alimentares atingiu proporções epidêmicas. Menciona que os riscos de problemas de saúde associados à obesidade são doença cardíaca, diabetes, derrame e alguns tipos de câncer; por isso, o governo está insistindo com as pessoas para que comam muitas frutas, verduras e legumes frescos e pratiquem mais exercícios. Relatórios semelhantes foram publicados em muitos outros países.

Grande parte da relação dos Embaixadores da Luz com a comida mudou substancialmente depois do processo de 21 dias. Alguns ficaram mais relaxados depois de terem sido "puristas alimentares" de longa data e, tomando consciência de que só queriam comida para satisfazer uma "fissura" por sabores, passaram a só tomar sorvete ou comer chocolate até não terem mais vontade. Para alguns, o processo levou dias ou semanas. Outros voltaram a comer depois de alguns dias, mas só alimentos crus, ou só comiam frutas e tomavam sucos. Outros comiam uma refeição pequena uma vez por semana, só pelo prazer social.

Antes, durante e depois do processo de conversão de 21 dias, as pessoas deparam-se com seu vício em comida e com sua relação com ela. Cada qual enfrenta o problema de uma forma. Alguns parecem viciados em época de abstenção da droga e podem se tornar muito difíceis de conviver. Como me disse uma amiga certa vez, "Para quem está optando por não comer, você com certeza passa um bocado de tempo falando de comida!" E ela estava certa – esse é um estágio normal pelo qual muitos passam, analisando e discutindo sua relação com a comida.

Para alguns, não é nada além de absorver o planeta sob a forma de comida. Sua produção, cultivo e distribuição emprega milhões e sustenta milhões. Como disse o escritor e *chef* James Beard: "A comida é nosso terreno comum, uma experiência universal".

Seus benefícios quando bem usada, ou desvantagens quando mal usada, preocupam muitos nutricionistas, médicos e pesquisadores a nível global. Orgânica ou não? Crua ou cozida? Suplementar ou não a dieta com vitaminas? Fazer regime ou não: Comer "porcaria", alimentos saudáveis ou não comer? Fazer engenharia genética ou não?

Deixar de pensar e falar de regimes, questões vitamínicas e tudo o que acabei de citar pode ser extremamente liberador, mesmo que nem consideremos os outros benefícios de que os Embaixadores da Luz desfrutam. Nenhuma necessidade de fazer compras de comida, nem de cozinhar, nem de lavar pratos também são prêmios e, como já eu já disse muitas vezes, uma forma excelente de administrar o tempo.

Nem todos aqueles atraídos pelo trabalho da Embaixada da Luz se interessam pelo autocontrole, por soluções para a fome mundial ou mesmo pela realidade da comunicação telepática com "seres de luz". Na verdade, descobrimos a partir de nossas interações com aqueles que contribuem para a página do Fórum Viver de Luz na *Cosmic Internet Academy* (CIA) – e com aqueles que responderam nosso questionário, que as escolhas de modo de vida, a formação e os perfis de personalidade dos Embaixadores da Luz são incrivelmente variados.

Em resumo: 85% meditam regularmente
83% sabem que criam a própria realidade
68% estão em plena forma e são fortes
71% foram vegetarianos durante muito tempo
25% vivem de alimentos crus
25% são celibatários por opção

47% vão regularmente à igreja, ao templo ou à sinagoga

61% servem a humanidade em regime de tempo integral – isto é, estão comprometidos com a melhoria do planeta, não com sua destruição.

Os Embaixadores da Luz vêm das mais diversas religiões. Entre eles há médicos, terapeutas alternativos, músicos, artistas plásticos, escritores, conferencistas, funcionários públicos, mulheres e homens de negócios, escriturários, donas de casa, aposentados e até desempregados. Entre os que participaram de nossa pesquisa, a idade média é 47 anos e 51% são mulheres. O mais velho tem 93 anos e o mais jovem tem 18.

Finalmente, gostaria de esclarecer o termo Embaixador da Luz. Quando usado no contexto de que, pela experiência espiritual diária, as pessoas ficam mais cheias de "luz" e ligadas ao Poder da DI, então milhões de pessoas poderiam ser consideradas Embaixadoras da Luz. Qualquer pessoa comprometida em ajudar a realização da Vontade, do Amor e da Sabedoria Divinos na Terra pode ser considerada uma Embaixadora da Luz. No contexto deste livro, uso esse termo especificamente para me referir àqueles que optaram por deixar o Poder da DI alimentá-los, que revelam o aspecto visual do Poder da Luz da DI.

Resumindo, os Embaixadores da Luz convidam todos vocês a:
- ♣ se abrirem para as possibilidades mais amplas; se podemos imaginar uma coisa, então é possível realizá-la;
- ♣ entrar em plena forma e manter a saúde refinando sua opção em termos de modo de vida;
- ♣ procurar conhecer a DI e sentir os benefícios de Seu poder. Mais clarividência, clariaudiência e clarissensibilidade são comuns.

3. Os Embaixadores do MSPD e O Projeto Saúde e Fome Mundial

"Milhares de velas podem ser accsas a partir de uma única vela, e a vida da vela não diminui com isso. A felicidade nunca diminui por ser dividida."

Ensinamento de Buda

À medida que mais pessoas optam por um modo de vida que promova o bem-estar em todos os níveis, elas começam não só a desfrutar os benefícios pessoais dessa opção como também vêem os benefícios globais. Para mim, pessoalmente, foram necessários três anos de experimetnação com a proposta de viver sem comida até eu começar a ver claramente como a alimentação prânica e o modo de vida que ela requer podem ser aplicados a muitos de nossos problemas relacionados à saúde mundial e à fome mundial.

Para os Embaixadores da Luz, fome significa fome de amor, fome de saúde, fome de felicidade, fome de trabalho significativo e também a fome que surge da falta de comida. Como muitos agora têm consciência, a falta de comida e a pobreza derivam da distribuição desigual dos recursos do mundo, e não de qualquer falta real de recursos neste planeta.

Também sabemos que a fome que muitos sentem de uma felicidade profunda e duradoura, assim como de um sentido de vida, não pode ser satisfeita pelo ganho material – embora muitos empresários ocidentais tenham dito que preferem ser infelizes com dinheiro do que sem. A felicidade pessoal nasce do sentimento abundantemente em muitos planos e significa muitas coisas diferentes para pessoas diferentes. A felicidade está ligada à nossa estrutura genética combinada a nosso meio ambiente e até a influências de vidas passadas. Só a riqueza financeira não garante a felicidade pessoal. E um antigo provérbio grego diz: "Primeiro garanta uma renda, depois pratique a virtude".

Quando satisfazemos nossa fome intensa de sentido de vida, de amor verdadeiro e de felicidade trilhando o caminho da consciência do verdadeiro Eu, deixamos de estar completamente absortos em nós mesmos e nos tornamos mais altruístas, mais voltados para o servir e mais preocupados com o bem-estar dos outros. Portanto, os "ricos" podem efetivamente discutir e depois satisfazer as necessidades dos "pobres".

Lembro-me de que, há vinte e cinco anos, um guru oriental disse que não se dá espiritualidade ao Oriente, pois lá as pessoas já têm muita; é preciso dar-lhe comida, um teto e uma educação decente. O que se deve fazer é dar espiritualidade aos ocidentais, que têm absolutamente tudo e ainda assim costumam ser miseráveis espiritualmente, e esperar que eles então se voltem mais para o altruísmo e o servir desinteressado. Desse modo, eles podem fazer a redistribuição dos recursos em torno do planeta de tal modo que as pessoas que estejam passando necessidade sejam atendidas.

Em nosso Projeto Saúde Mundial, Fome Mundial, saúde significa saúde mental, saúde emocional e saúde espiritual, bem como saúde física. Todas essas coisas são discutidas na *Self Empowerment Academy* (SEA) através de nossa página na Internet, livros, boletins informativos e artigos publicados.

A educação voltada para a saúde global é mantida por um sistema complexo de trabalho em equipe, que conta com educadores holísticos, terapeutas alternativos e médicos. Trata-se de um grupo de pessoas que reconhecem o poder da conexão mente/corpo e estão concentradas na reeducação das pessoas em termos de opções de estilo de vida que promovam a saúde.

Muitas dessas pessoas também estão envolvidas com o idealismo do MSPD e, entre elas, temos representantes da mídia consciente, médicos, nutricionistas, terapeutas alternativos, centros de pesquisa e todos aqueles dedicados a seu campo particular de prestação de serviços. Nesse sentido, o Projeto Saúde Mundial, Fome Mundial já tem o apoio necessário daqueles que desejam a saúde e a felicidade para todos.

As práticas normalmente associadas à comunidade da "Nova Era" entraram na consciência da corrente dominante quando muitos perceberam que estava na hora de assumirmos responsabilidade total pela vida. Para criar relações positivas com os outros, precisamos antes aprender a amar e respeitar a nós próprios. Para alguns Embaixadores da Luz, permitir que a DI nos alimente é o sinal supremo de confiança e respeito por quem realmente somos.

Um indício dessa mudança de atitude em relação à nossa saúde e felicidade nesse mundo é o aumento do interesse da mídia por um modo de vida saudável, o que vemos na promoção da ioga, da meditação, da alimentação vegetariana e do exercício regular feita por muitas revistas.

Até a Organização Mundial de Saúde – OMS – define saúde como "um estado de completo bem-estar físico, mental e social, e não apenas a ausência de doença ou fraqueza", e afirma também que a boa saúde é fundamental para a paz e a segurança mundial.

A saúde é uma opção que todos fazem todos os dias ao escolher o que comer, o que sentir, o que pensar e como tratar o próprio corpo. No Ocidente, a boa saúde do povo não é responsabilidade exclusiva do governo, embora a educação sobre opções de modos de vida devesse fazer parte do currículo de todas as escolas.

A pesquisa mostra que estamos vivendo mais tempo e, na verdade, comendo melhor e fazendo exercícios, que são fatores muito importantes para manter essa tendência. Mas, por si só, esse fato cria outras complicações. Em 1998, havia 66 milhões de pessoas com mais de 80 anos. No ano de 2050, espera-se que o número de pessoas com mais de 80 anos suba para 370 milhões. Embora a população só esteja crescendo a uma taxa de 1,3% ao ano, esse número afetará nossa sustentabilidade de recursos a longo prazo. Vamos discutir essa questão com mais detalhes em outros capítulos, pois já não é suficiente fazer opções que sejam boas só para nós; está na hora de ter consciência da maneira pela qual nossas opções pessoais em termos de modo de vida influenciam o planeta.

As soluções tanto para os problemas de saúde quanto de fome não surgirão de um ato de magia ou feitiçaria, e sim de opções inteligentes em todos os momentos de todos os dias. A opção por pensamento de qualidade, sentimento de qualidade e alimentação de qualidade percorre um longo caminho até trazer saúde para nosso espírito, inteligência, emoções e corpo.

Infelizmente, algumas pessoas acham que o trabalho dos Embaixadores da Luz no campo da alimentação prânica está em conflito com a profissão médica e com os nutricionistas. Na verdade, nosso trabalho respeita essas profissões, apóia e complementa a pesquisa aceita nesses campos e depois leva-a para outros níveis. Nosso foco na saúde é nosso foco no poder da medicina preventiva e na promoção do estilo de vida prazeroso que vai permitir a muitos ficarem permanentemente livres de doenças e mal-estar.

A alimentação prânica e aprender a criar realidades que são boas efetivamente para todos nós é o resultado da opção por um modo de vida muito particular e muito disciplinado por pessoas que, durante décadas, seguiram de fato o conselho tanto de médicos quanto de nutricionistas. Depois de acrescentar a meditação e o controle mental a uma alimentação e exercícios saudáveis, seguimos em frente e descobrimos uma fonte alternativa e viável de nutrição.

Nossa responsabilidade como Embaixadores da Luz é trabalhar em conjunto com médicos e terapeutas alternativos que praticam métodos holísticos de medicina, e não competir com eles. Também não questionamos o que a tradição conclui ser válido; só pedimos que as pessoas mantenham a mente aberta para o campo da Ciência da Luz Superior, pois ela revela algumas possibilidades mais civilizadas.

O prana está sendo oferecido como uma forma adicional de alimentação para o mundo, não como uma "obrigação". Por quê? Porque precisamos dele. Sim, há projetos que tratam das questões da saúde e da fome mundiais, mas eles também são controvertidos.

Assim sendo, falamos sobre a aplicação global dos projetos de saúde mundial e fome mundial, e do levantamento de fundos para eles, na seção 3 deste livro. Por enquanto, nós, como indivíduos, independentemente de nossa situação, podemos começar a assumir responsabilidade pessoal por nossa própria saúde e por nossa própria fome abrindo-nos para outras alternativas.

Temos esperanças de que um número suficiente de pesquisas confiáveis venha a ser publicado sobre esse campo que alguns médicos chamam de *"inedia paradoxa"* ou paradoxos da má alimentação, de modo que a idéia de ser alimentado pelo Poder da DI – ou o poder do prana – se torne mais aceitável.

Obviamente, muitos dos Embaixadores da Luz também gostariam que mais pesquisas fossem feitas para descobrir o que acontece ao corpo quando uma pessoa vive de prana durante anos a fio. O que sabemos de fato é que viver do Poder da DI nos permite ser mais saudáveis e felizes, o que, por si só, já é uma grande revelação.

Enquanto isso não acontece, recomendo que você:
1. Procure tomar consciência de seu modo de vida e da maneira pela qual opta por preencher cada momento de cada dia.
2. Pesquise mais e compreenda que toda doença deriva de um mal-estar interior.
2. Procure e utilize os conhecimentos de seu terapeuta holístico. Torne-se vegetariano.
3. Assuma responsabilidade por sua própria saúde e por suas "carências".
4. Seus pensamentos, palavras e atos estão mantendo sua saúde e satisfazendo todas as suas "carências"?
5. Prepare-se para romper velhos hábitos que não servem mais para você nem para o planeta. Um exemplo: pergunte-se por que come carne. Por que gosta? Ou por que é um hábito que você nunca questionou? Continuar fazendo algo porque você gosta ou por hábito, quando tem repercussões pessoais e globais negativas, é irracional. É isso o que queremos dizer com romper hábitos que não servem mais para você nem para o planeta.

Nas seções 2 e 3 você vai saber mais sobre:
1. Nossa própria pesquisa e a de outros a respeito de viver sem precisar de comida.
2. Soluções e projetos relativos à fome mundial.
3. Os benefícios para a saúde de uma alimentação vegetariana.
4. Sustentabilidade dos recursos globais a longo prazo.
5. Levantamento de fundos para o bem-estar social e programas de educação holística.

4. As Distorções da Mídia

"Quando você ataca com visível negatividade, você só alimenta e inflama a fonte. Sempre é melhor adotar uma atitude positiva em qualquer conflito. Se você ama genuinamente, ou pelo menos envia pensamentos benevolentes para uma criatura, ela vai mudar diante de seus olhos."

John & Lyn St. Clair, *Eyes of the Beholder*

Neste capítulo começamos com uma citação da seção de mídia da página da *Cosmic Internet Academy* (CIA) na Internet, pois ela trata de muitas questões que têm sido levantadas cons-tantemente entre os Embaixadores da Luz e em minhas relações pessoais com a mídia global. Onde foi necessário, fizemos acréscimos para atualizar a discussão.

Nas próximas páginas falamos sobre anorexia, sobre especialistas, provas, fome mundial, reportagens responsáveis, questionamento de crenças médicas e nossa posição de influência. Para nós são questões-chave que dizem respeito a muita gente.

Em 1996, Kuthumi, um Mestre Ascenso, transmitiu-me telepaticamente a visão global do MSPD e, durante os dois anos seguintes, lançamos juntos, com o maior cuidado, os alicerces da Embaixada Internacional do MSPD. Naquela época eu ainda alimentava a auto-imagem de que era uma escritora que vivia segundo um modo de vida iogue e que optara por viver exclusivamente de luz porque me convinha. Enquanto editora e responsável pela publicação de *The ELRAANIS Voice*, disseminando informações e a visão da Embaixada do MSPD, não sofria nenhum questionamento, pois, fosse como fosse, estávamos no campo da reeducação.

Logo depois disso, Saint Germain manifestou Sua presença e perguntou-me se eu estava preparada para trabalhar também como um dos representantes dos Mestres Ascensos perante a mídia global. Disse-me que, nessa era de tecnologia, a mídia é um dos mais poderosos instrumentos de educação do planeta. Disse também que os mestres queriam atrair a atenção da mídia para os ideais da Embaixada do MSPD, e o modo de fazer isso era expondo ao público o fato de que eu não precisava ingerir comida para viver.

Percebi que "sair de dentro da concha" significaria:
a) a perda de minha privacidade, que, para minha condição de guerreira iogue, é da maior importância, e
b) um desafio colossal, pois, durante duas décadas, eu sentira a relutância do mundo ocidental em aceitar completamente os benefícios da medicina holística e do vegetarianismo.

Também já havia sentido a descrença e o medo – alimen-tados pela ignorância – em relação à minha opção mais recente em termos de modo de vida. Educar meus amigos e conhecidos da terapia holística, e até minha família, exigiu uma paciência enorme, pois suas crenças em torno da possibilidade de sobreviver sem comida estavam sendo questionadas pela minha experiência.

Dizer que eu estava um pouco relutante em assumir a tarefa de "responsável pelas relações públicas/educação no ambiente da mídia" sobre a prática quase "inacreditável" da alimentação prânica não daria nem uma pálida idéia do que eu estava sentindo. Mesmo assim, a lógica de Saint Germain prevaleceu e eu acabei concordando. Mas estipulei que, se Ele devia ser meu "contato com a imprensa", só devia me mandar jornalistas de mentalidade aberta. Até hoje Ele cumpriu Sua parte no acordo e conheci alguns jornalistas, entrevistadores e membros de equipe de filmagem incrivelmente "ligados".

Senti muitas vezes que a imprensa mundial é implacável em seu questionamento – o que, afinal de contas, é o seu trabalho. Também acho que o ceticismo é natural e saudável para qualquer mente com discernimento, coisa que o medo alimentado pela ignorância não é. Também não é natural nem saudável fazer reportagens sobre boatos sem substância como se fossem fatos, o que é uma prática jornalística destituída de integridade. Tendo realmente a lembrar os céticos de que houve uma época em que se pensava que a Terra era achatada, que o sol girava em torno dela e que a idéia de pessoas caminhando sobre a superfície da lua também era absurda.

O poder do prana foi muito bem discutido nos antigos Vedas e nas Upanhishads, mas não pela literatura ocidental, e a idéia de que as pessoas podem viver sem o alimento proveniente daquilo que o mundo ocidental chama de "comida" também é considerado absurdo por alguns. Sei que vai chegar uma época em nossa história futura em que viver de prana vai ter tanta aceitação quanto a que o vegetarianismo está desfrutando hoje. Tanto por razões de saúde quanto de sustentabilidade dos recursos.

Por isso há algumas questões apresentadas pela mídia que precisam de esclarecimentos. As perguntas que se seguem são feitas freqüentemente pelo público e/ou pela mídia, e o que eu chamo de "distorções da mídia" é que precisa de esclarecimento.

QUESTÃO 1 – ANOREXIA

Uma das primeiras questões que achamos importante considerar no que diz respeito às preocupações da mídia e de um público seleto é a anorexia. Aqueles afetados por esse problema comentaram que é moralmente irresponsável de nossa parte falar publicamente sobre não ingerir alimento.

Na verdade, programas de televisão em que tratávamos desse assunto foram cancelados quando os profissionais do campo da anorexia descobriram o tópico que seria discutido no ar. Eu gostaria de dizer que a doença chamada anorexia só pode se disseminar ou ser incentivada por nossas discussões públicas sobre viver de luz se:

♣ a) não conseguirmos transmitir a mensagem de que essa é uma iniciação espiritual que gera o subproduto de obter alimento de uma outra fonte. É extremamente improvável que esse temor se concretize, pois temos plena consciência da necessidade de falar dessa pesquisa de maneira responsável e também do perigo representado por tentativas feitas por pessoas que não têm o treinamento necessário; e/ou se

♣ b) a mídia for irresponsável ao apresentar o quadro completo e falhar ao não conseguir discutir a questão corretamente.

Isso pode ser difícil, e alguns jornalistas afirmaram que seu jornal/revista não pode entrar em aspectos religiosos/espirituais de nossa viagem, pois isso "afastaria os leitores".

Voltando à anorexia, os fatos são:

1. A capacidade de viver sem o alimento derivado da comida é resultado de uma iniciação espiritual extremamente complexa. Os iniciados preparam-se durante décadas e até durante a vida toda para esse processo, que não pode ser visto de maneira leviana. Também pode ser uma viagem muito perigosa para os despreparados. Para os bem preparados, é um processo de alegria intensa.

2. Viver de luz não tem nada a ver com fazer regime ou com a prática do jejum. Em termos cristãos, quando uma pessoa não tem uma ligação muito forte com o seu Deus, é impossível viver de luz. Pois é nossa crença na existência dessa Força ou Inteligência Suprema e nossa experiência de Seu poder que nos permitem ser alimentados dessa forma. Sem isso, não comer passa a ser jejum e, sem a vontade consciente de que a DI alimente o veículo, o corpo vai acabar morrendo por falta de nutrição. Nesse sentido, tudo o que os nutricionistas e terapeutas dizem é 100% certo.

3. A anorexia é um desequilíbrio de base emocional que também está associado a uma mentalidade prejudicial ao veículo físico e ao bem-estar geral da pessoa com esse problema. Em nosso boletim informativo *The ELRAANIS Voice*, volume 3, número 1 (que pode ser obtido gratuitamente em nossa página da Internet), temos um artigo com uma entrevista com Peggy Claude Pierre, do Canadá. Veio do *site* Share International (*www.shareintel.org*), e Peggy parece estar apresentando uma grande pesquisa nesse campo. Vale a pena ler seu artigo e, em vez de falar mais sobre anorexia, vamos deixar você em contato direto com os especialistas desse campo.

Portanto, mesmo ouvindo alguns dizerem que é irresponsabilidade de nossa parte falar sobre não comer quando existe o problema da anorexia no mundo, o que gostaríamos de dizer é que *achamos que seria irresponsabilidade não falar sobre as conclusões de nossa pesquisa à luz do fato de que, a cada segundo, segundo estatísticas da UNICEF, uma criança morre de doenças associadas à fome.*

Supondo que o que estamos afirmando seja verdade, consideramos que seria moralmente inaceitável descobrir essa fonte de alimento, guardá-la para nós e não dividir os benefícios dela com o mundo. É interessante notar que a idade média dos Embaixadores da Luz é de 52 anos, sendo que o mais velho tem 93 anos e o mais jovem tem 20.

Recomendo a qualquer pessoa que sofra de anorexia ou bulimia que:

1. Aprenda a meditar com a intenção de ter a experiência de "quem" você realmente é. Saber que você é mais que apenas mente, corpo e emoções é uma experiência muito libertadora.
2. Concentre-se em estar em plena forma física, emocional, mental e espiritual.
3. Adquira controle mental e descubra como os pensamentos criam a realidade.
4. Aprenda a amar mais plenamente a si mesmo e aos outros.
5. Recupere as relações consigo mesmo e com os outros fazendo cursos sobre desenvolvimento da auto-estima e comunicação.
6. Descubra algo criativo que você adora e faça diariamente – pintura, dança, música, jardinagem, etc.
7. Reserve algum tempo para servir outros menos afortunados que você – servir de forma altruísta é a maneira mais rápida de sair da absorção em si mesmo, autopiedade ou falta de amor próprio.
8. Comece a sentir o quanto a vida é preciosa reservando algum tempo todos os dias para dar graças e sentir gratidão por tudo o que está dando certo em sua vida, por mais trivial que seja; por exemplo: agradeço-lhe, Deus/universo/espírito por aqueles que me amam, agradeço por minha cama quentinha, pelo

sol que brilha, pelo meu talento para _____; agradeço por _____. Saiba que, quanto mais agimos com gratidão sincera, tanto mais teremos pelo que agradecer – essa é a lei universal.

9. Faça um pedido à Divindade Interior: "Peço-lhe agora, Divindade Interior, que me permita completar todo o meu aprendizado cármico sobre essa questão com alegria, desembaraço e graça, para que eu possa ter a liberdade de expressar meu Eu Divino plenamente a todo momento".

10. Use essa programação: "Agora peço que minha vida fique cheia de sentido e propósito e que toda discórdia dentro de meu corpo mental, emocional e físico seja resolvida, entrando em perfeita harmonia com A Divindade Interior".

11. Peça ao universo para lhe trazer os terapeutas e mestres certos que o ajudarão a recuperar a sensação de bem-estar.

Se quiser mais informações sobre o uso de programação, o poder de nossas emoções e o controle mental, leia meu livro *Em Sintonia*.

QUESTÃO 2 – OS ESPECIALISTAS

Uma coisa que acho um pouco "penosa" é o jogo que a mídia faz de "vamos entrevistar Jasmuheen em separado ou junto com um *especialista* em medicina, biologia, nutrição", ou seja lá que for. O especialista diz que é impossível um corpo sobreviver sem comida e eu digo: "Concordo". O especialista diz: "Os corpos têm de ter uma comida bem nutritiva" e eu digo: "Concordo". Não entendo o que torna isso tão interessante para a televisão, primeiro porque não posso discordar quando eles estão certos, com o que eles sabem a respeito de seu próprio campo, e eu tenho de aplicar tudo aquilo para passar para a fase seguinte. Em segundo lugar, mantém o assunto truncado pelo sistema de crenças do programa de que participamos e pelo "especialista", em vez de nos permitir ter uma conversa inteligente para dar os detalhes de nossa pesquisa, para que as pessoas possam descobrir como isso acontece, em vez de continuarem repisando que "não pode ser".

Ouvir alguém insistindo em dizer que algo é impossível quando você experimentou pessoalmente o contrário é realmente estranho – mesmo assim, dá-nos paciência perceber que muita gente se protege na "descrença" quando exposta pela primeira vez a algo que questiona seus sistemas de crença, como faz essa opção pelo nosso modo de vida.

Com a mídia interessada em jornalismo sério e informativo, que deseja ir além do sensacionalismo e do diz-que-diz, tentamos fazer uma discussão acalorada e um jogo interessante em termos de televisão. Para isso, pedimos que ao menos tragam um "especialista" que tenha familiaridade com a obra de pessoas como o dr. Deepak Chopra. Deepak fez pesquisas incríveis sobre a conexão mente/corpo e o milagre do sistema humano, e eu recomendo seus livros a todo mundo.

Idealmente, para comparar maçãs a maçãs, o "especialista" também vai precisar de uma boa compreensão e experiência da conexão mente/corpo e ser alguém que tanto teórica quanto experimentalmente conheça os benefícios da meditação. Para mim, um "especialista" confiável é também uma pessoa que tem consciência do poder da mente e *é um bom exemplo de refinamento alimentar aplicado e de uma prática regular de exercícios*. Aí talvez possamos ter uma discussão informativa.

Nessas situações, conheci um número impressionante de "especialistas" com excesso de peso, que não têm boa saúde e não fazem exercícios! Quase nenhum jamais ouviu falar em prana ou chi, quase nenhum acredita na existência de uma força vital universal; discordam das teorias de reencarnação, da indestrutibilidade da energia e de suas propriedades. Raramente conheci um especialista, no rádio ou na televisão, que seja versado no campo da metafísica, que compreenda que somos seres criativos com o poder de manifestar qualquer realidade que quisermos. Mas isso não desacredita seus conhecimentos no campo da medicina ou da nutrição, mas a capacidade de viver de luz é o resultado de muitos outros fatores fora desses campos.

Não digo isso para parecer elitista (usando outro rótulo que a mídia usa para nosso trabalho), mas porque gostaríamos realmente de ter condições de oferecer uma comparação mais apropriada. Caso contrário, para mim é como pedir a um clínico geral que faça uma análise detalhada do trabalho de um cirurgião cardíaco extremamente especializado e comentar sobre sua pesquisa e campo particular – simplesmente não faz sentido. Ambos fizeram estudos básicos que são importantes, mas um deles entrou em outro patamar e se especializou. Não questionamos o que dizem os médicos ou os nutricionistas, só temos informações adicionais que eles ainda não tiveram a oportunidade de experimentar ou pesquisar.

Quanto à mídia, temos somente três declarações a fazer:

1. Em primeiro lugar, no caso de muitos Embaixadores da Luz do MSPD, se nunca mais ingerirmos alimento, não morreremos. "Beliscamos" alguma coisinha de vez em quando? Alguns sim, outros não. Não é isso que é importante. O que é importante é a liberdade de escolha que esse modo de vida específico pode oferecer. Além disso, libertar-se de mais uma crença limitadora é um campo de interesse para todos os que se envolveram com a exploração do potencial humano.

2. Em segundo lugar, afirmamos que existe uma fonte alternativa de alimento à disposição dos seres humanos – bem aqui e agora. Em termos orientais, é o prana; em termos religiosos, somos alimentados pela luz de Deus. Pura e simplesmente. Ser alimentado dessa maneira significa que não há exagero, nem desperdício. O prana é uma fonte infinita de nutrição civilizada que tem incontáveis ramificações globais para nossas sociedades como um todo. *Inequivocamente, sim – os Mestres Ascensos, assim como os meus colegas, oferecem modos de vida que nos permitem ser alimentados dessa maneira, que é uma solução da fome mundial a longo prazo.* Mas sabemos o suficiente para perceber que, para esse projeto ser implementado tal como o concebemos, vai ser preciso um programa global maciço de reeducação. Por isso o interesse pelo pessoal da mídia que age com integridade e deseja usar suas capacidades para o progresso planetário.

3. Afirmamos também que, no começo do novo milênio, temos por objetivo compartilhar nossa pesquisa pública com as pessoas adequadas nas comunidades médica, científica, social e política em nível mundial. O que o mundo vai fazer com as informações, cabe a cada indivíduo, a cada instituição e a cada governo resolver.

Também gostaríamos de apresentar nosso objetivo:

Nosso verdadeiro trabalho aqui é encorajar as pessoas a criar seu paraíso pessoal e ajudar na criação de um paraíso global harmonioso e unificado.

Os Embaixadores do MSPD têm todos projetos muito específicos. São as tarefas de realizar mudanças pragmáticas e positivas no planeta. Nosso primeiro projeto é reeducação, e eu pessoalmente escolhi participar dele de cinco maneiras:

a) Através da *Cosmic Internet Academy* (CIA), órgão da *Self Empowerment Academy*, que pode ser contatada no seguinte endereço: *www.selfempowermentacademy.com.au*
b) Através de nosso boletim informativo internacional *The ELRA-ANIS Voice (TEV)*.
c) Através de entrevistas e documentários com a mídia global.
d) Através de nossos livros, vídeos, CDs, fitas cassete.
e) Através de séries de conferências internacionais e seminários de treinamento para Embaixadores em potencial do MSPD.

Todos os recursos citados acima, menos o c), são financiados tanto por mim pessoalmente, como parte de meu compromisso com a criação do paraíso, como também pelo Banco Universal da Abundância. Existe mais uma alternativa para muitos – o "banco cósmico", no qual os créditos e os débitos são governandos pela Lei Universal. Minha subcontribuição, ou contribuição enquanto Embaixadora da Luz, também é no campo da reeducação.

Os cristãos dizem que Deus está em toda a parte e, por isso, há trinta e cinco anos, comecei minha viagem espiritual com o pressuposto de que Ele está dentro de mim. Passei a vida inteira desejando e vivenciando esse Deus. E agora decidi provar Seu poder permitindo-Lhe alimentar o meu corpo, pois tenho fé suficiente Nele.

QUESTÃO 3 – PROVAS

Como disse ao falar sobre nossa pesquisa em resposta ao desafio feito muitas vezes – prove! –, logo ficou evidente que precisamos elaborar um capítulo em separado, que chamamos de "Fatos e Fé – Prove-me!" Colocamos esse tópico imediatamente antes da seção 2, em que falamos mais a respeito de nossa própria pesquisa sobre o assunto, e sobre a de outros também.

QUESTÃO 4 - FOME MUNDIAL

Essa questão nos leva para seguinte: *como podemos, a partir de uma viagem espiritual pessoal que permitiu a algumas pessoas viverem de luz, aplicar essa experiência para acabar com a fome mundial?*
A resposta é óbvia: nosso estilo de vida é a chave. Mesmo assim, esse também é um assunto que exige profundidade e, por isso, resolvemos discuti-lo com mais detalhes na seção 3.

QUESTÃO 5 - REPORTAGENS RESPONSÁVEIS

A distorção da mídia que gostaríamos de tratar agora é a pletora constante de manchetes no mundo inteiro que em geral dizem o seguinte: "*Mulher afirma que não come há 6 anos!*" Essa talvez seja uma das maiores distorções feitas pela mídia no que diz respeito a manchetes sensacionalistas e chamativas. Embora compreendamos a necessidade de vender jornais e revistas, essa é uma afirmação muito enganosa.

Sempre dissemos que o que fazemos é viver sem nenhum alimento proveniente da comida pelo tempo necessário para provar a nós mesmos que é o prana que está nos alimentando. Para alguns, é um processo que dura meses, para outros, anos. Essa prova parece convincente, pois vivemos dia após dia sem tomar vitaminas, sem ingerir comida e descobrimos que:

♣ Nosso peso se estabilizou.
♣ Nossos níveis de energia aumentaram.
♣ Nossa necessidade de sono diminuiu.

Esses são três indícios que provam a um indivíduo que ele está se alimentando de prana. Depois que isso é conseguido, o que acontece é que alguns indivíduos podem optar por saborear a comida, ingerindo-a por puro prazer. Isso pode ir de um biscoito de chocolate uma vez por semana a um saquinho de batata frita, se for de seu agrado, uma vez por semana, até comer uma vez a cada quinze dias ou até uma vez por mês. Cabe inteiramente ao indivíduo decidir. Alguns preferem comer em situações sociais com a família uma vez por mês, ou uma vez por semana. Repetindo: trata-se exclusivamente de escolha pessoal. A declaração que os Embaixadores da Luz fazem, depois de provarmos *de maneira satisfatória para nós* que não precisamos de comida para viver, é que, se nunca mais ingerirmos comida, sabemos que não vamos morrer por isso.

Nota publicada em julho de 1999:

Agora me surpreendo dizendo à mídia que, se quiserem publicar alguma coisa sobre esse estilo de vida a partir de um ângulo puramente dietético, que não o façam, por favor. Eu disse inúmeras vezes que a capacidade de viver de luz é resultado de um certo nível de saúde física, emocional, mental e espiritual, mas acabei descobrindo que a mídia o reproduz como: "Jasmuheen diz que isso é possível em decorrência de saúde física, emocional e mental". Por muitas razões, os entrevistadores de TV eliminam palavras como "saúde espiritual" ou "em termos religiosos, somos alimentados pela luz de Deus". O que certamente torna o rádio e a televisão ao vivo mais atraentes.

Da mesma forma, também desencorajamos a mídia a publicar detalhes parciais sobre o procedimento exato do processo de 21 dias, pois quando as pessoas tentam realizá-lo sem fazer uma pesquisa completa e sem dispor de todos os fatos, isso é extremamente perigoso. Desde que a mídia faça reportagens responsáveis, continuar falando de nossa pesquisa e de nossas práticas espirituais pessoais só pode ter um efeito positivo nesse mundo.

♣ Queremos "converter todos" à prática de viver de luz, sem ingerir comida? Não.

♣ Queremos que as pessoas tenham liberdade de escolha? Sim.

♣ Ver o fim da matança absurda da vida animal na Terra agradaria muitos Embaixadores da Luz? Com certeza.

♣ Se podemos viver com saúde sem ingerir comida, então certamente outros podem começar a pensar seriamente em adotar o vegetarianismo – não só por questões de moralidade e civilidade, mas também por razões de sustentabilidade dos recursos globais.

♣ Gostaríamos de ver mais reportagens responsáveis sobre os benefícios pessoais e globais do fim da matança de *qualquer* ser vivo? Com certeza.

Como agora nosso trabalho está sendo levado mais a sério, um número maior de tentativas têm sido feitas para desacreditar nossas experiências. Os jornalistas não costumam se dar ao trabalho de investigar os fatos e, por isso, estão perpetuando a disseminação de dados incorretos. Mais de uma vez incentivamos a mídia a se envolver com reportagens responsáveis, em vez de propagar o medo e a descrença através da ignorância e falta de integridade jornalística.

QUESTÃO 6 – CRENÇAS QUESTIONADORAS

A primeira coisa que gostaríamos de discutir é a falácia de que as pessoas morrem se passarem mais de seis dias sem líquidos. Algumas fontes dizem que quatro dias sem líquidos levam à morte. Muita gente agora já completou com êxito o processo de 21 dias, que requer um período inicial de sete dias sem comer nem beber nada. Um Embaixador da Luz de Bogotá, na América da Sul, conseguiu passar 36 dias sem alimento sólido ou líquido, e não sentiu nenhum efeito negativo.

Durante os últimos anos, descobri muitas áreas que eu gostaria de ver esclarecidas e pesquisadas para podermos entender o que ocorre no corpo físico em decorrência dessa capacidade de viver de luz. Essas questões e diretrizes serão passadas a nossos pesquisadores no momento apropriado para que eles façam os testes necessários.

Também gostaríamos de aprofundar a discussão sobre os motivos de minha viagem. Nunca foi minha intenção buscar publicidade para esse dom. Pessoalmente, optei por passar pelo processo discutido em meu primeiro livro, *Viver de Luz*, porque era o passo seguinte de minha viagem e das iniciações espirituais pessoais, e minha concentração total na época voltava-se para minha ascensão até a luz.

Se eu soubesse o que me aguardava, talvez não tivesse escolhido esse caminho. Mas, segundo meu modelo de realidade, toda vida humana está na Terra para dar e receber, para aprender o que é viver na matéria física densa, para lembrar que somos seres espirituais que estão tendo experiências humanas e também para servir ao bem maior simplesmente por ser algo que podemos fazer. Também acabei percebendo que a realidade pessoal é apenas um filme cujo roteiro pode ser reescrito a nosso bel-prazer.

Parte de minha missão, do papel que optei por desempenhar nessa encarnação, era criar tanto a Embaixada da Luz quanto a Embaixada do MSPD como veículos de mudança positiva. Como disse antes, tornei-me uma pessoa pública com essa obra a pedido de St. Germain, um Mestre Ascenso que se manifestou diante de mim em 1996 e perguntou se eu estava preparada para trabalhar com a mídia como sua mensageira.

Os Mestres Ascensos pensaram nisso porque eu não preciso de comida para viver e esse fato atrairia a atenção da mídia, propagando, desse modo, a mensagem sobre a necessidade de responsabilidade por si mesmo e auto-refinamento em nosso planeta. Os principais benefícios de promover esses atributos – responsabilidade por si mesmo e auto-refinamento – serão o fim da doença e a descoberta da paz interior, o que vai gerar harmonia e unidade pessoal e planetária. É por isso que vale tanto a pena cultivar esses atributos.

Gostaria de reiterar aqui que o trabalho da Embaixada da Luz diz respeito aos problemas da fome e da saúde, e não à proposta de que todos aprendam a viver de luz. Aprender a criar modos de vida positivos em nível pessoal e global, que sejam bons para todos, é muito mais importante nesse momento. Sem modos de vida positivos, viver de luz por longos períodos de tempo parece virtualmente impossível, ao menos segundo nossa pesquisa.

Se quisermos realizar nosso desejo de unificação e oferecer modelos básicos de vida ao qual todos os seres têm direito, precisamos perceber também que não faltam recursos em nosso planeta, o que falta é simplesmente a utilização inteligente desses recursos.

Em maio de 1999, Thomas A. Hirshcl e Mark R. Rank, seu colaborador na Universidade de Washington, publicaram um relatório intitulado *The Likelihood of Poverty Across the American Lifespan* (A Probabilidade de Haver Pobreza ao Longo da Vida de um Norte-Americano), segundo o qual quase 60% de todos os norte-americanos vão viver abaixo da linha da pobreza pelo menos durante um ano de sua existência. "O que nos surpreendeu é que a pobreza nos Estados Unidos é uma experiência muito comum", disse o professor Hirshcl, da Cornell University, "e, apesar disso, não faz parte da consciência popular".

Algumas estatísticas confirmam a ineficiência da atual distribuição da riqueza no planeta. Independentemente das razões dessa ineficiência, com um pouco de inteligência emocional, com disciplina pessoal e compromisso com o projeto de trabalhar em harmonia como uma equipe, muitos dos desafios que o mundo moderno vive podem ser enfrentados e resolvidos.

Minha opção pessoal em termos de modo de vida é viver como uma iogue, passar meus dias em solidão e contemplação, exercitar meu veículo físico para mantê-lo forte e escrever segundo as orientações que recebo – essa é a minha preferência. Por isso, é interessante o ajuste que preciso fazer toda vez que estou lá fora, com "o pé na estrada", de deixar de viver como uma iogue e passar a viajar grandes distâncias e viver situações sob o olhar constante do público em conferências e seminários, mas é também um grande desafio.

Alguns me procuram depois de terem ouvido falar desses "boatos" estranhos a respeito de uma mulher que não precisa ingerir comida. Outros me procuram porque se sentem fascinados pelo tema do autocontrole, e outros ainda me procuram para oferecer apoio. Mas, tanto em nossa condição de aprendizes quanto em nossa condição de mestres, todos nós estamos comprometidos com o servir desinteressado.

Ao me relacionar com os jornalistas, percebi que eles muitas vezes entram no que pode ser interpretado como um "espírito de ataque", e eu acho que isso acontece porque eles ficam procurando contradições na história. Pensam que quanto mais fundo e mais intensamente sondarem e forçarem as situações, tanto mais provável é que venham a revelar discrepâncias.

A reação dos Mestres a isso é que se nós, enquanto Embai-xadores da Luz e do MSPD, assumirmos o compromisso de viver nossa vida impecavelmente, com integridade, não teremos nada a esconder. Isso é discutido em profundidade no segundo livro da Trilogia de Camelot – *The Wizard's Tool Box* (A Caixa de Ferramentas do Feiticeiro).

QUESTÃO 7 - A POSIÇÃO DE INFLUÊNCIA

Alguns jornalistas perguntaram se eu não me preocupo com a influência que exerço sobre as pessoas por causa de minha aparência... modelos, estrelas de cinema e políticos são apenas alguns que influenciam as pessoas na vida cotidiana. Quando as pessoas dizem "Uau, Jasmuheen está em plena forma e diz que é por causa da meditação diária, do exercício regular, de comer alimentos realmente saudáveis durante décadas antes de chegar ao ponto em que está agora, de não preciar de comida, então eu também posso começar a fazer essas coisas", bom, eu acho fantástico. Aqui é tarefa da mídia de não se concentrar apenas no fato de que "estou muito bem para a minha idade" e dizer que consegui isso através da aplicação diária de tudo o que disse acima, o que corresponde a um modo de vida muito específico. E se isso inspira as pessoas a serem mais responsáveis com seus pensamentos, sentimentos e hábitos alimentares, então estamos conseguindo alguma coisa.

Para a mídia, dizemos que seu trabalho é fazer reportagens responsáveis e que o meu é encorajar as pessoas a serem tudo o que podem ser e não se deixarem limitar por sua cultura, condicionamento ou crenças. O resultado final disso pode ser – se quiserem – viver de luz, o que se consegue depois de uma rotina muito intensa de treinamento físico, emocional, mental e espiritual.

Contar fofocas e espalhar boatos sem fundamento são duas das ferramentas mais poderosas que as pessoas usam sem pensar e que têm o potencial de destruir o bem no mundo. O fim de ambas seria extremamente benéfico para todos nós.

5. *Minha casa, meu laboratório; meu corpo, meu experimento*

"Todo jogador tem de aceitar as cartas que a vida lhe dá. Mas, depois que as tem na mão, somente ele deve resolver de que maneira jogar as cartas a fim de ganhar o jogo."

Voltaire, filósofo e escritor francês

Trabalhar com a mídia no que diz respeito aos fenômenos relativos a "viver de luz" tem sido incrivelmente fascinante para mim. Numa entrevista que concedi ao *London Daily Telegraph*, em novembro de 1998, Barbie Dutter escreveu:

"Sua casa, com as paredes amarelas como raios de sol e o cheiro penetrante de incenso, transborda de imagens antigas e da Nova Era. Uma galeria dos "Mestres Ascensos" – Cristo, Babaji, St. Germain, o Dalai Lama e outros – decora as paredes. Sua presença parece canhestra ao lado da aparelhagem de uma academia de ginástica completa, sauna e salão de baile. Mas Jasmuheen atribui sua saúde radiosa não só à falta de toxinas em seu corpo, mas a uma rotina diária de meditação e exercícios, que correspondem a horas e horas de exercícios simples e com pesos, e ginástica aeróbica."

Bem, com vinte horas ou mais por dia para desfrutar, há tempo mais que suficiente para tudo isso, além de trabalho e família. Além disso, será que Barbie quer dizer que não podemos ser "espirituais" e, ao mesmo tempo, estar em boa forma e ter saúde, optando por gastar nosso tempo e dinheiro para criar um modo de vida que possibilite tudo isso? Afirmação interessante e que também lembra muito a idéia de que as pessoas espiritualizadas são todas obrigadas a fazer votos de pobreza, castidade e obediência. Felizmente, essa não é mais a realidade para a maioria de nós neste início de milênio!

O que muitos não entenderam é que, para atrair a presença desses mestres maravilhosos, a primeira coisa a fazer é reconhecer sua existência. Isso só pode ser feito de modo pessoalmente satisfatório para o indivíduo através da pesquisa e de um modo de vida que nos permita desfrutar de uma experiência pessoal com eles. Os grandes professores e mestres estão à disposição de todos os que buscam sua presença.

No campo da bioenergética – que é a minha paixão mais recente –, a galeria de mestres que tenho em casa cria um vórtice de energia. Cada imagem que existe em nossa casa atua como um biocondutor de energia, uma porta para o campo energético daquele que a imagem representa. Todo objeto pode ser programado para atrair freqüências específicas e por razões determinadas.

A bioenergética oferece técnicas de autotratamento e sintonização do corpo físico com todos os nossos campos energéticos. Utiliza grades de energia que podem ser reveladas ou criadas, depois ativadas, mas que em geral ficam inertes até serem programadas. Isso é feito com nossos pensamentos, vontade e intenção, e a última parte do livro *The Wizard's Tool Box* enfoca essa questão com mais detalhes.

Ao combinar ludicamente essas técnicas com a dança, a ioga intuitiva e a isometria, podemos exercitar o corpo físico, ficar mais fortes, curar nossas doenças e muito mais. Tudo isso faz parte de nosso Programa de Estilo de Vida Prazeroso.

Portanto, nossa casa é nosso laboratório. Está cheia de objetos e instrumentos específicos para nos ajudar na irradiação da Presença Divina. O equipamento de ginástica e sauna que meu marido e eu temos há mais de vinte anos está ali para nosso uso diário, a fim de manter o veículo físico – e o templo – do Divino em plena forma. Além disso, quando Deus se torna nosso "patrão", os Embaixadores da Luz que trabalham em regime de tempo integral recebem um "salário cósmico" que inclui muitos benefícios que nos ajudam em nosso trabalho aqui. O grau de abundância financeira que recebemos depende do trabalho que viemos fazer. A frase seguinte foi uma das percepções mais fantásticas dos últimos anos.

Quando tudo o que desejamos fazer é servir e permitir que nossos templos irradiem a Vontade Divina em toda a Sua glória – não é possível que nada nos seja negado; tudo o que precisamos para fazer isso vem a nós. Garantido! A DI nos sustenta em todos os níveis se este for o nosso desejo mais profundo – essa é a Lei Universal!

Portanto, eu não só optei por fazer de nossa casa o meu laboratório como também meu corpo tem sido meu experimento continuamente – pelo menos desde que tomei consciência dos benefícios que o "Estilo de Vida Prazeroso" pode trazer. Antes de uma pessoa considerar a possibilidade de viver de luz, precisa ser muito bem treinada e preparada – falo disso no próximo capítulo. Por estar preparada, queremos dizer ação diária que lhe permita conseguir estar em plena forma física, emocional, mental e espiritual.

Eu gostaria de apresentar um breve resumo cronológico do que aconteceu em minha vida e do que resultou de minha capacidade de me alimentar de prana. Espero que esse resumo seja suficiente para mostrar coisas básicas como o estilo de vida que escolhi, treino e também alguns de meus experimentos.

Daquela época até agora...

1959: Comecei a brigar com minha mãe por ter de comer carne. Intuitivamente, comer a maioria dos produtos de origem animal não me fazia bem. Minha mãe se preocupava, como muitas outras, em dar aos filhos uma alimentação equilibrada. Essa luta para obter controle sobre minha alimentação continuou durante os 13 anos seguintes. Durante esse período, eu era extremamente atlética – corria, nadava, mergulhava, praticava todos os esportes. Dos 13 aos 15 anos, vivi meses a fio comendo apenas uma maçã por dia, sem nenhum efeito deletério. Não, eu não era anoréxica; sim, tive uma infância muito amorosa e protetora, com pais excelentes, só que eu não tinha um interesse genuíno por comida.

1972: Comecei a adotar uma alimentação inteiramente vegetariana com a condição de que, se eu ficasse doente por falta de proteínas, etc., minha mãe poderia interferir. Foi então que descobri fontes alternativas de proteína, como legumes e nozes.

1973: Comecei o longo processo de controlar minha dependência emocional de comida. Como para muitos, essa dependência era resultado tanto de meus condicionamentos da infância quanto de minha ascendência predominantemente européia (meus pais são noruegueses). Também comece a perceber que o estresse e a perturbação emocional pareciam aumentar meu desejo por certos tipos de comida, como bolos, chocolate e sorvete.

1974: Comecei a pesquisar tudo o que podia sobre vegetarianismo, o que me levou a estudar a filosofia oriental, pois esse tipo de dieta é uma opção comum no modo de vida dos iogues.

Ainda em 1974, conheci um Mahatma indiano e fui iniciada na arte da meditação usando técnicas antigas que remontam à época dos Vedas. Comecei a descobrir o poder de servir, de *satsang* (estar em companhia da verdade) e da meditação e passei a meditar diariamente. Obrigada, Maharaji. O Rig-Veda é a literatura sagrada mais antiga que existe: descreve a criação e louva as virtudes das primeiras divindades. Escritos em sânscrito, os hinos contidos nos Vedas foram escritos por volta de 1700-1800 a.C.

1974: Fiz meu primeiro jejum, passando 11 dias só com água. Senti-me maravilhosamente bem. Os níveis energéticos aumentaram, descobri que precisava de menos horas de sono. Tanta coisa já foi escrita sobre os benefícios do jejum que eu recomendo calorosamente essa prática, e que você faça essa pesquisa por conta própria.

1975-76: Entrei num processo regular de irrigação do cólon durante seis meses. O objetivo era limpar as vísceras e os intestinos de "resíduos alimentares antigos" que, segundo algumas pesquisas, ficam apodrecendo durante anos em nosso cólon – principalmente carne.

1975: Entediada dos estudos e fascinada pela filosofia oriental, abandonei a universidade e mudei de estado com a intenção de dedicar minha vida à ioga. Quis me mudar para o *ashram* imediatamente depois de minha chegada, mas me pediram que esperasse e me envolvesse mais com a prestação de serviços à comunidade. Enquanto esperava que me aceitassem no *ashram*, decidi viajar para a Índia e para o Himalaia e comecei a trabalhar em vários empregos para levantar o capital necessário à viagem.

1975-1992: Durante os 17 anos seguintes, desenvolvi uma profunda compreensão experimental de minha ligação mente/corpo (tal como é discutida na obra do dr. Deepak Chopra – que eu não havia lido na época). Também fui orientada intuitivamente no sentido de começar uma série de experimentos pessoais usando basicamente o método da "tentativa e erro". Durante um ano depois de meu primeiro jejum, vivi basicamente de alimentos crus e sucos frescos.

Aos 15, eu havia começado o processo de alimentação seletiva, que significava comer somente pequenas quantidades quando eu estava com fome, em vez de ter horários fixos para as refeições, e também a prática de parar de comer antes de me sentir satisfeita. Durante os 15 anos seguintes, experimentei uma série de dietas vegetarianas – macrobiótica, vegan, alimentos crus, e jejuns com sucos puros e jejuns só com água. Também me propus descobrir a diferença entre fazer bastante exercício e não fazer exercício algum ao mesmo tempo que mantinha uma alimentação muito saudável e pura.

Em 1975, também comecei a notar o quanto a meditação me alterava emocionalmente – de reagir a agir, de ficar irritada a ficar calma. Descobri os benefícios maravilhosos e o poder calmante de praticar uma respiração conectada profunda e consciente diariamente. Meu segundo livro, Em Sintonia, fala com muitos detalhes de controle pessoal e de sintonia fina usando esses recursos.

1976: Minha filha mais velha nasceu. Durante toda a gravidez, descobri que só conseguia comer alimentos crus. Toda vez que tentava comer algo cozido, sentia náusea. Como eu viajei durante a maior parte dessa gravidez, fiquei incrivelmente forte, saudável, em plena forma. Por causa desse modo de vida que escolhi e da reação natural de meu corpo aos alimentos cozidos, descobri que no fim da gravidez eu estava com 54 quilos, pesando somente dois quilos a mais em relação ao começo da gravidez. Isso também se deveu à grande quantidade de exercícios, bem como de minha dieta exclusivamente à base de alimentos crus. A forma do meu corpo e meu estado de saúde estavam fantásticos duas semanas depois do parto, que foi em casa, e fácil; três semanas depois meu peso se estabilizou em 48 quilos. Tenho 1,65 m de altura.

1978: Minha segunda filha nasceu. Foi um parto rápido, mas difícil. Minha dieta e meu estado de saúde na época desse parto não eram nem de longe tão bons quanto na época do primeiro. Embora eu estivesse num hospital de "parto natural", senti pessoalmente que este foi um parto muito mais estressante do que o primeiro parto, feito em casa.

Devido à giardíase – infecção que eu contraíra no estrangeiro quando estava viajando com ambas as crianças, no início de 1979 meu peso caiu para quase 45 quilos. Na tentativa de recuperar o peso, comecei a comer mais alimentos cozidos e adotei uma dieta macrobiótica. No decorrer da década seguinte, meu peso acabou se estabilizando entre 50-51 quilos.

1978-1992: Durante todo esse período, continuei mantendo uma dieta basicamente vegetariana, com um consumo de 60%-80% de alimentos crus. Também tomei as vitaminas B_6 e B_{12}, espirulina, nozes e, de vez em quando, quantidades muito pequenas de queijo em situações sociais nas quais era difícil encontrar comida vegetariana, e um pouquinho de leite no chá.

Durante os anos em que continuei refinando minha alimentação, desenvolvi a noção de que, para mim, comida era apenas combustível. Com outros experimentos pessoais, logo descobri que meu corpo ficava preguiçoso quando eu comia alimentos mais pesados e cozidos, e mais energizado outra vez quando comia alimentos crus. Também notei que dormia um pouco menos quando mantinha uma dieta de alimentos crus. Provavelmente dois dos maiores defensores de alimentos crus nos Estados Unidos atualmente sejam os membros do grupo da Primeira Lei da Natureza, que vivem em San Diego. Stephen Arlin escreveu um livro maravilhoso, intitulado *Raw Power* (O Poder Cru), para o pessoal que cultiva o corpo. Diz que "ouvir e agir em função dos instintos, desejos e necessidades naturais do corpo é o caminho que leva à Saúde do Paraíso, e não o fato de dar ouvidos aos 'dogmas alimentares' dos outros". O novo livro de David Wolfe, *The Sunfood Diet Success System* (O Sistema Bem-Sucedido da Dieta do Alimento Solar), também é uma obra que vale a pena ler como um manual de preparação para viver de luz.

De 1974 a 1992, continuei fazendo experiências com várias rotinas diferentes de exercícios físicos: natação, ciclismo, hatha ioga, dança, ginástica aeróbica, exercícios com pesos e corrida. Também fui orientada no sentido de fazer experiências com o aumento e diminuição do tempo gasto diariamente com a meditação e notar os efeitos que isso tinha em meus corpos físico, emocional e mental. Certos dias eu meditava completamente imóvel durante até 3 horas. Outros dias eu não fazia nenhuma meditação "formal", mas passava o dia inteiro em uma longa meditação consciente concentrada em minha respiração.

Durante os primeiros anos depois de ter minhas filhas, eu estava preocupada com questões familiares e tinha menos tempo para meditação e ginástica. Por causa disso, minha capacidade de enfrentar situações estressantes diminuiu, meu sistema imunológico foi afetado e, de **1980** a **1985**, surpreendi-me afligida por vários resfriados e gripes. Em retrospecto, eu não poderia ter me classificado com alguém que estava bem física e emocionalmente durante esse período. Vivia como muitas outras mães jovens com problemas financeiros e um casamento que estava desmoronando.

1972-1992: Ao longo desse período de vinte anos, meu interesse por questões esotéricas continuou aumentando. Durante 15 anos, com a prática da meditação regular, senti muitas das coisas discutidas pelo filosofia oriental, inclusive breves momentos de Samadhi. A partir de 1986, pesquisei a metafísica lendo tudo o que eu era orientada intuitivamente a ler. Também comecei a manter diários mais detalhados e a fazer anotações para o que acabaria se transformando no livro *Em Sintonia* (publicado no Brasil pela Editora Aquariana).

A partir de **1976**, ocupei-me de minhas filhas e trabalhei em vários ramos. Em **1984**, tornei-me a única responsável pela minha família e finalmente encontrei meu caminho profissional como consultora financeira e programadora de computadores. Entre **1983** e **1992**, entrei no "jogo" das grandes empresas e fui absorvida pelos problemas relativos a ser mãe, trabalhar e criar sozinha minhas filhas. Meu modo de vida ainda era meditar, fazer exercícios regularmente e manter uma dieta vegetariana, pois isso me permitia lidar muito melhor com o fato de educar as crianças sozinha e ter uma carreira absorvente.

Também gostaria de acrescentar que, como muita gente, vim de uma linhagem com algumas doenças genéticas e, embora elas tenham atingido o resto de minha família, eu pessoalmente não tive nenhum desses problemas. Acredito piamente que isso se deve a meu modo de vida. Estou convencida, por experiência própria e pesquisa, que a combinação de meditação diária, exercícios diários e uma dieta vegetariana ou de alimentos crus são imperativos para a experiência de viver com saúde.

1987: Depois de anos recebendo mensagens esporádicas de "pessoas mortas" para seus entes queridos, também comecei a receber cada vez mais comunicados telepáticos de vários "guias" – em geral, levando-me a ler um determinado livro ou a participar de um determinado seminário de auto-ajuda.

1990: Depois de quase uma década no ramo das finanças e seguros, comecei a receber orientação interior muito clara e vigorosa no sentido de fazer algo mais criativo. Preferi ignorar essa orientação, pois estava preocupada em me manter profissionalmente ao mesmo tempo em que educava minhas filhas.

1992: A empresa na qual eu estava trabalhando faliu e me surpreendi incapaz de conseguir logo um emprego no mesmo ramo. Resolvi tirar 6 meses de folga, voltar a pintar e encontrar um emprego que "fizesse meu coração cantar". Durante o ano seguinte desfrutei o luxo de um modo de vida menos frenético, aumentei meu tempo diário de meditação, comecei a fazer exercícios com mais intensidade e também usufruí mais a meu papel como mãe.

1992: Comecei a fazer um contato telepático consciente com os Mestres Ascensos e recebi informações sobre viver de luz. A partir daqui, grande parte de minha viagem foi apresentada no livro *Viver de Luz*.

Em resumo: com a única intenção de me fundir com a DI, em maio de 1993 passei pelo processo de 21 dias e imediatamente depois entrei num período de seis meses de solidão intensa. Só saía quando necessário, comecei a dar aulas semanais de meditação e fui orientada no sentido de escrever *Em Sintonia* como um manual para aumentar o poder pessoal daqueles interessados em questões esotéricas. Também comecei a atuar como médium e a escrever o primeiro livro da trilogia *Inspirations* (Inspirações).

Em decorrência de passar pelo processo de 21 dias, meu peso caiu de 50-51 quilos para 45 quilos, e depois foi para 47, enquanto eu aprendia lentamente a reprogramar meu corpo com eficiência e a enfrentar minhas próprias dúvidas sobre a possibilidade de viver exclusivamente de prana. Dessa vez, para ganhar peso eu contei apenas com o controle mental e técnicas de visualização.

1993-1995: Durante os dois anos seguintes, comecei a entender o vício do corpo emocional pelo prazer privado e social que deriva da ingestão de comida. Também estava sendo pessoal-mente questionada pelo meu tédio repetitivo decorrente da ausência de sabor.

Ao longo dessa fase, passei longos períodos, às vezes meses inteiros tomando apenas três copos de água (aproximadamente meio litro) ou, chá. Eu ficava em jejum durante 16 horas por dia – das 11 horas da noite até às 4 horas da tarde – antes de tomar minha primeira bebida. Essas três bebidas eu tomava no fim da tarde e antes de dormir. Surpreendi-me bebendo apenas porque sentia necessidade de uma pausa para o chá na minha rotina de trabalho. Durante esses dois anos meu peso se manteve estável entre 48 e 49 quilos.

Junho de 1993/agosto de 1998: Durante esse período, em decorrência de experimentação pessoal, fiquei convencida de que eu recebia todo o meu alimento do prana. Em 1996, descobri que o tédio resultante da falta de sabores ainda era um problema. A essa altura, eu já havia praticado várias técnicas para superar a questão, mas ainda me descobria querendo o prazer de certas sensações do paladar. Depois de uma certa agitação interior, resolvi que já tinha provado a mim mesma que estava sendo alimentada pela luz e resolvi me soltar um pouco e desfrutar de uma "beliscadinha" de vez em quando, para me divertir. Na época, eu também estava um pouco cansada de ser constantemente questionada pela descrença das pessoas em minha capacidade de fazer isso e por atitudes do tipo "Para que isso? Adoro minha comida!" que muitos tinham diante de mim. Eu estava fazendo isso porque tinha sido orientada nesse sentido e já aprendera a NUNCA ignorar minha voz interior.

1996-1997: Durante o período seguinte, uma vez por mês e de quando em quando uma vez por semana, fiz experiências com diversos sabores dos alimentos e descobri que o chocolate e os biscoitos de chocolate eram prejudiciais ao meu sistema. Com o chocolate e com o chá, tive várias reações físicas de coceira, acidez e desconforto geral, e aprendi a fazer transmutação.

Descobri durante essa época que o alimento ao qual meu corpo tinha a menor reação era a batata. Descobri também que passar algum tempo uma vez por mês preparando uma sopa deliciosa de abóbora era mais alimentador em termos emocionais do que físicos. Sopa ou uma batata assada dividida com minha família logo se transformavam num banquete a ser saboreado!

Durante essa fase, tornou-se óbvio para mim que eu ainda estava emocionalmente viciada em comida e, como um alcoólatra, talvez sempre seja. E, também como um viciado, embora cada um deles ame a droga de sua preferência, em geral escolhem passar sem ela, pois acham a vida melhor sem os efeitos colaterais de seu vício.

Agora sinto o mesmo em relação à comida. Embora meu corpo emocional goste dos sabores, meu corpo físico prefere obter seu alimento diretamente da Fonte. Gosta de ter condições de superar o processo de digestão e o processo conseqüente de eliminação dos detritos. Ficar livre dessas coisas é realmente preferível para mim pessoalmente.

Ao longo de todo esse período, sempre mantive a experimentação com quantidades mínimas de comida – um bocadinho aqui, outro ali. Nada do que provei durante esse período forneceu ao meu corpo todo o leque de vitaminas e sais minerais que os nutricionistas acham que seria necessário para manter a saúde que eu tinha.

Na verdade, muitos dos Embaixadores da Luz, quando fazem as contas exatas do que e do quanto consumiram ao longo dos anos, ficam impressionados por não terem contraído escorbuto e outras doenças normalmente associadas com a falta de uma alimentação apropriada. Só esse fato já nos convence de que estamos recebendo alimento de uma fonte alternativa.

Durante todo esse tempo, passei por vários exames médicos em *check-ups* tradicionais, mas também passei pelas mãos de terapeutas alternativos. Os resultados sempre provaram que meu corpo estava extremamente saudável e, na verdade, até mais saudável do que nunca, o que era uma confirmação irrefutável de que também estava sendo alimentada pelo prana.

Os principais benefícios que obtive desse período de experimentação foram:
♣ a) descobrir o poder da transmutação e
♣ b) criar o programa para os elementais do corpo.

Esses dois tópicos são discutidos em nosso primeiro livro.

♣ c) Outro benefício foi descobrir o quanto é natural para mim viver sem o consumo regular de comida e o quanto meu corpo se sente melhor sendo alimentado pelo poder da DI.

Agosto de 1998: No final de minha turnê pela Europa em junho de 1998, comecei a sentir uma vontade enorme de comer alguma coisa aproximadamente a cada dois dias – algumas nozes, um pacote de salgadinhos ou um pedacinho de fruta. Como eu não tinha tido nenhum interesse por nozes, frutas ou vegetais por mais de cinco anos, achei o fato muito interessante. Minha orientação interior concordou que eu devia tentar retomar a ingestão regular de comida para poder passar de novo pelo processo de 21 dias com um grupo experimental no retiro Research, conforme estávamos planejando.

Percebi intuitivamente que eu devia me propor o seguinte com o novo experimento:

- a) tornar meu corpo mais "normal" para que os exames médicos e científicos que íamos fazer mostrassem resultados mais específicos;
- b) descobrir uma fórmula ou programa diário específico de preparação que depois recomendaríamos para aqueles interessados em dar início à viagem da alimentação prânica; e, por fim,
- c) eu também queria ver se minha força corporal, tônus e níveis de energia física aumentariam mais ainda com o acréscimo de alimentos bem nutritivos. Queria saber se o fato de ser realmente alimentada tanto pelo prana quanto por comida saudável teria um efeito "duplo".

Usando minha vontade, intenção e ação, em **julho de 1998** usei uma programação especial para reativar meu sistema a fim de levá-lo a aceitar tanto a alimentação proveniente da comida quanto do prana. A 16 de agosto, senti uma profunda alteração energética em meu corpo e percebi que os dois sistemas agora estavam operando ao mesmo tempo. A essa altura, fui orientada intuitivamente a manter o fluxo de alimentação do prana de tal modo que, embora meu corpo continuasse sendo sustentado pela luz líquida, também poderia começar a digerir qualquer alimento ingerido e absorver todos os nutrientes derivados daí, em vez de apenas transmutá-los, como eu vinha fazendo antes.

A primeira coisa que notei foi que eu não estava mais interessada em consumir alimentos apenas por causa do sabor; em vez disso, tornei-me consciente do tipo de comida que queria ingerir em função de seu teor de nutrientes. Foi uma retomada de minha compreensão da necessidade de uma nutrição correta, que cultivei durante décadas de aprendizado. Descobri que não me interessava mais por doces como chocolate, que tinha sido o sabor de que eu mais gostava quando estava sendo alimentada predominantemente com prana.

É importante compreender aqui que as pessoas que estão sendo alimentadas pranicamente estão livres da necessidade de absorver nutrientes da comida porque todas as suas vitaminas, sais minerais e todos os outros fatores necessários são obtidos através da DI. Por isso temos a liberdade de nos conceder um bocadinho de sabor de vez em quando, se quisermos, exclusivamente pela sensação gustativa e, desde que usemos técnicas de transmutação, isso não nos causa nenhum efeito deletério.

Setembro de 1998: Mais informações me foram dadas pelos Mestres Ascensos sobre o Retiro de Pesquisa, e começamos a recolher os questionários enviados a todos os que já tinham passado pelo processo de 21 dias.

Depois dessa época, fui orientada pelos Mestres a acrescentar nossa pesquisa a essas diretrizes e, por isso, em 1995, escrevemos o livro *Viver de Luz*. Esse livro contava em detalhes nossas experiências com essa iniciação espiritual, nossa compreensão atual a respeito na época, além de incluir a pesquisa de Charmaine, que resultou nas diretrizes do processo de 21 dias. Continuei atualizando este livro à medida que uma quantidade maior de material me chegava às mãos. Agora este livro já foi traduzido em mais de meia dúzia de línguas no mundo inteiro.

A Fase 2 foi a disseminação dessas informações em nível global e a reunião de outras pessoas que fariam parte desse projeto. Foi o lançamento da pedra fundamental de nosso retiro e do Projeto de Pesquisa Global n° 2 da Embaixada da Luz. Os detalhes de nossos projetos de pesquisa 1 e 2, o questionário e o retiro são discutidos ao longo deste livro.

A Fase 3 será a publicação de todas as nossas pesquisas no Manifesto da Aliança do MSPD, que será enviado aos governos e instituições internacionais relevantes. Esse Manifesto enfoca as soluções para muitos problemas globais que enfrentamos no início de um novo milênio.

Neste ponto, gostaríamos que se desse a Fase 4. É nessa Fase que os governos e instituições relevantes vão implementar a lógica desse Manifesto. Com nosso trabalho junto à mídia e nosso Projeto Saúde Mundial, Fome Mundial, vamos continuar incentivando os indivíduos a serem mais saudáveis e mais felizes aplicando disciplina pessoal e lógica para refinar suas opções de vida.

Como muitos dos Embaixadores da Luz têm formação em terapias holísticas, gostaríamos de ver os hospitais se esvaziando à medida que a saúde, o controle mental e os programas do MSPD começarem a funcionar por estarem sendo aplicados e assessorados. Também gosto de pensar que os bilhões de dólares gastos com remédios, com comprimidos para dor de cabeça, Prozac e todas as outras drogas que tratam sintomas de doenças pessoais e sociais vão ser redirecionados para outras áreas conforme as pessoas se curam a si mesmas e se tornam felizes. O mesmo pode ser dito em relação aos suplementos alimentares, programas, comprimidos e poções para reduzir o peso.

Isso pode acontecer facilmente à medida que um número maior de pessoas combina um modo de vida que inclua:

- uma dieta em que predominem os alimentos crus. Eu pessoalmente recomendo 60% de alimentos crus, 40% de alimentos cozidos (cereais), dieta vegetariana inicialmente, depois *vegan*. Depois, só alimentos crus (frutas, depois somente líquidos, depois prana puro).
- exercícios diários que sejam prazerosos.
- meditação diária – um período de silêncio e solidão para conversar com a DI e sentir sua presença.
- realizar uma atividade criativa diariamente.
- servir de forma altruísta – ajudar os outros sempre que possível.
- eliminação de pensamentos, sentimentos e alimentos tóxicos.

A meu ver, se essa lista for praticada com o compromisso de só participar de relações afetivas com a intenção de gerar prazer mútuo e aumento de poder mútuo, a doença social vai desaparecer.

Em **outubro de 1998**, cheguei à conclusão de que meu corpo físico realmente prefere passar sem comida. Meu corpo emocional talvez usufrua o prazer – como sempre usufruiu – do paladar, mas meu corpo físico fica inchado e não gosta do processo de eliminação que tem de acontecer regularmente. Minha ingestão de comida durante esse mês teve de ser feita gradualmente, pois meu estômago tinha encolhido e minha velocidade metabólica mudara.

Descobri que o máximo que conseguia ingerir era uma colherzinha de nozes depois de uma xícara de chá todo dia de manhã, e talvez mais chá ou água durante o dia. Depois de ter completado minha rotina de dança, ginástica e sauna toda manhã, tentar comer mais que um pouquinho de batata me deixava mal. Quanto mais eu tentava comer, tanto mais cansada eu me tornava, tanto mais pesada me sentia e tanto mais inchada eu ficava.

É claro que era isso mesmo que eu esperava, pois descobri em minha pesquisa com a alimentação prânica que quanto mais eu permitia que meu corpo fosse nutrido pelo prana, tanto mais eu controlava a irradiação do Divino por todo o meu ser, tanto mais leve eu me tornava, tanto mais livre me sentia, tanto menos necessidade eu tinha de sono e tanto mais alerta e ativa eu ficava.

Para mim, voltar à viagem da existência com comida criou cansaço e os próprios sintomas que a maioria das pessoas acham que vão ocorrer no corpo se não comerem. Essa distorção que muitos têm surge porque as pessoas não entendem que o prana é de fato a fonte suprema de alimento e que é muito mais fácil para o corpo físico ser alimentado assim do que passar realmente por todo o processo de digestão da comida e absorção das vitaminas e nutrientes que ela contém.

Novembro de 1998: Depois de dois meses tentando voltar a uma dieta "normal", depois de desfrutar a liberdade de um mês vivendo exclusivamente de prana enquanto viajava, cheguei à conclusão de que minha preferência – ou vício, se quiserem – é a sensação de ser alimentada pela luz. Descobri também que, pela primeira vez em sete anos, caí de cama com uma febre altíssima no fim da viagem, pois meu sistema tinha sido enfraquecido pelo experimento que eu tinha feito antes de viajar. Eu estava na Alemanha a uma temperatura de – 15° C e, apesar de ter sido abraçada por muitos que tinham tido resfriado, é absolutamente inusitado para aqueles de nós que são alimentados somente pelo Poder da DI contrairmos uma doença se estivermos conectados de forma apropriada.

O experimento foi muito importante por ter provado a mim mesma, mais uma vez, a facilidade com que eu podia ligar e desligar meu sistema de digestão sem qualquer efeito negativo. Na época, os Mestres disseram-me que poderíamos ficar tão viciados em não comer quanto em comer, e que o controle diz respeito à liberdade em relação a todos os vícios.

Pessoalmente, gosto da dieta do Lama que é discutida no livro Os Cinco Rituais Tibetanos e não tenho desejo de voltar a um consumo normal de comida, pois este deixou de me fazer bem. Para mim, depois de experimentar os dois sistemas, ser alimentada exclusivamente pelo prana é como andar num Porsche , e obter energia através da comida é como andar num calhambeque velho. Andar no primeiro é muito mais fácil e gostoso que no outro.

O segundo foco deste experimento era descobrir um bom método de preparação para o pré-processo de 21 dias destinado às pessoas que queriam se sentir livres para comer por prazer e não por necessidade e que, apesar disso, sentem-se inseguras quanto à forma de se preparar para isso. Vamos falar mais a respeito nos próximos capítulos.

O terceiro foco do experimento era perceber a diferença em meu corpo depois de acrescentar a ingestão de determinados grupos de alimentos, como nozes, carboidratos e frutas, verduras e legumes frescos. Eu queria saber se poderia ficar em melhor forma e ter mais energia quando estivesse fazendo meu programa de ginástica do que eu tinha no momento sendo alimentada exclusivamente pelo prana.

O que descobri foi que, embora eu tenha engordado imediatamente – três quilos, para ser exata – e dado a impressão de ter mais músculos, meus níveis de energia diminuíram rapidamente. Passei a ter dificuldade em fazer minhas duas ou três horas habituais de exercícios diários, ao passo que antes de ingerir qualquer tipo de comida era fácil para mim fazer ginástica isométrica, ioga, ginástica tradicional, ginástica com pesos leves – além de malhar na esteira –, seguidas de ginástica com pesos maiores e uma seqüência de dança, tudo numa única sessão. Essa rotina costumava ser seguida por uma sauna sem nenhum detrimento físico para o corpo além do desejo de aumentar meu consumo de água enquanto fazia tudo isso.

Depois de um mês com uma ingestão maior de comida que consistia em lanchinhos muito pequenos todos os dias, comecei a me sentir imensamente cansada e inquieta. Meus intestinos começaram a fazer uma eliminação mais regular e minha pele estava enrugando. Meu hálito, que não tivera cheiro algum durante anos, estava se tornando desagradável e notei que o cheiro de meu corpo também estava mudando.

Infelizmente, nenhuma dessas coisas tem o menor atrativo e eu resolvi encerrar o experimento e voltar a me alimentar exclusivamente de prana. Como todos os experimentos anteriores, minhas conclusões sobre esse período de pesquisa foram muito instrutivas e foi bom afrouxar durante algum tempo o rigor de meu modo de vida. Foi divertido usufruir do prazer da comida com meu marido *vegan* e deixar que ele preparasse umas guloseimas interessantes para mim, embora eu não conseguisse fazer refeições de tamanho "normal". Gostei muito de sentir novamente o sabor das frutas – principalmente mamão-papaia e melancia.

Como já disse na mídia, a quantidade de comida que eu pessoalmente ingeri durante os últimos seis anos talvez seja a mesma que qualquer um precisaria para viver um mês. Em geral, nada do que comi tinha valor nutricional suficiente para manter o nível de saúde de que desfrutei. Tem sido óbvio para mim, em função de minha experiência pessoal durante os últimos seis anos, que uma outra fonte de alimentação estava ativada. Independentemente disso, a pesquisa médica e científica vai acabar apresentando provas do fato de que algo está acontecendo em nosso corpo que desafia as noções tradicionais desse campo.

Outra coisa que descobri durante esse experimento durante aqueles dois meses foi que eu dormia bem mais, bocejava bem mais, sentia-me cansada, sentia-me cheia e sentia-me pesada, em vez de leve e sem peso. O fator constante que notei é que até hoje nunca fico com fome, independentemente de qualquer experimento que eu possa estar fazendo, nunca sinto vontade de comer por causa da fome.

Por isso gostei da vantagem de estar mais relaxada com a idéia de comida, porque, sim, é preciso ter disciplina inicialmente para estar perto dos outros e optar por não comer quando é óbvio que eles estão tendo prazer com todo aquele jogo social em torno da comida. A interação social continua sendo uma das coisas mais difíceis de lidar para os Embaixadores da Luz.

Com minha decisão de não voltar a um consumo normal de alimentos, senti como se tivesse recebido a suspensão de uma pena de morte. Exercer a minha preferência por um modo de vida leve é uma grande bênção. Talvez eu continue a ceder ao desejo de satisfazer meu paladar de vez em quando, pois gosto de sentir o sabor e a textura de uma vitamina de leite de soja e banana. Além disso, agora estou armada com uma centena de perguntas para fazer à equipe de pesquisa!

Agosto de 1999: Minha "alimentação" consiste em chá de gengibre descafeinado, água e uma vitamina para satisfazer meu paladar com um intervalo de alguns dias. Simples, mas apropriado. Minha rotina de exercícios aumentou de novo para incluir ginástica com pesos, dança, bioenergética e a dança dos derviches rodopiantes.

Provavelmente a questão que irrita os "espectadores" desse movimento, mais que qualquer outra, seja o fato de continuarmos afirmando que diz respeito exclusivamente à liberdade de escolha e não uma questão de preto no branco em relação a comer ou não comer.

Lembro-me de conversar com Wiley Brooks sobre essa questão nos Estados Unidos quando nos conhecemos há alguns anos. Para aqueles que não sabem quem ele é provavelmente o precursor ocidental do movimento respiratoriano da década de 1970. Depois de uma experiência de iluminação no topo de uma montanha, ele descobriu que não precisava mais comer, nem beber. Wiley foi orientado no sentido de espalhar a notícia pelo mundo e, através de uma série de programas de entrevistas na televisão, passou a fazer algumas afirmações espantosas. Levantou um peso 10 vezes maior que o seu diante das câmaras da TV para mostrar que você não precisa de comida para manter a força e conseguiu um número bem grande de seguidores nos Estados Unidos. Concordo com suas descobertas, pois eu também estou mais forte e em melhor forma agora.

Wiley disse-me que depois de um período em que retornara à poluição das cidades, voltara a comer de vez em quando, pois achou difícil estabilizar o peso enquanto viajava fazendo seminários constantemente. A dra. Barbara Ann Moore, uma respiratoriana da década de 1950, teve a mesma experiência e começou a perceber que também se sentia doente e extremamente sensível de vez em quando pelo fato de estar exposta à poluição. Tive o mesmo problema com sensibilidade extrema e notei que é fácil manter a alimentação exclusivamente prânica no santuário que é o meu lar e mais difícil fazer isso quando estou "com o pé na estrada". Sempre perco de 2 a 3 quilos quando viajo. Um amigo meu da Suécia disse que toda vez que ia ao médico fazer exames, depois que passou a viver de prana, notou que seu peso caía. Para vocês verem o quanto ficamos sensíveis quando há poluição; além disso, as projeções mentais dos outros podem realmente interferir com o processo de sermos alimentados efetivamente pelo prana. Obviamente, esse é apenas outro passo a dar no nosso processo de automaestria.

Voltando a Wiley... certa vez, ele foi "flagrado" saindo de uma loja de conveniências que fica aberta 24 horas e de um McDonald's, o que os jornais adoraram, claro! Seus seguidores se dispersaram e seu sacerdócio obviamente perdeu o impulso, pois fora construído sobre a idéia de que ele nunca comia ou bebia. Wiley me disse recentemente: "Viajei com um grupo de pessoas que comia e, evidentemente, eu era visto entrando e saindo desses lugares. Como você, eu também estava fazendo experiências o tempo todo". Sei o que ele quer dizer, pois ao ter a experiência de passar longos períodos de tempo sem ingerir comida, muitos começam a tratar o corpo como um laboratório, para descobrir o que acontece se voltarem a comer.

Pessoalmente acho ridículo o foco sobre "não comer", em vez de ser na liberdade em relação à compulsão de comer, e encorajei os Embaixadores da Luz a serem inteiramente honestos em relação a todas as suas afirmações. Nenhum de nós afirma que é santo; somos, isso sim, pessoas que estão ousando ir além dos limites aceitos da sociedade ao explorar nosso potencial em todos os níveis. Já dominamos esse processo inteiramente? Eu não. Lembro-me de uma conversa profunda que tive certa vez com Saint Germain quando sentia a compulsão de "beliscar" de vez em quando. Minha reação imediata foi que eu não poderia continuar falando de viver de luz no sentido estrito do termo, pois eu "comia" de vez em quando. Essa foi a base da conversa:

Saint Germain: *Você provou 100% a si mesma que está livre da necessidade de ingerir comida?*

Eu: *Sim.*

Saint Germain: *E você acha que toda a sua pesquisa e experimentação nesse campo perdem a validade se você beliscar de vez em quando?*

Eu: Claro que não!

Saint Germain: *Precisamente. Um inventor pode fabricar um avião e preferir andar de carro de vez em quando. É uma opção do inventor. Só porque ele decide viajar de carro em vez de sempre voar não invalida sua invenção, nem seus benefícios para o mundo!*

Basta dizer que entendi. Bem, o prana não foi inventado, é a Força Vital Universal, chi ou Deus, ou seja lá qual for o nome que lhe quisermos dar. O que os Embaixadores da Luz inventaram foi uma forma de viver cotidianamente que nos permite manter essa conexão frágil com o Poder da DI. Digo frágil porque muitas vibrações nos bombardeiam constantemente e é fácil ser influenciado a ponto de alguns não conseguirem manter o fluxo prânico de modo a se manterem saudáveis durante longos períodos de tempo sem ingerir nutrientes derivados da comida. O Poder da DI funciona e nos alimenta – o que nem sempre funciona são os modos de vida que escolhemos e os sistemas de crença que nos dizem quem realmente somos. Ambos parecem precisar de um refinamento constante.

Sim, encorajo os Embaixadores da Luz a dizerem que são "livres em relação à necessidade de ingerir comida", em vez de dizerem que *nunca ingerem comida*. Talvez seja verdade que não comemos nada hoje, mas e se daqui a alguns meses ou anos sentirmos vontade de desfrutar um sabor? Será que todo o nosso trabalho e o que conseguimos deve ser descartado tão facilmente como aconteceu com Wiley Brooks só porque podemos optar por desfrutar um sabor de vez em quando?

Há tanta coisa que ainda estou aprendendo todos os dias sobre o potencial humano, o meu inclusive... Quanto mais danço com o Divino, tanto mais divina a dança se torna. Certos dias sinto vontade de me perguntar por que estou fazendo tudo isso e, quanto mais aprendo, tanto mais percebo quão pouco sei. Em outros dias, a beleza de tudo isso me espanta e assombra, enquanto lágrimas de gratidão e alegria descem pelo meu rosto pelo milagre de ter tido a chance de chegar a participar do jogo e aprender livremente essa dança com a DI.

Mencionamos essas coisas porque é muito fácil julgar e descartar aquilo que não entendemos perfeitamente, e porque é muito fácil aqueles que estão sendo julgados desistirem. Se você vir um Embaixador da Luz fazendo um lanchinho, não se trata de grande coisa, ele está apenas aprendendo a acabar com o vício de comida que seu corpo emocional tem, e o processo pode levar anos. Lembre-se de que tivemos muitas vidas nas quais acreditamos que precisávamos de comida para sobreviver!

Também já conheci pessoas que passaram pelo processo e, depois de três semanas, ao verem que a queda de cabelo aumentara, ou que seu peso ainda não se estabilizara, disseram "é óbvio que não funciona" e, por isso, voltaram a comer.

Esse processo de aprender a viver de luz pode levar anos de preparação e meses de tentativa e erro depois de iniciado.

Em resumo, recomendamos que você relaxe, seja flexível, faça experiências. Lembre-se de que não há "uma fórmula única" para criar um modo de vida que funcione para você; confie na DI e descubra uma forma que seja perfeita para o seu caso. Desfrute cada passo da viagem e não se concentre exclusivamente no objetivo e no resultado: aprenda a ouvir mais o seu corpo; às vezes você pode dar dois passos para a frente e um para trás. Tudo bem. Fracasso é uma coisa que não existe, só existem oportunidades de aprender e crescer. Se não tiver sucesso no início, tente, e depois tente de novo. Tenha a audácia de sonhar e erguer-se acima da mediocridade da vida.

6. A preciosa preparação

"Ouça sua consciência, pois você talvez esteja ouvindo a voz de Deus."

J. H. Rhodes

Quando escrevi *Viver de Luz*, que foi o meu primeiro livro, escrevi-o como forma de servir àqueles que estavam sendo atraídos pelo processo de 21 dias, para facilitar sua viagem. Como fui orientada no sentido de manter esse modo de vida, durante os anos seguintes comecei a lidar com esse tipo de vida cotidiana e também a fazer experiências com muitas questões diferentes que foram surgindo.

Ao escrever este livro, pressupus que todos os que se sentiam atraídos pelo processo já tinham compreendido a importância de estar em plena forma em todos os níveis. Desde então descobri que nem sempre é assim.

Como já disse muitas vezes, estar saudável e "em plena forma" significa estar em plena forma física, emocional, mental e espiritual. Quanto melhor você estiver, tanto mais fácil a conversão para a alimentação prânica. A isso dei o nome de quatro tipos de boa forma, ou "as quatro BF".

Eu pessoalmente demorei duas décadas e meia para estar suficientemente em forma para conseguir viver sem ingerir comida. Nossos dados de pesquisa provaram desde então que aqueles com uma história mais longa e marcante de cuidados consigo mesmos e boa alimentação tiveram mais êxito com a alimentação prânica do que aqueles que sempre deram uma atenção mínima aos cuidados pessoais.

Com cuidados pessoais refiro-me às coisas discutidas no livro *Em Sintonia*, que são as coisas que nos mantêm saudáveis e felizes. Cuidados pessoais também significam viver cada dia melhorando não só a própria vida, mas também de uma forma que signifique que nossa existência aqui melhora a vida no planeta.

Por isso é importante gastar o tempo precioso em preparativos antes de passar pelo processo de 21 dias. Como já disse muitas vezes, é uma iniciação extremamente científica para o guerreiro espiritual, e a pessoa tem de estar bem treinada antes de se lançar nesse processo. Quanto melhor a preparação, tanto melhores os resultados. Simples.

Se você se sente atraído pela idéia de viver de luz, peça à DI – Divindade Interior – que lhe dê todas as informações e técnicas necessárias, e pessoas que possam ensiná-lo para você estar em tão boa forma quanto possível em todos os níveis. Lembre-se, você tem todo o tempo do mundo, mas não tem um minuto a perder. O processo de boa forma absoluta pode levar uma vida inteira, décadas ou meses. Tudo depende do quais são as opções atuais do indivíduo em relação a seu modo de vida.

Será que a pessoa pode morrer fazendo isso? É como perguntar se alguém pode morrer se participar de uma maratona de 100 quilômetros. Se estiver despreparada, com certeza; mas, se estiver bem preparada, não. Qualquer um que faça algo que exige muito de seu físico pode ter problemas e morrer se não estiver bem preparado, principalmente se for a sua hora. Como todos os campos esotéricos chegaram a perceber, a hora de nosso nascimento e morte é controlada pela DI e Seu contrato com Aquele que nos criou; mesmo assim, uma preparação razoável vai nos permitir desfrutar tudo o que nos propusermos conseguir.

Isso nos traz a outra falácia. Muita gente diz que, como precisei de décadas para chegar a um nível de saúde e boa forma que possibilitasse a alimentação prânica, então todos vão precisar de décadas. Isso não é necessariamente verdade.

Já vi pessoas ficarem em plena forma em menos de um ano, devido ao treino recebido em vidas passadas.

Nosso primeiro livro sobre viver de prana foi escrito e publicado em inglês depois de nosso livro *Em Sintonia*, que é um manual completo sobre a preparação para se sintonizar com o Poder da DI. Mas, como as pessoas queriam saber mais sobre isso, também recomendo que você não deixe de fazer uma desintoxicação antes de passar pelo processo, usando o jejum ou outros métodos, e aplique as diretrizes que apresentamos nos próximos capítulos.

A razão de fazer isso lentamente e primeiro se manter com alimentos crus, depois com frutas, depois com líquidos durante um LONGO período de tempo é que nos ajuda a nos libertar de nosso vício em variedade de comida. Viver de alimentos crus durante pelo menos seis meses é uma forma maravilhosa de se preparar para o processo, e a maioria daqueles que vivem de alimentos crus durante algum tempo antes do processo acham mais fácil a viagem posterior ao processo. Isso acontece porque essas pessoas já enfrentaram o apego de seu corpo emocional à comida.

Portanto, quando a pessoa está bem preparada, deve passar sem problemas pelo processo de 21 dias e, por isso, não vai precisar de alguém cuidando dela, como foi mencionado no livro de Charmaine Harley. Os melhores cuidados que podemos receber são da DI.

O processo de 21 dias é uma iniciação relativa à automaestria, e ficar sem comida ou água durante sete dias pode ser algo extremo. Fazer isso sem o treinamento adequado pode ter resultados negativos. Sim, ouvi contar a história de um alemão que morreu (antes de meu livro ser publicado na Alemanha) depois de tomar conhecimento das diretrizes que, não se sabe bem como, chegaram à Europa. É por isso que escrevi o primeiro livro, para dar mais informações sobre a iniciação.

Sim, uma mulher morreu na Austrália durante o processo de 21 dias com Jim Pesnak. Ele e sua mulher – em sua condição de pessoas que estavam cuidando dela – foram acusados de negli-gência e também podem ter de enfrentar uma acusação de homicídio. Repito: nossa organização não estava envolvida e, quando isso aconteceu, publicamos novas diretrizes para quem cuida das pessoas que passam pelo processo, as quais podem ser encontradas em nossa página na Internet. Mesmo assim, como um Embaixador da Luz me disse recentemente, há um risco muito maior de você morrer de câncer pelo fato de fumar, ou de um acidente de carro, do que de sua tentativa de se conectar ao Poder da DI e passar a viver de luz – principalmente se estiver bem preparado.

Em todos os passos do caminho, fomos honestos e abertos ao falar de nossa experiência e pesquisa, e esperamos que aqueles que estiverem escolhendo fazer essa viagem tenham a mesma atitude. Viver nossa vida de forma verdadeira e impecável faz parte dessa viagem de automaestria.

Saiba também que:

♣ 1. a decisão de passar pelo processo é o primeiro passo de uma iniciação no domínio da clareza e da coragem;

♣ 2. o segundo passo é ter uma orientação interior bem clara para SABER sem sombra de dúvida que esse é o próximo passo para você. Se o seu coração encher-se realmente de felicidade com a idéia de passar por essa iniciação, então dê-lhe ouvidos, pois a felicidade do coração é a voz da Divindade Interior. Se tiver dúvidas, não faça coisa alguma – sem felicidade no coração não há processo algum. Portanto, essa segunda iniciação diz respeito à clareza pessoal, ao discernimento e à segurança em si mesmo;

♣ 3. o terceiro passo da iniciação é o nível de preparo que um indivíduo escolhe ter antes de passar pelo processo, que depois também vai determinar diretamente o resultado de sua experiência. O terceiro passo também diz respeito à aplicação inteligente do conhecimento – isto é, o uso correto da sabedoria. Isso corresponde à reeducação ativa da família e dos amigos, a fim de que possam constituir um sistema sólido de apoio para a pessoa em seu período pós-processo. Quando a pessoa está bem preparada, o processo em si é extremamente fácil e agradável; é depois dele que muitos têm dificuldades com a reação social e a pressão da família.

Completar essas três iniciações qualifica a pessoa a cuidar de si mesma e, por isso, nos últimos anos desencorajamos enfaticamente todos os que querem passar pelo processo e acham que precisam de alguém cuidando de sua pessoa. Nosso conselho é que esperem até não terem dúvidas e se sentirem sintonizados o suficiente para não precisarem de assistência. Desse modo, ninguém, a não ser o indivíduo, pode ser responsabilizado por sua experiência.

Alguns Embaixadores da Luz preferiram passar o processo de 21 dias com outros, e ter por perto alguém que já fez isso facilitou sua viagem, como Chris Schneider tem feito na Alemanha nos últimos anos – os detalhes estão no final deste livro.

Lembre-se de que as pessoas que optaram por passar o processo de 21 dias são guerreiras. Muitas delas são não-conformistas cujo foco atual de interesse é o progresso positivo pessoal e planetário. O processo de 21 dias é uma iniciação Embaixadores da Luz, demonstram o poder da luz ao viverem dela. Essa luz é o aspecto visual da Força Criadora.

Repetimos que o processo de 21 dias não é indispensável, pois descobrimos com nossa pesquisa que há formas mais suaves de condicionar o corpo a obter alimento da luz, como a reprogramação e a disciplina dietética, por exemplo. Mas, quando a pessoa está convencida de que esse é o curso de ação correto para ela, então ela também precisa se preparar para assumir total responsabilidade, tanto por sua preparação quanto para as experiências subseqüentes.

Como o processo de 21 dias é muito extremo e não se deve tentá-lo de maneira leviana, certifique-se de estar bem preparado e espiritualmente consciente, além de compreender que você cria sua própria realidade e tem uma noção do poder e da visão da Unidade. Você deve se dedicar à automaestria, deve ter uma longa história de práticas espirituais e estar na melhor forma possível em todos os níveis.

Sim, algumas pessoas são atraídas para o processo de 21 dias por vê-lo como uma solução rápida para todos os seus problemas. Recomendamos que elas primeiro resolvam os seus problemas de saúde, emocionais, dietéticos, mentais ou familiares antes de entrar nessa empreitada. Quando esses problemas não estão resolvidos, podem se exacerbar durante o processo, levando à hospitalização por razões físicas ou mentais e até à morte.

Se você considerar a possibilidade de viver de luz como um projeto para o futuro, então faça algumas programações, como as seguintes:
♣ "Peço agora à minha DI que dê apoio à minha transição para viver de luz com alegria, facilidade e graça."
♣ "Peço que meu peso se estabilize agora no nível perfeito para a expressão plena de minha própria divindade."
♣ "Peço para ser alimentado pela DI em todos os planos do meu ser."

Depois siga algumas das receitas deste livro. Mantenha o coração aberto, faça pesquisas inteligentes, use seu discernimento e torne-se mais disciplinado, pois é assim que nós, enquanto indivíduos, conseguimos realizar grandes coisas. Os Embaixadores da Luz sabem que quando nos conectamos com a DI. Ela nos guia para a realização de nosso propósito e paixão na vida, e viver de luz graças a Seu poder é apenas um subproduto insignificante de estar em sintonia com esse aspecto do Eu.

Para os que optaram por viver de prana, recomendamos que aprendam a ligar e desligar seu sistema. Lembre-se de que podemos ficar tão viciados em comer quanto em não comer. Portanto, experimente, descubra um modo de vida e um programa que funcionem para você. Mas, acima de tudo, mantenha-se aberto e desfrute cada passo ao longo do caminho.

Portanto, sem repetir um bocado de informações contidas no livro *Em Sintonia*, gostaríamos de falar sobre um programa simples de "Estilo de Vida Prazeroso" que podem ser adotados tanto se você estiver interessado em viver de prana quanto se não estiver. Depois leia nossas recomendações em "*A Conexão com a DI – Como Se Preparar para Viver de Prana*".

7. Estilo de vida prazeroso – Parte I
Uma receita diária para a obtenção de maestria sobre o corpo físico

> "Os homens tornam-se maus e culpáveis porque falam e agem sem prever os resultados de suas palavras e atos."
>
> Franz Kafka, romancista alemão nascido em Praga

Criar um estilo de vida que você considera "prazeroso" é realmente uma questão de escolha pessoal e do método básico de tentativa e erro; mesmo assim, eu gostaria de oferecer algumas sugestões que qualquer um pode utilizar e logo sentir seus benefícios.

Num certo plano, a automaestria pessoal para obter os quatro tipos de boa forma, ou "as quatro BFs" – física, emocional, mental e espiritual – é como assar um bolo; além disso, temos uma fórmula pessoal de perfeição que todos nós podemos descobrir. Alguns dizem que é necessário um mínimo de 21 dias para formar um novo hábito e, por isso, recomendamos que você ponha em prática as seguintes sugestões por um período de 22 dias, ou então de 33. Depois, se perceber os benefícios, continue diariamente.

Embora nossos livros e artigos anteriores falem muito detalhadamente de autocontrole pessoal e "ressintonização", para mim o programa mais simples e efetivo de autocontrole pessoal pode ser resumido da seguinte forma:

❆ Procure tomar consciência de que você é um sistema de energia e prove essa idéia a si mesmo intelectual e *experiencialmente*; depois...

❆ *Aprenda a sintonizar-se* de uma forma divertida, inspiradora e prazerosa. Isso significa entrar em forma física, emocional, mental e espiritualmente (ver o próximo capítulo).

❆ *Medite toda manhã e toda noite*: mime-se diariamente com um mínimo de 22 minutos de meditação com técnicas de respiração – há uma miríade entre as quais escolher; encontre uma que funcione para você, pois nossa respiração é uma das mais poderosas técnicas de sintonização que existem.

❆ Acrescente o trabalho de energia dos raios de luz e das ondas sonoras ao trabalho com a respiração e com visualizações criativas.

❆ *Ouça música*, um CD/fita cassete todos os dias com cantos budistas, música indígena, música angélica – ouça o tipo de música que for orientado para ouvir, mas só use aquela que alinha você, inspira e cura vibracionalmente. Sempre que possível, ouça com fones de ouvido para obter um impacto máximo. Ouça enquanto viaja ou no trabalho.

❆ Estabeleça como objetivo *beber um mínimo de 1 a 2 litros de água pura* por dia para manter seu sistema irrigado e limpo. Se você já viveu de luz e já obteve alimento prânico, pense em cortar completamente os líquidos num estágio qualquer – faça isso com alegria e sem esforço. Se for uma luta, então espere, pois talvez não seja a hora certa. Faça jejum à base de ar durante um dia ou dois por semana faça isso gradualmente.

❆ *Exercite o corpo diariamente* – dance, pratique esportes, faça alongamento, levante peso, faça ioga. Repito: faça aquilo pelo que se sente atraído e o que faz você se sentir alegre para poder fazer isso diariamente.

❆ *Aprenda técnicas simples de autotratamento* para recuperar toda a sua saúde e vitalidade – o autotratamento é uma parte essencial do autocontrole.

❆ Tome longos e quentes banhos de chuveiro ou banheira diariamente para harmonizar o campo áurico. Sente-se diante do fogo regularmente se possível.

- Crie um campo de força eletromagnético em volta do corpo (como na meditação do Escudo do Feiticeiro) – o método está na página da Biblioteca da CIA e também em nosso novo livro *The Wizard's Tool Box* e utilize uma programação específica para o controle do campo ambiental.

  Desenvolva o controle mental – a meditação permite que a gente se distancie e seja uma "testemunha". Observe seus pensamentos e tenha a coragem de mudar sistemas de crenças antiquados ou pessoalmente limitadores. A mente é nosso banco de dados e somente NÓS podemos reprogramá-la efetivamente para nos desempenharmos bem o suficiente de modo a criar a vida que queremos.
- *Fique em silêncio todos os dias* – sente-se no seu jardim e sinta a energia dos devas da natureza. Cultive seu jardim para incentivar a energia dos devas a florir. O silêncio estimula a revelação do conhecimento de si.
- Desfrute dos benefícios de um *jejum regular* DEPOIS de pesquisar esse tema exaustivamente.
- *Ingira comida leve* – considere seriamente a alimentação prânica ou ao menos pesquise-a e veja se pode vir a ser uma opção viável para você. Torne-se vegetariano, depois *vegan*, e depois só consuma alimentos crus. Tome consciência dos benefícios humanos e também globais de ser vegetariano.
- Use a acupuntura e outras terapias alternativas para tratar de seus vícios.
- Faça com que todas as suas relações afetivas sejam boas criando prazer e aumento de poder mútuos.
- *Aprenda a ouvir e a se comunicar com a DI – Divindade Interior.* Essa é a atitude mais importante que você pode tomar.
- *Peça provas* de seu potencial superior para se sentir livre da dúvida e descobrir realmente seu verdadeiro Eu.

❧ *Peça e receberá...*
❧ Lembre-se de que é muito difícil alguém se tornar um pianista que faz concertos da noite para o dia; é algo que requer *prática e disciplina*; portanto...
❧ Sempre seja delicado, afetivo e compassivo consigo mesmo e com os outros, mas também exercite a disciplina alegre.
❧ E o mais importante de tudo, aprenda a rir muito e a fazer o *que enche seu coração de felicidade*!
❧ Lembre-se, pensamento de qualidade, sentimento de qualidade e alimentação de qualidade levam a uma vida de qualidade.

Também gostaria de incluir as seguintes informações sobre Jeff, meu colega na Academy, que está pesquisando há quase três décadas para criar modos de vida metafísicos que sejam praticáveis. Veja o que ele diz:

"O objetivo essencial do modo de vida é a impecabilidade. A impecabilidade talvez possa ser mais bem definida como o alinhamento perfeito e a descoberta do momento certo de todos os pensamentos, sentimentos, palavras e atos da vida. Isto é, assim como a cultura japonesa ritualizou a cerimônia do chá a ponto de ela ser agora uma forma de arte, também devemos pensar dessa forma em cada ato de nossa vida e procurar realizá-lo com o mesmo conteúdo e significado. Independentemente da meditação diária, ter um sentido de vida, utilizar a programação mais respiração – dieta e exercícios são os principais pontos de interesse a considerar.
Sentido de vida – um objetivo pelo qual você tem paixão – um desejo ardente. Não é difícil dizer às pessoas que busquem um sentido para sua vida. O difícil é ter acesso

a ele. Muitas pessoas acham que têm um bom motivo para viver, algo que está além de sua compreensão no momento, do qual têm uma vaga consciência, mas não conseguem enfocar exatamente e defini-lo. Algo como sentir que foram destinadas a fazer alguma coisa, alguma coisa que sentem que devem realizar, mas sem conseguir identificar direito o que é. Essa é uma preocupação comum e a resposta ao problema é programar para conhecer esse sentido de vida – isto é, localizar e pôr em prática o objetivo pela qual têm paixão.

Programação, é por si um tema da maior importância e algo a ser tratado separadamente (*ver o capítulo 33 – Pérolas e Programas da Linhagem – Jasmuheen*).

Respirar é a questão que vem em segundo lugar em termos de importância. Há um aspecto de limpeza na respiração profunda durante a meditação que elimina resíduos celulares negativos e tóxicos. Muitos mestres enfatizam a importância da respiração equilibrada, que pode ser conseguida quando inspiramos pela narina esquerda e expiramos pela direita, depois inspiramos pela direita e expiramos pela esquerda, tentando exercitar o equilíbrio nesse sentido. A maioria das pessoas não tem consciência de que normalmente só usa uma narina por vez para respirar, passando de uma para a outra com muita freqüência. Numa vida ideal, a respiração é completamente equilibrada. A meditação é o exercício que leva à situação ideal em termos de respiração. Na verdade, 70% do alimento que a pessoa média precisa para viver vem da respiração. É designada tradicionalmente como o primeiro alimento.

Em relação à dieta, esse é um tema capcioso para discutir, porque há uma enorme variedade de antecedentes culturais a considerar. Em primeiro lugar, nas culturas ocidentais a maioria das pessoas come demais; além disso, a pesquisa comprovou que comer demais afeta tanto a qualidade de vida quanto o número de anos a viver. Reduzir pela metade o consumo atual de calorias aumenta a expectativa de vida das pessoas em um terço do que é a partir do momento que fazem a mudança. Estudos científicos para verificar esse fato agora já foram concluídos com resultados satisfatórios e existem provas para qualquer cético a respeito dessa questão. Uma alimentação vegetariana leve é recomendada há muito tempo para todos os que fazem estudos esotéricos sérios."

Os Embaixadores da Luz trabalham com a premissa de que nosso mundo está cheio de seres humanos amorosos, afetivos e inteligentes que, se tiverem acesso a informações lógicas, vão usar seu discernimento para criar mudanças positivas em sua vida e neste mundo. Não é a informação que tem todo esse poder, mas aquilo que resolvemos fazer com ela.

8. Estilo de vida prazeroso – Parte II A conexão com a DI – Entrando em forma para receber o prana

"A bondade é o único investimento que nunca entra em falência."

Henry David Thoreau, escritor e naturalista norte-americano

Muitos indivíduos se sentem atraídos pela idéia de se liberar da necessidade de ingerir comida. Outros desejam se libertar de todos os apegos externos e buscar a iluminação e logo começam a fazer ajustes em seu modo de vida para conseguir isso.

Como já dissemos muitas vezes, não há nada de misterioso em viver de luz, é um subproduto natural da conexão com o Poder da DI. De que modo nos ligamos à freqüência ou Canal do Poder da DI é uma outra questão e o tema deste capítulo.

Quando escrevi o primeiro livro, era uma simples história de uma iniciação pessoal. Levei anos para compreender o que tudo isso queria realmente dizer e mais ainda para encontrar uma forma de expressar essa vivência de maneira clara.

Ao processo de nos ligarmos ao Poder da DI chamamos de Conexão com a DI. A eficiência da ligação depende do estilo de vida que temos. A conexão diz respeito à sintonização de dois canais complementares. A DI obscure-se e nós ficamos mais brilhantes. E então, bum! A ligação completa-se – exatamente como fazer um telefonema.

É basicamente isso o que acontece durante o processo de 21 dias. Uma conexão com a DI. Uma conexão com a DI acontece automaticamente num certo grau de saúde. Nosso desejo de sermos fisgados permite que se inicie um processo de metamorfose, cuja velocidade temos condições de controlar. Controlamos essa velocidade por meio da alimentação e de exercícios físicos, emocionais, mentais e espirituais.

O exercício mental inclui programação e controle mental. O exercício emocional é feito através de nossa convivência, de nossas relações afetivas uns com os outros. O exercício espiritual é o caminho que todos os iniciados tomam quando querem vivenciar as dimensões "iluminadoras" da DI.

Como dissemos muitas vezes, o processo de 21 dias não é um placebo em relação a viver de luz. É, ao contrário, uma poderosa iniciação espiritual que não deve ser feita levianamente. Essa iniciação, quando a pessoa está bem preparada, pode deixá-la em estado de graça e assombro diante da maravilha da vida – seu único objetivo é conectar a pessoa conscientemente com a DI em um nível muito mais profundo. Quando uma conexão firme foi estabelecida, a pessoa descobre que está livre da necessidade de comer durante longos períodos de tempo. Algumas nunca voltam a comer, preferindo a alimentação prânica por seus benefícios evidentes. Outros não estabelecem uma conexão firme o bastante para permitir que sejam alimentados pelo prana sem alguns efeitos colaterais negativos.

A conexão mais firme com a DI através dessa iniciação resulta em coisas diferentes para pessoas diferentes. Aqueles de vocês que se sentem atraídos a passar 21 dias em solidão e contemplação silenciosa do Divino precisam saber que quanto menos se preocuparem com a descarga de toxinas, dores, dúvidas e medos, tanto mais abertos estarão para desfrutar Seu poder e esse processo de conexão de freqüências.

A conexão com a DI pode ser muito viciante e traz consigo recompensas positivas e poderosas. É algo que pode ser feito a qualquer momento, sem a intermediação de qualquer processo.

Lembrem-se de que não é necessário passar pelo processo de 21 dias para sentir o poder da DI e viver de prana. Lembrem-se também de que seu desejo, devoção, disciplina, discernimento e dedicação determinam, todos juntos, a firmeza de sua conexão. Estar em plena forma em todos os níveis também facilita muito essa conexão.

Portanto, se você quiser passar pelo processo de 21 dias e já pesquisou tudo o que pode sobre o assunto, se já leu meu livro *Viver de Luz*, o passo seguinte é fazer algumas perguntas a si mesmo e responder honestamente:

Você está em plena forma física?
- Consegue fazer ao menos uma hora inteira de exercícios por dia sem problemas?
- Recomendo um treinamento múltiplo para obtenção de força, graça, flexibilidade e vigor, como levantamento de peso, caminhada, ioga, ginástica isométrica, natação, dança, artes marciais, etc.
- Você é vegetariano há pelo menos alguns anos?
- Antes do processo, você está preparado para se tornar *vegan* durante seis meses e depois ingerir somente alimentos crus durante outros seis meses antes de dar início ao processo?
- Já fez tudo o que podia para desintoxicar seu sistema físico?
- Já sabe tudo o que precisa saber sobre jejum e jejum à base de sucos e/ou água que terá de fazer durante 7 dias antes de começar o processo de 21 dias?
- Você aprendeu – ao longo dos anos – a ouvir a voz de seu corpo e tratá-lo como se fosse um templo?

Você está em plena forma emocional?
- Tem relações positivas com a família e os amigos? Está satisfeito com a vida e feliz por ser quem é?

- Já resolveu todos os seus problemas pessoais e agora só deseja servir e levar sua vida aqui de maneira a fazer uma diferença positiva para o planeta?
- Já se sentou um pouco para pensar e se perguntou por que deseja fazer tudo isso?
- Já notou seus apegos emocionais à comida?
- Tem disciplina suficiente para eliminar aos poucos tudo de sua dieta, exceto os alimentos crus?
- Nesse caso, tem disciplina suficiente para eliminar tudo, menos frutas?
- Depois tudo, menos líquidos? Tem idéia do tédio que esse consumo limitado de sabores representa para muitos?
- Tem consciência do impacto que a opção por esse modo de vida vai ter em sua vida social? Que importância tem isso para você?

Você está em plena forma mental?
- Você SABE e sente que cria sua própria realidade?
- Exercita o controle mental e por isso sente os benefícios de cultivar os pensamentos positivos e a programação para criar uma vida que você acha que vale a pena viver e que respeita todas as formas de vida?
- Você tem uma ligação sólida entre corpo e mente?
- Você ouve a orientação de seu corpo em questões físicas?

Você está em plena forma espiritual?
- Tem meditado de maneira regular, o suficiente para sentir a presença da Divindade Interior?
- Já sentiu os benefícios da meditação diária em sua vida?
- Já aprendeu a ouvir e a confiar na voz da Divindade Interior quando ela guia você pela vida?

- Está preparado para ser flexível e aberto e fazer experiências com esse novo modo de vida independentemente do que os outros pensam?
- Está preparado para fazer isso até convencer a si mesmo de que está livre da necessidade de ingerir comida outra vez? Mesmo que leve meses?
- Sabe que o processo de 21 dias não vai "resolver todos os seus problemas" e que o oposto pode acontecer e todos os seus problemas serem amplificados e parecerem piores ainda?
- Por fim, seu coração se enche realmente de felicidade quando você descobre informações sobre esse processo? A ponto de você simplesmente "saber" que é para você?

A menos que possa responder "sim" a todas as perguntas feitas acima, recomendamos que você espere para entrar no processo de 21 dias. Lembre-se de que é uma iniciação de grau elevado, e o sucesso de ser alimentado continuamente pelo prana depois do processo depende inteiramente das questões acima. A continuidade da opção por esse modo de vida requer disciplina diária, comprometimento e coragem.

Durante os últimos cinco anos de minha pesquisa, ouvi muitas histórias de pessoas que estavam em plena forma física por causa dos exercícios, alimentos crus, etc., mas que não conseguiram chegar ao ponto de serem alimentadas pelo prana nem mesmo depois de passar pelo processo exatamente como foi apresentado em nosso primeiro livro a respeito, pois não tinham uma prática espiritual sólida.

Também conheci muitos que estavam em plena forma espiritualmente falando e tinham uma longa história de meditação, mas depararam-se com muitas dificuldades por não estarem em plena forma física. E conheci também muitos que estavam em plena forma física e que haviam meditado durante muitos anos, mas que não usavam a automaestria mental em sua vida e, por isso, não estavam convencidos de que são eles mesmos que criam sua realidade. E conheci outros ainda que estavam em plena forma em todos os níveis, mas não tinham absolutamente nenhum desejo de deixar de ingerir comida.

Alguns me perguntam o que significa isso de não poder passar pelo processo se houver algum problema de saúde. Só em poucos casos as pessoas que não estão em plena forma em todos os níveis têm uma cura surpreendente depois de passar pelo processo; e sim, embora alguns tenham se curado, outros sentiram que seus problemas pioraram. Por que funciona para alguns e não para outros parece ser uma questão de graça divina.

Mesmo compreendendo que o tipo de pessoa atraída para isso costuma ser muito forte, e não o tipo que precisa que lhe digam o que fazer, enfatizamos que todos os que passam por esse processo exerçam o bom senso e a prudência e ouçam seu corpo e a DI a cada passo do caminho. Por isso apresentamos as perguntas acima, para assegurar que você esteja bem preparado e possa desfrutar essa viagem sem problemas desnecessários.

Ouvir e confiar na DI é um pré-requisito imperativo antes de passar pelo processo, e a história que se segue é uma das muitas que explicam o porquê. Tenho um amigo muito querido na Croácia, que é um Embaixador da Luz. Um homem forte, saudável e em plena forma, era especialista em artes marciais, fazia regularmente meditação focada e conectada, era um xamã e um terapeuta. Quando o conheci, pensei que seria um exemplo perfeito de um bom Embaixador, alguém bem sintonizado para passar pelo processo.

Depois de completar sua iniciação, ele encontrou seu mestre de reiki, que notou uma mudança em seus campos energéticos e perguntou o que andara fazendo. Empolgado, meu amigo contou-lhe e, no dia seguitne, o mestre de reiki telefonou-lhe e disse:

– Babaji me disse que, se não ingerir comida, você vai morrer.

Como são ambos devotos de Babaji, meu amigo ficou preocupadíssimo. Aqui estavam duas pessoas que ele amava e respeitava – uma delas, um mestre vivo de reiki, e a outra, um mestre etérico – que estavam lhe dizendo que tinha de comer, senão logo morreria. Sentou-se para meditar e perguntou à DI o que fazer; a resposta foi: "Está tudo bem, você vai ficar ótimo – confie".

Ele me ligou e pediu-me para me sintonizar e eu percebi que ele estava fazendo uma iniciação sobre aprender a confiar na Divindade Interior e, por isso, disse-lhe que a opção era sua. Ouvir um mestre/amigo externo ou ouvir sua DI? Ele resolveu confiar em sua orientação interna e está ótimo.

O número de pessoas que conheço e que optou por confiar na opinião de outra pessoa mesmo quando sua Voz Interior lhes disse que estava tudo bem é incrível. A automaestria requer a capacidade de confiar e agir de acordo com nossa orientação interior, independentemente do que os outros possam dizer. As pessoas estão projetando seus medos nas outras o tempo todo – mais do que nunca em relação à questão de viver sem a necessidade de ingerir comida.

Alguns leitores podem perguntar, "Bem, e se ele tivesse voltado a comer, qual seria o problema?" A questão é que ele estava numa encruzilhada, como todos estamos nesses momentos de mudança no nosso modo de vida. Se ele tivesse dado ouvidos a seu amigo e voltado a comer, certas portas que só podem ser abertas por uma determinada vibração teriam se fechado para ele. Ao confiar em sua Voz Interior, ele conseguiu entrar em um novo campo da realidade e vivenciar muitas coisas diferentes em decorrência dessa opção por um estilo de vida.

Sempre supomos que qualquer pessoa inteligente e discernidora descartaria automaticamente a idéia de escolher passar sem comida e bebida durante sete dias como algo extremo demais. Essas pessoas, depois de compreender o processo no contexto maior de suas implicações, podem optar intuitivamente por ter essa experiência e, nesse caso, esperaríamos que elas tivessem o treinamento necessário que se exige para ter êxito nessa empreitada.

Como sabem todos os Embaixadores da Luz, é impossível exaltar as virtudes de algo verbalmente e fazer-lhe justiça. Para se chegar à compreensão plena, temos de passar pessoalmente pela experiência.

Também recomendo um estudo de Pranamaya Kosha e dos cincos pranas, que é uma área importante da medicina ayurvédica, tanto quanto do pensamento iogue. O endereço eletrônico (*http://www.sit.wise.edu/~fmorale1/prana.hjtm* fala disso com mais detalhes em um artigo intitulado *The Secret of Prana* (O Segredo do Prana).

Curta a viagem...

9. O processo dos 21 dias – continuação...

Incluo o resumo que se segue do Embaixador da Luz Christopher Schneider, da Akademie do MSPD da Alemanha. Chris tem facilitado a viagem de muitos que passaram pelo processo de 21 dias e fala de algumas de suas experiências aqui.

"Para mim, a essência do processo é a liberdade. É só dela que se trata. Além de não ter de comer, um vasto campo se abre com esse processo. E isso é verdade para aqueles que passaram pelo processo, bem como para aqueles que estão no campo de ressonância do processo.

O processo de 21 dias abre-nos, tornando possível realizar tudo o que está acontecendo dentro e fora de nós, o caminho que escolhemos trilhar e nossa forma de crescer, como podemos acender a chama do coração e vivenciar A Divindade Interior, que é nossa verdadeira natureza, nossa natureza mais profunda. E vamos deixar uma coisa bem clara: escolher também pode significar que você escolhe não desenvolver todo o seu potencial e liberdade.

Para mim, o verdadeiro significado de liberdade é nossa forma de vivenciá-la no planeta Terra. E crescimento não significa necessariamente ficar maior, mais bonito, mais rápido ou melhor. Crescer significa ter condições de estar consigo mesmo e com os outros com honestidade e verdade, estar apaixonado, reconhecer, estar em silêncio, além de comer ou não comer.

A questão de comer ou não é apenas um efeito colateral – o processo nos dá a experiência de que podemos viver de prana. Não diz respeito à substituição da necessidade de comer pela necessidade de não querer ou de não ter permissão de comer, substituição essa imposta por uma força ou crença exterior.

Todos os que passaram por esse processo (*com Christopher*) passaram por momentos de clareza e saber, os momentos em que ele/ela é nutrido e sustentado pela luz ou pelo prana. É uma das vivências mais maravilhosas que temos durante o processo num nível semifísico. Depois, é possível que haja dúvidas representando nosso estado emocional. Essa é verdadeiramente a fase que chamo de teste: pedimos clareza, pedimos uma manifestação, pedimos sinais claros em nível físico, emocional, mental e qualquer outro. E a grandeza e reconhecimento do divino permitem-nos vivenciar mais e receber provas que são reveladas a cada um a seu próprio modo. Acreditem, é importante permitir-se ter dúvidas também. Fazê-las desaparecer é suprimir nossa personalidade, e queremos aceitar-nos antes de entrar nas dimensões superiores.

Amar a nós mesmos, com ou sem dúvida, nos devolve a nós mesmos ao nosso coração, à nossa harmonia em sintonia com Deus, com A Divindade Interior. Sermos claros e honestos a respeito de nossas intenções e darmos instruções claras a todos os nossos corpos energéticos faz dessa viagem antes, durante e depois do processo uma viagem rápida, eficiente e interessante, que pode ser fácil, desembaraçada e alegre.

O processo tem um potencial muito grande de revelação e cura; mesmo assim, há algumas restrições, principalmente físicas, que eu faço para aceitar pessoas que querem passar por esse processo em grupo. Minha formação médica não me permite aceitar pessoas com sérios problemas de saúde: existem limitações físicas que temos de respeitar. Dizer isso é uma obrigação minha enquanto responsável por pessoas que estão empreendendo a viagem de 21 dias. As pessoas vêm passar pelo processo comigo porque querem minha experiência e minha formação médica. Querem uma orientação clara que não seja limitadora, mas que lhes dê apoio. Aceitar isso conjuntamente, com a ajuda do Divino, torna o processo fácil, alegre, agradável, relaxante e desafiador quando a pessoa está pronta para ele. Pedras ou rochas no meio do caminho, colocadas ali pela própria pessoa, são naturais e fazem parte dessa viagem.

Para mim não há dúvida de que podemos viver sem comida ou líquidos. Também temos de prestar nossas homenagens à existência de comida e alimento. Podemos querer controlá-los, depois podemos optar por abandoná-las, e é aqui que o processo começa. Meu papel é de uma espécie de intermediário ou barqueiro para pessoas que querem passar pelo processo. Vou e volto. Quando estou perto de pessoas que comem, junto-me a elas e saboreio alguma coisa. Vivendo de forma independente como um ser que ama o prazer do paladar, como uma coisinha ou outra de vez em quando.

Em relação à medicina tradicional, isso é muito pouco saudável, e as combinações e mudanças, espantosas. A comida está aí só para nos dar prazer e alegria, não para nos alimentar. Quando sentimos necessidade, podemos comer tanto quanto quisermos que não haverá satisfação nem nutrição derivada da comida. Por isso, quanto a mim, às vezes não como nada e o consumo de líquidos se reduz por vários dias; além disso, às vezes como por prazer. E, para mim, ser capaz de passar de um estado a outro a qualquer hora foi outra prova da alimentação prânica. Mas isso é bobagem comparado à iniciação que pode ser o processo de 21 dias.

Minha intenção ao me tornar um Embaixador da Luz do MSPD é levar as pessoas a entrarem em contato com o tópico do prana. Em minha condição de *Heilpraktiker* (um terapeuta sem diploma universitário), isso significa fazer consultas, seminários de fim de semana relacionados às questões de ressonância e tratamento espiritual e não-espiritual. Faço seminários de preparação, além de encorajar as pessoas a procurarem a clareza a fim de saber que "Sim, vou entrar nesse processo, esse é o próximo passo para mim". Mas acompanhar e cuidar das pessoas antes, durante e depois do processo é outra parte interessante de minha vida. Para algumas pessoas há um bocado de questões envolvidas, pois muitas coisas estão acontecendo em todos os níveis – físico, emocional, mental e espiritual. Sinto que meu destino é dar apoio e catalisar esses processo de esclarecimento e transformação, e sinto-me feliz por lhes dar assistência.

Nos retiros nós nos encontramos de 1 a 3 horas duas vezes por dia. O objetivo das coisas que fazemos é dar apoio. Não se trata de um "programa", nem de horários para um seminário. Todos têm liberdade de participar ou não. No final da primeira semana, o interesse por "fazer" alguma coisa não é muito grande. Durante a fase de convalescença (segunda semana), o interesse por outras coisas aumenta ligeiramente; além disso, todo esse 'tratamento gratuito' ocorre de maneira fácil e agradável. E, durante a terceira semana (fase de reconstrução e integração), em geral temos muitos tópicos, entre os quais continuar vivendo de prana e o manejo prático da nova energia e da nova força.

Mas acho que muito mais importante, são as fases intermediárias. Estar consigo mesmo, experimentar os níveis de energia, as transições, a transformação, a cura...
As horas em *Schöne Aussicht* (Bela Vista) dão-nos as condições ideais para ir até o fim do processo. É um lugar muito bonito e sossegado numa paisagem maravilhosa do sul da Bavária, a meio caminho de Salzburgo, Áustria. Cada participante tem seu próprio quarto com uma bela vista, um banheiro com banheira; um lugar lindo e muito bem

equipado – condições simplesmente perfeitas para o processo, para a viagem a si mesmo.

Para ser mais prático, o que recomendo fazer antes do processo e o que falo em meus seminários de preparação é o seguinte: abra-se para a possibilidade de viver de prana. Você pode fazer meditações, programação, afirmações ou qualquer coisa que você ache melhor para você. Ao mesmo tempo, é importante ver as estruturas de pensa-mentos e moldes mentais. Não há nada a fazer em relação a eles. Aceite-os, simplesmente, e deixe-os ir embora, se quiser. Depois defina suas intenções em relação à data na qual você deseja iniciar o processo, a quantidade de dinheiro de que vai precisar, questões familiares e todos os outros problemas físicos e mentais que podem ser resolvidos. Para as pessoas que vêm passar pelo processo junto comigo, tenho um questionário que abrange grandes áreas de preparação (em muitos níveis), bem como a descoberta das energias envolvidas.

Para que o processo de 21 dias seja fácil, agradável e sem problemas, recomendo uma limpeza física e mental. A física inclui jejum, hidroterapia do cólon e outros métodos naturopatas de desintoxicação. Não se deve fazê-los imediatamente antes de começar o processo porque alguns deles podem enfraquecer o corpo e não aconselho ninguém a começar essa viagem maravilhosa com o corpo enfraquecido. A limpeza mental e emocional pode ter início com sua intenção de limpar a mente e os pensamentos, de buscar a honestidade e a verdade e também procurar saber o que é realmente o melhor para você; a meditação também ajuda muito.

Com amor,
Chris."

Relaxe, diverta-se e

"Vá em busca da essência, vá em busca do melhor!"

Christopher Schneider: MAPS-Akademy,
Fone/fax: +49 8869 5541
Celular: +49 170 432 4288
e-mail: *govind@gmx.de*

Ajustes a serem feitos depois do processo de 21 dias

por Jaxon Wu

Fui orientada para incluir aqui alguns *insights* de Jaxon Wu sobre sua experiência com o aprendizado de viver de luz, pois acho que fornecem informações valiosas sobre os ajustes a serem feitos depois do processo. Extraí o texto do Fórum Viver de Luz, eliminando todos os detalhes irrelevantes.

Jaxon escreve:

"No outono passado, durante meus últimos dias em Findhorn, eu estava sentado na hora do almoço com um amigo, Mark, falando a respeito de comida. Em conversas anteriores, contara-lhe toda a minha viagem com alimentos crus durante os últimos anos e, não sei bem como, a conversa levou ao que costuma ser chamado de 'respiratorianismo', que eu prefiro chamar de 'viver de luz'. Em resumo, viver de luz é um estado da mente e do ser através do qual a pessoa, por meio da automaestria e da confiança profunda na Fonte Divina, permite-se ser inteiramente alimentada e mantida por essa Fonte sem a necessidade de comida, bebida ou qualquer outro nutriente do plano físico...

Já ouvira falar dessas pessoas em livros como *Autobiografia de um iogue*, de Yogananda, mas nunca antes considerara essa realidade possível ou desejável para mim. Mas, naquele momento, não sei bem como, houve um estalo dentro de mim, tão profundo que eu soube que esse era o próximo passo a dar em meu caminho espiritual. E estou querendo dizer PRÓXIMO passo – meu coração estava acelerado e minha alma estava recitando livros inteiros – 'Encontre o livro, passe pelo processo o quanto antes, não há tempo a perder!' Eu vinha comendo quase exclusivamente frutas, verduras e legumes crus há cerca de dois anos e sentia que chegara ao auge da alegria, do prazer, da conexão e da diversão no mundo da comida. Vinha perguntado ao Universo qual seria o passo seguinte. E, como sempre, o Universo respondeu jogando a resposta bem no meu colo, clara como o dia."

Jaxon descobriu meu livro, leu-o, passou pelo processo e agora continua...

"O Processo foi uma experiência surpreendente, cheia de *insights* e milagres e, embora tenha durado exteriormente 21 dias, sinto que é apenas o começo de um processo de transição constante em todos os planos – físico, emocional, mental e espiritual. Para descrever o período subseqüente ao Processo de 21 Dias, até a pessoa estabilizar e equilibrar a nova intenção, cunhei o termo Pós-Processo.

A partir do que ouvi dizer, esse período pode não ser necessário, ou durar de 6 meses a alguns anos. Eu próprio estou no fim de meu Pós-Processo, chegando a um ponto de equilíbrio e estabilização, que até agora já durou 6 meses...

O Processo de 21 Dias passou-se de maneira muito fácil e agradável. O Pós-Processo tem sido realmente o meu desafio e o meu teste, no qual tive de enfrentar de fato minhas crenças/questões emocionais e outras a respeito de me alimentar e da comida ao mesmo tempo que levo uma vida plena e ativa... A certa altura de meu Pós-Processo, fui orientado no sentido de voltar a comer, às vezes tanto ou até mais do que estava acostumado antes do Processo. Outro fato interessante foi que, além de comer alimentos crus, também fui levado a ingerir alimentos pelos quais não senti nenhuma atração durante os dois anos anteriores, quando eu só comia verduras, frutas e legumes frescos – senti vontade de comer alimentos cozidos, pão, manteiga, biscoitos, chocolate. Era engraçado, às vezes assustador, ver a mim mesmo – para alguém que tinha sido tão disciplinado e saudável em sua dieta durante anos – estar comendo como um verdadeiro viciado em 'porcaria' (o que é um certo exagero, claro, porque para mim, segundo minha maneira de pensar antes do Processo, qualquer coisa que não fosse alimento vegetal cru era 'porcaria'...).

Durante todo esse período, continuei afirmando minha intenção de Viver de Luz, pedindo a Deus para remover os obstáculos à realização desse desejo e ouvindo e confiando na minha orientação interior, mesmo que na superfície ela estivesse me levando na direção contrária. No nível mais profundo de todos tudo aquilo fazia sentido e eu sabia que ainda estava seguindo em frente. Tinha aprendido muito com minha transição para alimentos crus, o que me ajudou aqui. Precisei de muitos meses para fazer a transição para os alimentos integrais crus. Durante todo esse tempo, dei a mim mesmo plena permissão de comer o que quisesse, fosse o que fosse, para não me sentir privado. Permiti a mim mesmo desfrutar de tudo o que quisesse – pão, pizza, comida tailandesa e todas as outras que eu sentia vontade de comer.

Por fim, o desejo por essas comidas simplesmente desapareceu e me surpreendi consumindo uma alimentação que consistia exclusivamente de alimentos integrais crus, sem nenhuma sensação de privação ou falta. Sentia que estava passando por um processo semelhante de me soltar agora com Viver de Luz. A diferença era que, ao passo que antes a questão era o que comer, se alimentos integrais crus ou outros, agora a questão era comer ou não comer – parâmetros diferentes, mesmo processo.

Em março, meu mestre interior estava me levando de volta, levando-me a passar períodos cada vez mais longos sem comer. Primeiro alguns dias de uma vez, depois uma semana aqui e ali... A certa altura, tive um *insight* pelo qual agradeço a Giri Bala, a iogue que vivia de luz e é citada na *Autobiografia* de Yogananda. Para os que não conhecem sua história, ela se casou muito jovem e foi terrivelmente ridicularizada pela sogra pelos seus hábitos alimentares exagerados. Num momento qualquer, ela ficou tão desesperada que pediu a Deus que a liberasse da necessidade de comer. Sua prece foi ouvida e um anjo lhe apareceu e ensinou-lhe uma técnica da kriya-ioga, por meio da qual ela não precisaria mais ingerir comida. Quando Yogananda a conheceu, ela já vivia há muitas décadas sem comer, e todos os familiares e amigos eram testemunhas disso. A citação que ele fez de suas palavras, na ocasião desse encontro, comoveram-me profundamente. Ela disse algo do tipo: "Não como porque Deus não me dá o desejo de comer. Se Ele me desse o desejo de comer, eu comeria."

O que aproveitei disso foi o *insight* para programação e orações que me levaram aos estágios finais de minha transição:

- ♣ Peço que toda a minha alimentação, em todos os níveis, seja feita pela Luz Divina.
- ♣ Peço que todos os meus desejos de ingerir comida sejam removidos num Momento Divino perfeito, de acordo com o Plano Divino.
- ♣ Peço que todos os desejos que eu tiver, sejam quais forem, levem a meu Bem Supremo, com alegria, desembaraço, graça e diversão.

♣ Portanto, respeito todos os desejos que eu tiver como o plano de Deus para mim nesse momento.

Com essa programação mente/corpo, liberei completamente minha intenção de Viver de Luz e parei de tentar. O que quero dizer com isso é que descobri a certa altura que estava "tentando" viver sem comida, mas, na verdade, estava negando que tinha desejo de comer – um círculo vicioso que estava me fazendo perder o contato comigo mesmo e criando problemas em minhas relações afetivas mais próximas.

Percebi que tinha de parar de tentar forçar que aquilo acontecesse e simplesmente deixei a Divindade assumir o comando, comunicando-se comigo através de meus desejos. Se aquilo significava que eu devia continuar comendo pelo resto de minha vida, que fosse – deve ser a Vontade Divina para mim.

Bem, estou aprendendo de novo que, quando você realmente libera algo, você deixa esse algo livre para voltar para você. Desde aquela época, o Pós-Processo tornou-se melhor ainda (se isso é possível). Como menos freqüentemente ainda, mas o mais importante é que não tenho a sensação de estar lutando. Minhas últimas dúvidas se dissolveram finalmente e estou confiando cada vez mais na Verdade de que Viver de Luz não só é possível, como para mim é Real.

Com amor, magia e milagres,
Jax."

Jaxon Wu: *Jaxon@divineliving.org*
Foundation for Divine Living: www.divineliving.org

(Jaxon fez um belo CD que alguns dizem que os ajuda a se sintonizar com o processo; a canção-tema Living on Light *toca regularmente em nossa página na Internet.)*

Os desafios mais comuns do pós-processo são:

♣ Queda de cabelo – é um problema de curto prazo e em geral se resolve depois de aproximadamente um mês.

♣ Mudança da temperatura corporal – embora eu tome banhos quentíssimos, mesmo assim fico com as mãos e os pés frios. A maioria dos Embaixadores da Luz preferem considerar a mudança da temperatura corporal como um desafio para aprender a controlar a temperatura do corpo. Em geral eu simplesmente peço à DI para ajustar minha temperatura, de modo que sempre estou bem.

♣ Lidar com o vício do nosso corpo emocional no prazer dos sabores requer meses e até anos de alimentação vegetariana, depois *vegan* e depois alimentos crus, e finalmente dieta líquida antes do processo.

♣ Estabilização do peso – ver o capítulo 10.

♣ Ajustes sociais – ver Família e Amigos, capítulo 11.

10. A estabilização do peso antes e depois do processo

"Depois de se expandir para as dimensões de uma idéia maior, a mente nunca mais volta a seu tamanho original."
Oliver Wendell Holmes, físico e escritor norte-americano

Como sabem aqueles que leram nosso primeiro livro, o peso do corpo se estabiliza quando deixamos de comer se o programarmos para tal e tivermos uma conexão firme com o Poder da DI. O efeito pode ser imediato para alguns e levar mais tempo para outros, e é impedido por sistemas de crenças profundamente arraigados que dizem o contrário.

Conseqüentemente, uma das preocupações mais freqüentes das pessoas que tornam sua alimentação mais leve é a estabilização do peso. Passar de uma dieta de alimentos cozidos para alimentos crus, depois para frutas, líquidos e prana: cada passo ao longo do caminho pode levar a uma grande perda de peso, pois o corpo vai ficando cada vez mais leve.

Digo muitas vezes que, em algum momento do futuro, os médicos vão ter dois tipos de parâmetros de peso: um para "os que consomem alimentos leves" e outro para os que ingerem refeições mais "regulares". Os que consomem alimentos leves sempre vão pesar menos. Apesar disso, a perda de peso pode ser um problema para muitos, cujo corpo já é esbelto em função do modo de vida que escolheu.

Conscientes desse problema, desenvolvemos novos programas e abordagens ao problema da perda de peso, e estamos tendo êxito. Apresentamos a seguir as nossas descobertas, que agora recomendamos para aqueles de vocês que estão no pós-processo e têm problemas de estabilização de peso.

Em primeiro lugar, pare de se pesar – pese-se somente uma vez por mês. Toda vez que você sobe na balança e vê que perdeu peso, reforça o sistema de crenças e diz que "não está dando certo, talvez eu nunca consiga viver de prana". Por uma razão qualquer, os homens demoram mais que as mulheres para fazer com que seu corpo aceite totalmente que podem ser alimentados dessa forma.

Em seguida, se você optar por voltar a comer para ganhar peso e depois resolver passar somente à base de prana, saiba que não precisa passar de novo pelo processo, a não ser que a DI recomende enfaticamente que você faça isso! É quando seu coração se enche de felicidade só de pensar nessa possibilidade. Em vez de refazer o processo, basta que você pare gradualmente de comer qualquer coisa além de alimentos crus, depois passe somente a frutas e, finalmente, a líquidos. Se estiver em tão boa forma quanto recomendamos que estivesse antes e esperar ser alimentado pelo prana, você será alimentado pelo prana.

Nosso corpo pode viver facilmente de prana sem passar pelo processo dos 21 dias nem uma única vez. O processo é um placebo, cuja função é nos levar a acreditar que podemos fazer algo que nos esquecemos de que somos capazes. Também é uma iniciação na qual a DI dá um presente a cada iniciado. Lembre-se, o processo de 21 dias é apenas uma fusão com a DI.

Para um amigo meu, passar pelo processo de 21 dias deu-lhe o presente de ser capaz de mudar seu foco e energia mental, que antes ficava 8 horas por dia pensando em sexo e agora fica 8 horas por dia pensando no seu trabalho – com resultados maravilhosos. Para outro, o presente foi se manter vegetariano e não conseguir mais tocar em carne (ele comia carne até pouco antes do processo). Mas você deve se lembrar de que o processo não diz respeito a comer ou deixar de comer; se você quer se sentir livre da necessidade de comer, então este é um procedi-mento que você talvez queira adotar.

♣ Pré-processo: programe seu corpo para se estabilizar no peso perfeito para você. Depois basta adotar uma atitude do tipo "claro que ele vai conseguir" e esquecer o assunto! Poder da mente outra vez. Diga:
"Peço a meu corpo para estabilizar meu peso no nível perfeito para a DI se manifestar plenamente."

♣ Pré-processo: pare de comer todos os outros alimentos além dos crus durante alguns meses antes do processo. Coma quanto quiser, mas limite-se a alimentos crus e faça várias refeições pequenas por dia. Treine-se para comer só até deixar de ter fome e nunca até se sentir completamente cheio.

♣ Se fizer a preparação corretamente, tornando-se vegetariano primeiro, depois *vegan*, depois passando somente a alimentos crus, depois frutas, você vai desintoxicar automaticamente e também é muito provável que perca peso. Portanto, pratique o controle mental e use a programação citada acima.

♣ Pré-processo: defina como objetivo estar vivendo exclusi-vamente de prana em _____ (sua data) e depois peça à Divindade Interior que o apóie em sua transição dando-lhe facilidade e graça.

♣ Pré-processo: comece ou continue a fazer uma série de exercícios e adote um modo de vida que o ajude a entrar em plena forma em todos os planos, como, por exemplo, nossas diretrizes intituladas "Como se Preparar para Viver de Prana". *Peça a sua DI* que lhe dê qualquer outra orientação necessária e que lhe dê essa orientação de uma forma que você REALMENTE COMPREENDA.

♣ Pré-processo: pergunte à sua DI se esse modo de vida é realmente parte de seu caminho agora e peça-lhe que, se for, elimine todos os bloqueios de seus campos que podem estar impedindo você de adotar inteiramente esse modo de vida sem esforço.

♣ Pré-processo: quando seu peso se estabilizar com apenas algumas vitaminas e alimentos crus, limite-se a eles, depois apenas a mingaus e frutas. Aja pelo tempo em que isso o fizer feliz – espere que seu peso se estabilize.

♣ Depois pare de comer frutas – tome somente líquidos, mingaus e chás, água, etc. Aqui também você deve esperar estar saudável, estabilizar o peso, etc.

♣ Quando você puder afirmar que seu peso se estabilizou e se sentir perfeitamente bem vivendo com uma dieta simples como essa, experimente eliminar a banana da vitamina e depois a própria vitamina. E assim por diante. Não há necessidade de ter pressa, e fracasso é uma coisa que não existe.

♣ Pós-processo: se você está perdendo peso por só estar ingerindo chá e água, acrescente uma vitamina diária de leite de soja com 1 ou 2 bananas e tempere a gosto. Faça isso até ganhar o peso que deseja ter.

♣ Pós-processo: pese-se mensalmente para ver quando seu peso se estabilizou. Se isso não aconteceu, relaxe e tenha confiança em seu programa, em que ele vai dar certo. Espere ter saúde, força e nutrição apesar de tudo!

♣ Pré e pós-processo: adquira a massa muscular que for possível – você pode usar técnicas de visualização para ajudá-lo nessa tarefa. Músculos fortes facilitam uma irradiação maior da

DI pelo seu corpo físico. Levantar peso vai aumentar o tônus, os músculos e o peso, e intensificar sua força.

- ♣ A capacidade de ser sustentado pelo prana depois do processo está diretamente ligada a seus níveis de saúde. Quanto maior a saúde e a boa forma em todos os níveis, tanto mais poderosamente a Unidade que alimenta você pode se irradiar pelo seu ser e alimentá-lo, projetando-se através de você. Sua própria saúde bombeia o volume de energia que você é capaz de assimilar. Se estiver ficando doente, cansado, perdendo muito peso, é porque não está irradiando a DI o suficiente. Concentre-se em aumentar o Poder da DI primeiro! Essa é a coisa mais importante a fazer!

- ♣ Pré e pós-processo: faça exercícios de Pranayama – inspire ritmicamente e dê a seguinte ordem a cada respiração:
"Inspiro o prana e a luz líquida. Eles enchem minhas células e meu ser. Nutrem-me e mantêm minha saúde e bem-estar totais em todos os planos do meu ser."
Mas você também pode usar qualquer ordem que se sinta orientado a empregar. Ao mesmo tempo, visualize que você está absorvendo prana através de todos os poros de sua pele.

- ♣ Faça experiências e trabalhe com a DI nesse sentido, pois, afinal de contas, todo o processo diz respeito a sintonizar-se com Ela de maneira a irradiar plenamente A Divindade Interior, uma vez que somente ELA tem todas as respostas para você.

Em relação ao problema de perda de peso, gostaria de dizer que, no ano passado, em Salzburgo, na Áustria, conheci um Embaixador da Luz de nacionalidade húngara. Irritado com a grande perda de peso durante o processo e depois que a iniciação se completou, ele se sentou certa noite em meditação e exigiu que seu corpo engordasse imediatamente. Em 15 minutos ele engordou 5 quilos. Parece que ele fez isso com amigos como testemunhas, e pesou-se antes e depois. Parece miraculoso ou será apenas outro exemplo do poder da mente?

Essa história me traz à questão das dietas e cirurgia plástica, com as quais muita gente gasta bilhões de dólares. Se seguir as recomendações deste livro, você vai melhorar a quantidade e a qualidade de sua vida, e a necessidade de lançar mão desses recursos pode acabar; livrar-se do jogo das dietas é extremamente liberador. Nunca pensei em vitaminas, sais minerais ou suplementos alimentares. Nunca pensei em "fazer dieta" e uso exercícios, reprogramação e até acupuntura em lugar da cirurgia plástica para resolver os problemas normais associados ao envelhecimento.

As pessoas dizem muitas vezes que se voltarem a comer depois do processo, quando sabem que estão sendo alimentadas pelo prana, engordam muito. Isso acontece porque sua velocidade metabólica mudou e, em segundo lugar, se elas estão sendo alimentadas pelo prana, qualquer outro alimento que consumirem é desnecessário e pode simplesmente ser estocado como gordura. Às vezes ele fica no estômago e irradia calor, fazendo com que a pessoa sinta coceiras provenientes desse calor interno. Alguns dizem que, quando comem, sentem-se como se estivessem "bêbados como gambás", pois a comida fica ali sem ser digerida durante muito, muito tempo. Para mim, é como se houvesse problemas com os campos de energia eletromagnética de meu corpo; mas, apesar disso, descobri que consumir gengibre e tomá-lo em forma de chá é o que mais ajuda a aliviar o excesso de acidez no corpo e as coceiras.

Se você quiser voltar a um consumo mais regular de comida e sabe que está sendo alimentado pranicamente, vai ter de reprogramar seu corpo para transmutar instantaneamente tudo o que você come em alimentos leves "sem calorias", senão você vai engordar. Talvez você também precise se reprogramar: "Agora vou estabilizar meu peso no nível perfeito para a manifestação plena da DI".

Também recomendo que você sintonize regularmente o seu corpo para sentir como é viver com ambos os sistemas em funcionamento. Depois pense e aja como alguém em plena forma, com bom tônus muscular e saudável. Faça exercícios diários como dança e ioga, que também ajudam a queimar calorias enquanto você aprende a transmutar a comida.

Se continuar engordando, você talvez tenha de:

a) Parar de "beliscar" e deixar que somente o prana o alimente.

b) *Programar: "Peço agora ao elemental do meu corpo que receba toda a sua nutrição da comida." Esse comando desliga o sistema prânico, pois todos nós engordamos quando usamos ambos os sistemas. Ou então você pode pedir a seu corpo elementar que receba somente 50% de sua nutrição do prana e coma um pouco menos. Cada um tem de fazer experiências desse tipo até chegar ao ponto certo.*

c) Fazer experiências com a quantidade de sabores que você está provando e verificar qual é o nível perfeito para você. Como muitos Embaixadores da Luz – quando libertados da necessidade de comer – optam por sabores que vêm em alimentos com altos teores de calorias, como chocolate ou sorvete, tendem a engordar depressa.

d) Você pode manter ambos os sistemas e exercitar-se muito mais para queimar as calorias extras.

O fato é que, depois de estar conectado com a DI e passar a se alimentar de prana, se você voltar a ingerir comida, é provável que engorde mais do que nunca.

11. A família e os amigos

"Integridade, trabalho duro, paciência e disposição para entender a perspectiva de outra pessoa são os ingredientes-chave para qualquer coisa que fazemos na vida: basta cobrir tudo isso com senso de humor e alegria."

Stephen de Kanter – Produtos ao Consumidor Disney

Um dos maiores testes pelos quais os Embaixadores da Luz passam é lidar com o processo de adaptação social como alguém que não ingere comida. Quando uma pessoa faz uma mudança drástica assim em termos de modo de vida, isso pode ser muito perturbador para a família e os amigos. Deixar de ser um membro sociável da família que faz refeições regulares com ela e passar a ser alguém que opta por não comer pode criar muitos problemas, a menos que a situação seja enfrentada bem antes. Em algumas culturas, é um grande insulto recusar a comida e o amor com que ela é oferecida.

Como me disse recentemente um Embaixador da Luz italiano, ele estava sem comer há cinco meses e se sentindo muito bem, até que foi a um casamento muçulmano, onde se recusar a comer era um grande insulto. Depois de provar um pouquinho de comida, chegou à conclusão de que estava com saudades e quis mais; comeu mais um pouco, matou essa "saudade" e depois voltou aos líquidos. De vez em quando, os Embaixadores da Luz pegam comida em reuniões sociais e colocam-na no prato, pois não acham apropriado chamar a atenção sobre si. Eu própria já fiz isso.

Quando passei pela primeira vez pelo processo de conversão de 21 dias, estava numa casa onde viviam dois adultos – Michael e eu –, minhas duas filhas e um gato. Nos fins de semana, as fileiras engrossavam e incluíam a namorada de Michael, seus dois filhos pequenos e algumas visitas de adolescentes. A casa ficavar com um clima bem boêmio e tumultuado, e a comida estava sempre em pauta, pois alguém invariavelmente ficava com fome. Michael e sua namorada, Anna, também tinham passado pelo processo de 21 dias, e os outros ficavam horrorizados com a idéia de nós podermos pensar que eles gostariam de parar de comer. Obviamente, a opção que fizemos é extremamente pessoal e, baseando-se numa premissa espiritual, não era algo que estivéssemos interessados em impor aos outros.

Isso me traz de volta à primeira questão: nunca tentar convencer os familiares ou amigos a parar de comer. Pode não fazer parte de seu caminho fazer isso dessa vez e, a menos que a idéia de ser alimentado pranicamente encha o coração deles de felicidade, deixe-os em paz. Os atos falam mais que as palavras e, quando a gente é um exemplo silencioso, acontecem coisas interessantes.

Por exemplo: quando as pessoas estão em presença de alguém que não faz mais pausas para o almoço, nem pensa em comida, elas naturalmente tendem a fazer o mesmo. Com o passar dos anos, minhas filhas, agora adultas, tornaram-se muito relaxadas em relação a comida. Se a comida estiver ali, elas comem, mas não acham mais que têm de fazer três refeições por dia, nem ficam preocupadas quando não sentem vontade de comer durante períodos curtos. Esperam continuar saudáveis, e continuam. É o poder da mente.

É inaceitável impor a outro qualquer modo de vida pelo qual optamos. As pessoas têm de querer fazer algo e são muito mais influenciadas ao ver você desfrutar os benefícios de seu modo de vida do que quando você procura convencê-las de que sua opção está certa.

Mas, ao mesmo tempo, aprender a se ajustar emocionalmente sem comida pode ser uma viagem interessante, e é muito bom quando os familiares e amigos lhe dão apoio nessa transição. Esse apoio pode ser conquistado através de uma boa comunicação, que se baseia no desejo de todos vocês terem uma relação afetiva que seja agradável para as duas partes e que aumente o poder de ambos.

Por isso recomendo que, antes de começar o processo dos 21 dias, você:

♣ Discuta com seus entes queridos o que você quer fazer, por que quer fazer isso e o que espera obter.

♣ Peça-lhes para ler todo o material de pesquisa que você já leu sobre o assunto, para que possam se informar melhor. Lembre-se de que a ignorância alimenta o medo, mas a educação o liberta.

♣ Discuta o impacto, sobre a sua vida e a deles, que a opção por esse novo modo de vida pode trazer.

♣ Procure descobrir formas de trabalharem juntos, para que a harmonia doméstica possa ser mantida.

Um exemplo: algumas mulheres podem achar difícil continuar cozinhando para a família enquanto estão fazendo a transição para uma vida livre da necessidade de comer e, de certa forma, não é razoável esperar que elas façam isso. Antes do processo, tanto o marido quanto os filhos adolescentes podem aprender a cozinhar para si e para os outros membros da família que continuam comendo.

Além disso, os familiares nem sempre estão convencidos de que você pode viver sem comida e, por isso, criam situações de sabotagem – sutis ou muitas vezes nada sutis – para que você "caia na real" e volte a comer. Ler toda a nossa pesquisa sobre o assunto vai ajudá-los enormemente.

Com o tempo, depois de provar a si mesmo que pode levar sua vida sem comer, talvez queria participar de uma refeição com a família uma vez por semana, tanto para manter os laços quanto por prazer. Conheci uma mulher em Roma, há alguns anos, cujo marido ficou horrorizado quando ela deixou de querer ingerir comida. Insistiu para que ela continuasse cozinhando para ele e, com o passar do tempo, ela voltou a comer. Os aromas constantes, o tédio decorrente da falta de sabores e o fato de estar sempre às voltas com comida foi demais para ela, embora, no fundo do coração, ela quisesse realmente voltar a uma vida livre da necessidade de comer. No fim, fizeram um acordo, e ela cozinhava e comia só nos fins de semana.

Outras conhecidas minhas não se importam nem um pouco de cozinhar e nunca sentem a tentação de comer, seja qual for o tempo que passem preparando refeições para a família. O difícil é chegar a um acordo no qual todas as partes fiquem felizes sem sentir que não têm a liberdade de fazer o que lhes aprouver.

Em minha vida, o que acontece é que meu marido adora comer. Um *vegan* nos últimos 25 anos e uma pessoa com hábitos disciplinados de exercícios físicos e meditação, ele continua adorando fazer uma refeição por dia. Antes de começarmos a viver juntos, passei um ano em casa sem comer, um período que curti muito. Minhas filhas tinham ficado adultas e saíram de casa, e minha geladeira não tinha nada a não ser comida de gato e leite para o chá. Para ser honesta, era realmente uma vida simples.

Viver com pessoas que preferem comer quando você opta por não comer é muito interessante e pode ser problemático se vocês não tiverem uma boa comunicação. Novos hábitos e rotinas precisam ser formados. Eu, por exemplo, faço ginástica enquanto ele cozinha e come. É importante lembrar que o processo não gira em torno da discórdia, nem da interna nem da externa. Gira em torno da harmonia em todos os planos – em seu mundo interior e em seu mundo exterior. Portanto, quanto mais você preparar a si mesmo e a seus entes queridos, tanto mais fácil será sua vida antes, durante e depois do processo. Para viver em sociedade como um Embaixador da Luz, você precisa ter coragem e força e estar comprometido com seu modo de vida e a realidade que escolheu.

12. Fatos e fé – prove-me!

> "A dúvida é uma dor solitária demais para saber que a fé é sua irmã gêmea."
>
> Kalil Gibran, poeta e romancista libanês

a) **Prove-me!**

Quando comecei a pensar nessa questão do "prove-me", logo ficou óbvio para mim que precisávamos de um capítulo em separado; mas, antes de darmos início a essa discussão, eu gostaria de dizer que essa é uma questão que divide completamente as opiniões dos Embaixadores da Luz.

Gosto da citação de Brian L. Weiss, M.D. e autor de *Muitas Vidas, Muitos Mestres*, pois me lembra de ser mais paciente e permite que o Tempo Divino resolva a questão do "prove-me". Essa citação diz o seguinte:

> "A paciência e a hora certa – tudo chega quando tem de chegar. A vida não pode ser apressada, não pode ser enquadrada numa programação de horários como tanta gente gostaria de fazer. Temos de aceitar aquilo que nos chega num determinado momento, e não pedir mais. Mas a vida é infinita, de modo que nunca nascemos realmente. Só passamos por fases diferentes. Não há fim. Os seres humanos têm muitas dimensões. Mas o tempo não é como o vemos, e sim as lições que aprendemos."

Obrigada por me lembrar disso, Brian.

Às vezes penso em meu desejo de responder satisfatoriamente às questões em torno do "prove-me" e perco aquela perspectiva real. Em primeiro lugar, muitos dos Embaixadores da Luz, como eu, sentem-se inteiramente abençoados até por terem tido a oportunidade de descobrir e saborear os frutos do poder da DI. Por que aconteceu conosco dessa forma é uma pergunta que todos se fazem. Simplesmente aconteceu. Será nossa missão divina, nosso papel? Às vezes penso que sim. O que esqueço é que as revelações e experiências divinas aconteceram a muitos ao longo dos milênios, e toda vez que alguém tentou provar a existência do Divino, acabou descobrindo que não conseguia satisfazer os céticos.

Como dissemos tantas vezes, o ceticismo é saudável, mas a ignorância nascida do medo não é. O ceticismo em relação ao poder da DI decorre da falta de experiência do poder da DI, uma situação que pode ser corrigida facilmente.

Os Embaixadores da Luz sabem que somos alimentados pela luz do Divino e também que, quando a ciência finalmente provar a existência do poder da DI, toda a nossa realidade de massa será afetada. Não porque pessoas "comuns" precisam ser convencidas, mas porque então a ciência vai poder tomar novas direções. Milhões de pessoas já tiveram algum tipo de experiência do Divino, ou de percepção extra-sensorial, ou revelação e, felizmente, não dependem mais da ciência para dizer que sua experiência é válida, real ou normal.

Os tempos mudam de fato, principalmente quando aprendemos a nos soltar, a confiar no Divino e a nos abrir para possibilidades maiores que então podem se tornar nossa realidade cotidiana. Em seu livro *Dying for Enlightenment* (Sede de Iluminação), Bhawan Shree Rajneesh disse: "Não tente forçar nada. Veja Deus abrindo milhões de flores todos os dias sem forçar coisa alguma." Penso que essa é a filosofia básica de muitos Embaixadores da Luz – simplesmente deixar o Divino provar Seu poder no momento que achar mais adequado. Como disse Daniel Webster: "Não há nada que tenha tanto poder quanto a verdade e, muitas vezes, nada é tão estranho quanto ela".

Mesmo assim, depois de anos envolvida com o campo muitas vezes difícil da pesquisa pessoal, sinto o mesmo fascínio de qualquer um em relação ao "como" tudo isso funciona num nível científico e como viver de luz afeta o organismo físico a longo prazo.

b) *O programa de três passos*

Por conseguinte, gostaria de falar um pouco mais de minha viagem pessoal em relação à questão levantada constantemente pela mídia: "*Mas você agora está vivendo assim há anos! Onde estão as provas científicas/médicas (aqui está implícito 'além de suas próprias declarações a respeito')?*"

A isso respondemos que o primeiro requisito para qualquer "experimento" é levar os sujeitos ou "cobaias" a utilizarem com êxito o procedimento recomendado e depois conseguirem manter os resultados do procedimento. Para conseguir isso, seguimos um programa de três passos:

Passo 1: Descobrir sujeitos no início da pesquisa para testar o procedimento.
Passo 2: Tornar públicos os resultados da pesquisa.
Passo 3: Utilizar as conclusões da pesquisa em massa para aqueles que estiverem interessados.

PASSO 1: Atrair pessoas com a formação e o treinamento apropriados, que tenham disciplina e interesse foi o passo número 1 para um "projeto de marketing" que teria de ser iniciado. Para conquistar credibilidade para essa fonte alternativa de nutrição, não queríamos apenas "milagres a curto prazo", mas resultados a longo prazo, o que, evidentemente, requer tempo.

Aqueles familiarizados com a natureza extrema do processo de 21 dias, tal como foi apresentado no livro *Viver de Luz*, também podem supor que conseguir que as pessoas certas "se auto-selecionem" para participar dele seja uma tarefa quase impossível. Apesar disso, quando trabalhamos com jogos em que há uma intenção divina, isso nunca é realmente um problema, e logo as notícias se espalharam.

Eu me considero uma das primeiras "cobaias" a participar desse processo em particular no Ocidente. Como muitos "milagres espirituais", a alimentação prânica é aceita há muito tempo entre os iogues do Oriente. Meu problema pessoal era que, como sou uma pessoa naturalmente reservada, não tinha o menor interesse em estar sob os holofotes em relação a essa questão ou a qualquer outra. Mesmo assim, parece que fui uma das que aceitou o desafio, por assim dizer.

Muitos de meus colegas dos primeiros tempos da pesquisa logo voltaram a um modo de vida mais "normal" ao sentirem que as pressões sociais em torno de não comer eram grandes demais. Outros não conseguiram se manter saudáveis, pois sua conexão com a DI não era suficientemente firme. E outros, como eu, tiveram de enfrentar problemas como o tédio pela falta de sabores e da variedade dos alimentos.

Como no caso de qualquer experimento, esse trata de algo que precisava ser compreendido e discutido, principalmente porque muitos indivíduos não levaram essa viagem além de um ano ou dois. Ainda estar vivo depois de um ano ou dois sem ingerir comida é, segundo a visão médica mais comum, um feito digno de aplauso.

Com nossos programas diligentes de reeducação global sobre os benefícios da "automaestria", agora temos condições de perceber que os comentários sociais mudaram de "impossível" para "sim, já ouvi falar que existem pessoas que conseguem viver assim," o que tornou esse modo de vida mais fácil para outros que são atraídos por essa opção agora.

PASSO 2: Portanto, o passo 2 tem girado em torno da reeducação e também da descoberta de processos alternativos para conseguir o mesmo resultado de maneira menos extrema. Essa descoberta já foi feita e está sendo divulgada, mas o tempo necessário para obter os mesmos resultados vai ser muito maior. Trata-se da técnica de reprogramar o elemental do corpo para receber todas as suas vitaminas e nutrientes do prana, o que ele então passa a fazer. A prova de que isso funciona é o ganho de peso que todos logo têm se não cortarem a ingestão de comida.

Uma descoberta interessante é que nossas técnicas de programação estão funcionando realmente. Na Austrália, antes de começarmos nossa reeducação sobre o poder da reprogramação, a maioria das pessoas que estava participando do experimento perdeu entre 4 e 20 quilos, dependendo do indivíduo. Nosso projeto de pesquisa mostra que, com a programação feita pelos Embaixadores da Luz europeus, 35% perdeu menos de 2 quilos. Perder menos de 2 quilos durante um jejum de 21 dias que depois se prolonga por meses e anos é espantoso. Ver as pessoas engordarem quando só tomam água também é espantoso.

Com o índice de mortalidade elevado como é nos países do Terceiro Mundo, nossa pesquisa em torno do fato de não precisar de comida para viver continua, mas sem pressa. Independentemente de quanta incredulidade esse trabalho possa despertar, a alimentação prânica através do poder da DI é uma fonte maravilhosa de nutrição para o novo milênio. Há 25 anos, era completamente inaceitável no plano social do Ocidente ser um vegetariano e, apesar disso, hoje a pesquisa emparelhou-se com a instrução intuitiva das pessoas e é aceitável até medicamente.

PASSO 3: Depois os Mestres precisaram que muita gente optasse por esse modo de vida, pois sabiam que se este se restringisse a uns poucos, nossas conquistas seriam rotuladas de "santidade", em vez de serem vistas como um subproduto de um modo de vida simples que requer muita disciplina diária. Por isso fui convidada para ir aos *ashrams* de Babaji na Europa falar a respeito disso, pois era ali que havia pessoas com um grau de interesse e treinamento apropriados.

c) *Divulgação*

As pessoas não podem esconder da família e dos amigos o fato de que não precisam comer. Com o tempo, viver de luz transformou-se num fenômeno "social" praticado por indivíduos em função de motivos pessoais que não incluíam "divulgar" o fato na mídia. Compreensivelmente, bem poucos Embaixadores da Luz estão interessados na fama ou na falta de privacidade que pode decorrer da exposição desse modo de vida na mídia – inclusive eu. Por isso é impossível saber quantos estão vivendo de luz hoje em nível global, ou por que fazem isso, ou há quanto tempo.

Pessoalmente, precisei de quase seis anos para resolver minhas questões pessoais e aprender a viver de luz e me sentir à vontade com a forma com que isso se encaixava nas minhas outras formas de servir. Levei anos para concordar em me tornar uma "figura de proa internacional", pois meu outro trabalho com ensinamentos metafísicos sempre predominou. Dos dez livros que já publiquei, só um fala em detalhes sobre a experiência de viver de luz.

Em 1998, na Itália, aceitei oficialmente o papel de coordenadora global desse campo de pesquisa. Embora eu soubesse o que precisava ser feito com esse fenômeno, até então pensava que esse era um "papel para outra pessoa", pois eu estava ocupada demais com outros projetos. Ainda acho isso, pois para mim pessoalmente a capacidade de viver de luz é irrelevante e, por isso, ver os outros tratarem-no como o ponto central de meu trabalho social é muito estranho.

Digo isso porque o poder do Divino é tão impressionante, e experimentá-lo é algo que traz tantos outros benefícios, que concentrar-se somente no aspecto de viver de luz é como prestar homenagens à unha do dedão de Deus em vez de olhar em volta e ver o resto de Seu corpo. Para mim, todos nós somos apenas moléculas do Corpo Divino, e o que acontece no planeta Terra é como uma agulha num palheiro, comparado ao que está acontecendo no palco cósmico. Viver de luz nunca foi meu foco número um – dançar com o Divino é.

Sim, é verdade que passei os primeiros dois anos de minha viagem de viver de luz em pesquisa privada, convencendo a mim mesma de que funcionava. Isso foi feito assim, vivendo, sem tomar vitaminas nem ingerir comida, a não ser para saborear de quando em quando substâncias sem valor nutritivo, como chocolate, só por prazer. Ao vivenciar pessoalmente benefícios como saúde excelente, mais força e reservas de energia, além de um aguçamento das faculdades intuitivas, finalmente, em 1997, consegui ver também os benefícios globais lógicos relativos às questões da saúde mundial e da fome mundial.

Como os Mestres Ascensos dizem:

"Você não precisa ter todas as respostas para todos os problemas do mundo. Todo ser humano tem todo o conhecimento e detalhes do sentido de sua vida dentro de si (como um programa de computador que estivesse no seu corpo) e, quando você aprende a sintonizar sua freqüência e ouvi-lo, então você passa a ser orientado sobre a maneira de criar seu paraíso pessoal de uma forma que melhora o planeta como um todo."

O paraíso global nasce do paraíso pessoal, e uma de minhas funções é inspirar as pessoas para que encontrem no fundo de seu ser as respostas sobre a maneira de criar esse paraíso. O maior mestre que cada pessoa tem é o que chamamos de Divindade Interior (DI). Ela tem todas as respostas, tanto para os problemas pessoais quanto para os problemas globais. Todo o trabalho da *Self Empowerment Academy* é dedicado a inspirar as pessoas a descobrirem como se conectar à DI. Eu pessoalmente escolhi demonstrar o poder da DI – ou Deus – permitindo-Lhe alimentar-me e nutrir-me.

d) *Em que tenho empregado o meu tempo*

Tendo em mente que minha principal tarefa nos últimos sete anos tem sido a de "secretária/escriba cósmica" dos Mestres Ascensos, depois de resolver coordenar oficialmente a Embaixada de Viver de Luz no final do ano passado, já conseguimos realizar muita coisa:

- 1) Reescrevemos e expandimos nossa velha página na Internet para que ela ficasse seis vezes maior e mais efetiva, e acrescentamos muitos artigos novos, além de cinco fóruns em rede. Seu nome de batismo é CIA e é nossa forma de manter a sintonia com o mundo e obter *feedback*.
- 2) Terminamos dois livros novos sobre os ensinamentos dos Mestres Ascensos: *Streams of Consciousness* (Fluxos de Consciência), volumes 2 e 3.
- 3) Terminamos este novo livro, *Os Embaixadores da Luz*, que discute melhor nossa nova pesquisa.
- 4) Criamos e enviamos um questionário detalhado a todos os nossos contatos dentro e fora da Internet referente ao processo de viver de luz, a fim de reunirmos dados oficiais sobre nosso trabalho.

- 5) Lançamos oficialmente a Embaixada do MSPD em nível internacional.
- 6) Lançamos oficialmente – e demos início a uma pesquisa em profundidade – o Projeto Saúde Mundial, Fome Mundial, da Embaixada da Luz.
- 7) Começamos a entrar em contato com os centros de pesquisa certos, em nível global, que dispõem do equipamento necessário para acompanhar os processos corporais daqueles que estão convertendo seu sistema tanto para receber quanto para produzir alimento prânico.
- 8) Contratamos os serviços de equipes famosas especializadas em documentários para filmar nossos experimentos com alimento prânico.
- 9) Lançamos nosso primeiro Retiro de Treinamento Internacional do MSPD oficial.
- 10) Em janeiro de 1999, terminamos o primeiro livro da Trilogia Camelot – uma trilogia autobiográfica – intitulado *The Game of Divine Alchemy* (O Jogo da Alquimia Divina); o segundo livro, *The Wizard's Tool Box*, deve ser publicado logo e *Our Camelot – Our Progeny* (Nossa Camelot – Nossa Linhagem), também já está pronto. Todos os nossos textos enfocam o progresso positivo em nível pessoal e planetário.
- 11) Fizemos um grande número de documentários curtos na Europa, Inglaterra e Austrália sobre o fenômeno de viver de luz.

Antes disso, todo o meu trabalho sempre girou em torno da automaestria, não em torno de viver de luz – embora este último tenha exercido um grande fascínio sobre as pessoas. Mas, a não ser que a pessoa tenha atingido um certo grau de disciplina no modo de vida que escolheu, é impossível viver de luz. Para as pessoas que têm uma história de opções por pensamento de qualidade, sentimento de qualidade e alimento de qualidade, viver de luz parece ser intuitivamente o passo seguinte.

Sempre divulgamos gratuitamente e no mundo todo a nossa pesquisa sobre viver de luz e conseguimos muitas coisas maravilhosas com isso ao longo dos últimos anos, desde que St. Germain me pediu que tornasse esse processo público.

e) *O retiro de pesquisa do processo de 21 dias*

No final de 1998, enquanto estava em turnê pela Europa, fui orientada no sentido de anunciar que a Embaixada da Luz gostaria de manter um retiro de pesquisa naquele continente com a intenção de acompanhar e avaliar científica e clinicamente o que acontecia com as pessoas antes, durante e depois do processo. A resposta de nosso público foi literalmente avassaladora e quase 400 pessoas disseram que gostariam de ser cobaias humanas.

Ao organizar nossa pesquisa e esse retiro, notamos muitas reações diferentes sobre nossa proposta de demonstrar nossa capacidade de nos alimentarmos de prana. Depois da resposta fantástica de nossas "cobaias" em potencial, o passo seguinte era dar continuidade às discussões com os institutos de pesquisa pertinentes que estavam interessados em acompanhar os participantes no retiro. Isso foi extremamente esclarecedor e vamos discutir essa questão com mais detalhes adiante. Basta dizer que o resultado parece ser que a maioria dos institutos de pesquisa tem muito pouco dinheiro e algumas centenas de milhares de marcos alemães começaram a ser coletados com a expectativa de que os Embaixadores da Luz seriam aqueles que fariam o financiamento.

As discussões com meus colegas chegaram à conclusão de que isso era totalmente inaceitável, considerando que nós mesmos não precisávamos de prova alguma, pois vivíamos de luz todos os dias. Por isso não havia nada a provar, exceto a um mundo cético, que sabíamos que, com o tempo, também começaria a realizar o potencial humano, à medida que ele próprio passasse a incorporar modos de vida mais saudáveis e holísticos. A partir disso, tomamos duas decisões coletivas.

Em primeiro lugar, que nos oferecer ao mundo como cobaias era o bastante e que se as comunidades científica e médica estiverem sinceramente interessadas, então com certeza podem financiar sua participação nesse campo de pesquisa – consi-derando os benefícios potenciais para o mundo todo envolvidos na comprovação desse fato.

Em segundo lugar, resolvemos dar início ao que chamamos de estudos retrospectivos sobre indivíduos que viveram de prana durante algum tempo. Eles estão sendo feitos agora e cada indivíduo está sendo orientado no sentido de usar os pesqui-sadores e terapeutas de prestígio de seu próprio país para comprovar o que cada Embaixador da Luz pode manifestar como parte de sua Matriz Divina e como seu papel nessa pesquisa.

Desde que foi anunciada nossa intenção de fazer esse retiro de pesquisa, percebi que esse meu desejo estava dividindo os Embaixadores da Luz em dois campos distintos. Muitos se sentem como Chris Schneider, na Alemanha, que trabalhou de perto com centenas de Embaixadores enquanto eles faziam sua transição para viver de luz. Segue-se um trecho de um e-mail que ele me mandou recentemente:

> "Não é necessário provar nada, o processo funciona e sabemos disso. Claro que é um jogo interessante do qual participar, provar o que dizemos aos incrédulos, um jogo que já foi jogado muitas vezes antes com Galileu, Newton, Kepler, Einstein, Maxwell, Reich, Tesla e milhões de outros.

Será que desejamos realmente participar dessa tradição limitadora?
Se houver necessidade, então não aprendemos nada... quais são as maneiras de avaliar as provas, a confiança e a realidade? Provar isso de maneira científica é limitar o que vivemos a leis ou regras aceitas – e estamos operando fora delas."

As afirmações de Chris refletem os sentimentos de muitos Embaixadores da Luz, inclusive os meus, e, à medida que os meses foram passando, tive de avaliar meus motivos pessoais para querer fazer os projetos de pesquisa. Percebi que eles eram uma resposta:

a) à insistência constante da mídia em me dizer: "Prove-me!" e

b) a meu desejo sincero de descobrir mais coisas sobre o que realmente acontece a nossas funções corporais quando vivemos de luz.

Desde então resolvi que, se for da Vontade Divina continuarmos com esses projetos de "provar" através de pesquisas, as coisas devem acontecer com alegria, desembaraço e graça. Todos os outros projetos nos quais estou envolvida fluem simplesmente, como que levados por um rio divino de graça; mas, quando tentamos organizar esses retiros de pesquisa, a energia fica estagnada. Como desde então também descobri o fenômeno *bigu* entre os mestres de Qigong, comecei a questionar a validade de gastar tempo e recursos para provar algo que já foi pesquisado e documentado por outros grupos.

Também comecei a pensar que talvez não seja do interesse de muitas instituições que a capacidade de viver sem comida seja provada, principalmente à luz de nossa história seguinte.

f) *Acompanhamento diário*

Para mim, a melhor prova é viver de luz e ser acompanhada e controlada diariamente durante longos períodos. Tendo feito isso eu mesma durante períodos mais curtos, eu tinha plena consciência da invasão total da privacidade que implica ter alguém junto com você o tempo todo (fiz isso com uma equipe de filmagem de televisão em 1997). Também tinha consciência do quanto pode ser perturbador para os outros com quem vivemos.

Mesmo assim, os Mestres se comunicaram telepaticamente comigo, dizendo-me que logo alguém daria um passo nesse sentido. Em novembro de 1998, cheguei à Inglaterra e conheci um homem chamado Jeffrey Sharp, um adepto de Sai Baba que vivia em Londres. Antes de nosso encontro, ele havia recebido orientação de um "plano superior" dizendo-lhe que, no final de 1999, ele devia viver exclusivamente da Luz Divina, embora naquela época ele não tivesse ouvido falar de nosso trabalho. Uma "coincidência" divina fez com que nos conhecêssemos e Jeffrey, eu e Jaxon Wu começamos a participar de uma série de conferências para a imprensa em Londres.

Jaxon meditava havia muito tempo, era extremamente ativo em vários esportes e viveu de alimentos crus durante alguns anos – ouviu falar do processo do prana quando esteve em Glastonbury. Mais uma vez, a coincidência divina permitiu-lhe encontrar tanto o livro *Viver de Luz*, que ainda não estava nas livrarias da Inglaterra, quanto fazer contato comigo pessoalmente.

Jeffrey Sharp completara o processo do prana e depois foi orientado no sentido de entrar no jogo do "prove-me!". Eis aqui um pouco do que ele e seu grupo tinham a dizer no Fórum Viver de Luz de nossa página na Internet:

"Jeffrey Sharp jurou a si mesmo que superaria a necessidade de ingerir alimento físico no final de 1998. Dez meses depois, recebeu informações sobre uma pessoa chamada Jasmuheen, que já passara pelo processo e até escrevera um livro para ajudar e aconselhar outros que desejassem chegar a 'Viver de Luz'. Encomendou o livro imediatamente e, logo depois de recebê-lo, leu os detalhes e entrou no processo. Começou o processo de conversão de seu ser no dia 4 de outubro de 1998 e nunca se sentiu melhor na vida.

Como forma de preparação, Jeffrey passara por períodos em que só ingeria alimentos crus e frutas nos dois anos anteriores. Jejuou antes durante seis semanas, tomando apenas uma refeição pequena por dia, e sentiu-se elevado, e também teve um aumento de experiências visionárias e mediúnicas. Antes do processo de 21 dias, fez preparativos físicos com o uso de irrigação do cólon.

Aqui está a história de Jeffrey contada por ele mesmo: 'Depois da conversão, continuei comendo intermitentemente, como era meu plano original; mas fui orientado depois a passar um período maior sem qualquer tipo de alimento físico ou água, ao mesmo tempo em que me mantinha fisicamente ativo e sob o olhar do público. Apresentei-me como voluntário para o exame público e científico durante um período de seis semanas, que devia começar no dia 20 de novembro de 1998 e terminar à meia-noite da véspera do Ano Novo.

A oferta foi divulgada por meio de uma conferência de Jasmuheen com a mídia em Londres e convites reiterados a médicos e hospitais locais. Mas parece que, com a exceção de duas equipes de TV independentes e um canal de TV holandês, ninguém sequer levou a oferta a sério. Fui controlado e acompanhado fisicamente, 24 horas por dia durante os primeiros nove dias, durante os quais não comi nem bebi nada. Depois disso, fui controlado e acompanhado por aproximadamente 16 horas por dia, sem ingerir nenhum alimento ou qualquer meio de sustento físico (durante as 8 horas diárias restantes, eu tinha permissão de ficar trancado num quarto que havia sido inspecionado antes por um ex-funcionário de um esquadrão antidrogas para garantir que não havia nenhum fonte de alimento no quarto).

Com o Natal chegando e sem que houvesse nenhum interesse de pessoas profissionalmente qualificadas, resolvi voltar outra vez a comer de forma intermitente. Mas, dessa vez, parece que minha vibração caía a cada vez que eu comia... As pessoas parecem ter dificuldade de aceitar que posso viver sem comida, embora um número cada vez maior de meus amigos e pessoas próximas pareçam estar aceitando esse fato.'

Jeffrey pode ser contatado via e-mail:
Info@ancientwisdom.co.uk

Obrigada, Jeffrey."

É interessante notar que embora vários Embaixadores da Luz tenham se disposto a ser monitorados, a falta de interesse por isso parece vir dos céticos que querem provas. Jeffrey chegou a entrar em contato com o *Guinness Book of Records* (O Livro dos Recordes), que não aceitou o convite de acompanhá-lo dizendo que era perigoso demais.

Eu pessoalmente sei que assim como o vegetariansimo agora é uma opção aceita pela sociedade ocidental por motivos de saúde e sustentabilidade dos recursos, com o tempo a alimentação prânica também vai ser considerada um modo de vida válido e "normal". Convencidos disso, muitos de meus colegas Embaixadores da Luz não têm o menor interesse em entrar no jogo da comprovação.

g) *Em resumo:*

Como repórter global da Embaixada da Luz, tenho plena consciência da necessidade de estudos científicos e médicos para que esse trabalho tenha credibilidade, pois *a opção por esse modo de vida pode ajudar na eliminação dos problemas relacionados à saúde e à fome mundial.*

Além disso, os Embaixadores da Luz sabem que tudo acontece num momento escolhido pela Divindade, porque não somos jogadores-solo, somos jogadores de equipe trabalhando juntos pela melhoria da sociedade. Mas não estamos interessados em lutar, em fazer coisas com desarmonia, nem em entrar em jogos do tipo "Sim, nós podemos e vocês não"; e todos sabemos que, no curso normal do tempo, esse fenômeno vai ser provado por si mesmo, à medida que muitos outros adotarem esse modo de vida por seus benefícios óbvios.

Portanto, em resumo, nosso projeto "Prove-me!" tem três aspectos:

1. Primeiro, a única pessoa que precisa de provas é você. Consiga-as vivendo sem o alimento derivado da comida *pelo tempo que for necessário para convencer você de que isso é possível.* Viva de luz pelo tempo necessário para estabilizar seu peso, para liberar seu corpo emocional do apego à comida e para se adaptar socialmente. Recomendamos um mínimo de seis meses, *mas você talvez tenha de se monitorar o tempo todo*, e também ser responsável – se tiver problemas, procure um terapeuta alternativo ou um médico holístico que compreenda essa proposta.

2. Pedimos a todos os que estão vivendo de luz que façam uma pesquisa pessoal de seu pré e de seu pós-processo com terapeutas holísticos de seu país e registre suas descobertas. Você talvez queira enviá-las para nós, na SEA, ou apresentá-las no Fórum Viver de Luz de nossa página na Internet, ou guardá-las e escrever seu próprio livro em um outro momento, se isso estiver em seu coração.
3. Sim, eu ainda gostaria de fazer um retiro de pesquisa positiva com sujeitos de testes e analistas "ligados" e que vejam essa questão com bons olhos, e depois divulgar nossas descobertas ao mundo. É o que vai acontecer se estiver nos planos divinos e puder ser feito com alegria, desembaraço e graça, como sei que acontece quando algo faz parte de nossa Matriz Divina; nesse caso, o caminho abre-se.
4. Temos alguns documentários detalhados com pessoas que foram estudadas nos estágios finais do processo. Frieder Mayrhofer, um famoso diretor de cinema da Alemanha, alguém procurou para testes, a fim de estudá-lo durante alguns meses num ambiente controlado.

Para falar a verdade, a maioria dos Embaixadores da Luz com quem tenho contato está tão ocupada com o servir que interromper suas atividades para provar algo que já provaram a si mesmos não é uma proposta muito atraente em termos pessoais. Além disso, muitos de nós chegaram num ponto em que parecem fazer um alarido tão grande sobre um pequeno aspecto do poder da DI que nos surpreendemos tentando continuamente redirecionar a atenção do público, afastando-a do fenômeno de não comer para o fenômeno do poder da DI. À luz do que a DI pode realmente fazer por nós na vida em geral, o fato de nos alimentar é irrelevante no quadro geral das coisas.

Lembre-se de que não estamos sugerindo que as pessoas simplesmente parem de comer para resolver os problemas da saúde e da fome mundiais. Em vez disso, recomendamos uma reavaliação completa do modo de vida da pessoa, de modo a incluir uma dieta vegetariana ou de alimentos crus, exercícios diários, meditação diária (tempo de contemplação com a DI) e a prática do controle mental. Em nossa experiência com isso e com o compromisso mútuo com algumas visões comuns, alteramos radicalmente as realidades de todos que vivem em nosso mundo – independentemente de raça, credo, gênero e religião.

Participação no programa *60 Minutes* – outubro de 1999

Recentemente concordei em trabalhar com a equipe australiana do *60 Minutes*. Fiz isso na esperança de que seus membros fizessem um jornalismo sério de pesquisa, de esclarecer as distorções da mídia sobre as mortes de três pessoas ligadas ao processo dos 21 dias. Quando falo que é triste quando nossos entes queridos morrem, as pessoas respondem com uma pergunta: "Por que você se apega à vida quando a morte não existe, pois o espírito é imortal? Não acha que o período de tempo entre o nascimento e a morte se interpõe entre você e seu Deus?" Quando eu pergunto se devíamos culpar o fabricante de carros toda vez que alguém morre num acidente de automóvel, outros dizem: "Mas três pessoas morreram e alguém tem de ser responsabilizado".

No nível mais elevado de todos, quem é realmente responsável pela vida e pela morte neste planeta? Sim, aprender a dirigir com segurança ajuda; sim, seguir todas as regras ao dirigir um carro ajuda; sim, dirigir de maneira sensata ajuda; mas, como muitos sabem agora, às vezes simplesmente está na hora de morrer. Tratar seu corpo como um templo, agir de maneira impecável e responsável em todo momento de sua vida faz parte da viagem de automaestria, e se todos nós fizermos isso, então qualquer um de nós assumir responsabilidade pela morte de outro é como querer ser Deus, em lugar de ser aquele que foi feito à imagem de Deus. Agora muitos acreditam que cada um de nós tem um contrato relativo ao tempo que cada vida deve ter aqui e, quando ele termina, vamos embora, seja através de um acidente, de uma doença ou, como os lamas, sentamo-nos em meditação e saímos do corpo, que então morre.

Um estudo recente feito pelos Centros de Controle e Prevenção de Doenças diz que o modo de vida sedentário e a alimentação com *fast food* resultam obesidade de um em cada cinco norte-americanos, e que isso está matando 280 mil pessoas nos Estados Unidos todo ano. Será que os fabricantes de *fast food* devem ser responsabilizados por isso?

Certamente está na hora de agirmos como adultos responsáveis e assumirmos o controle de nossa vida, parando de acusar uns aos outros quando nossas opções criam problemas como doenças e até morte. Pois quando assumimos a responsabilidade pela morte de outra pessoa, estamos solapando a mensagem fundamental de nosso trabalho no campo da automaestria. A responsabilidade por si mesmo é a chave para a verdadeira paz interior e exterior nesse mundo.

Alguns dizem que a culpa perpetua a consciência de vítima. Outros dizem que todos os dias morrem muitas pessoas e que, sim, é duro para aqueles de nós que as amavam e sentem sua falta. Em nosso luto, sentimos raiva, queremos negar o fato e culpar alguém. Em nossa ignorância, vemos a vida como algo limitado e rejeitamos a própria noção de que A Divindade Interior está realmente no comando. E, em nossa arrogância, desejamos provar a um mundo incrédulo a existência de algo que talvez ainda não estejamos prontos para conhecer.

Digo isso porque foi em parte minha própria arrogância e também minha ingenuidade que me levaram a aceitar o desafio proposto pelo *60 Minutes*. Durante anos ouvi as pessoas me dizendo que era impossível fazer algo que eu fazia há muito tempo e, sim, cansa ficar vendo aqueles velhos temores e o descrédito que sempre se manifestam naqueles que ainda não tiveram o prazer de vivenciar a DI. E, por isso, permiti a mim mesma entrar no jogo do *60 Minutos*, perder minha alegria e me tornar sinceramente humilde.

Meu aprendizado teve um valor incalculável. Tenho de admitir que foi fascinante ficar no que parecia um campo de concentração com regras que mudavam constantemente, e tive alguns *insights* maravilhosos! Principalmente sobre os efeitos do envenenamento por monóxido de carbono no corpo, quando a pessoa não toma líquidos, como optei por fazer para combater quaisquer efeitos negativos da poluição, principalmente quando viajo. Aconteceu muita coisa desagradável durante o *60 Minutes*, que não foi um período lindo e abençoado, como eu já tinha tido antes e pedido à equipe que ajudasse a criar; graças à arrogância, ignorância e completa insensibilidade, foi, ao invés, um jogo com cartas perigosamente marcadas desde o início e a antítese de tudo o que o processo de 21 dias representa.

Não comer e não beber num ambiente poluído foi algo que Wiley Brooks, o fundador do respiratorianismo norte-americano, fez numa pesquisa em profundidade realizada antes, mas não era o meu campo. Wiley disse-me que achou difícil estabilizar seu peso quando não estava bebendo nem comendo e achava que se devia à poluição, e eu nunca havia entendido o porquê, mas agora entendo. Sem o líquido para lavar as toxinas, nosso corpo desvia uma energia preciosa para fazer isso como faz quando tem de digerir comida da maneira usual. Por isso aprendi por experiência pessoal que o que Wiley descobrira também se aplicava a mim. Talvez, quando estivermos mais bem sintonizados, isso não aconteça.

Acho que minhas experiências recentes com a mídia são algo com que todos podem aprender, e descobri que não temos necessidade de provar coisa alguma a ninguém além de nós mesmos. Todos sabemos que quando falamos com base na verdade e temos uma experiência profunda, ninguém pode tirá-la de nós. Sim, é uma pena que, embora eu tenha apresentado toda a minha pesquisa e descobertas, além de dez anos de pesquisa científica do físico nuclear Lu Zuyin no programa *60 Minutes*, nada disso foi lido; sim, é verdade que o entrevistador resolveu me descrever como alguém que estava perigosamente iludida. A isso respondi:

"O que parece ser ilusão para alguns
é simplesmente
a realidade que um outro preferiu;
pois,
sem nossos sonhos e visões,
a humanidade não tem esperança.
As revelações divinas são feitas àqueles que pedem
sinceramente para tê-las.
Essa é a natureza das Leis Superiores da Ciência,
que alguns chamam de Lei Universal.
Só quando a humanidade compreender e aplicar
essas leis
é que a paz, a verdadeira unidade e o contentamento
reinarão permanentemente na Terra."

O programa *60 Minutes* teve uma oportunidade educacional brilhante e preferiu não aproveitá-la. Não estou interessada em falar mal de ninguém, mas quero dizer que em todos os meus anos de trabalho com a mídia, acabei entendendo que o que aparece nas reportagens sempre reflete a consciência do jornalista e de seu editor ou produtor.

Apesar disso, conheci alguns jornalistas brilhantes, "ligados" e muito esclarecidos, e o diretor de cinema alemão Frieder Mayrhofer é um deles. Frieder tem acompanhado o progresso de muitas pessoas enquanto elas aprendem a viver de luz e nenhuma emissora de TV aceitou seu documentário, pois parecem estar mais interessadas no sensacionalismo do que nos fatos.

As pessoas perguntam-me por que insisto em trabalhar com a mídia, ao que sempre respondo que é uma tarefa que está no meu plano divino de repórter cósmica, pois a mídia é um dos instrumentos mais poderosos que temos hoje para a reeducação planetária – desde que seja usada com respeito e integridade, e não em nome do sensacionalismo. Acho que os problemas de alguns dos meios de comunicação menos esclarecidos é que subestimam a inteligência de seu público.

Depois que o programa *60 Minutes* foi ao ar na Austrália, a equipe responsável por ele pediu *feedback* a seu público através de um plebiscito em torno da pergunta: "Você acredita que uma pessoa pode viver durante seis meses com nada além de ar e luz?", e 68% das 1.600 pessoas que telefonaram disseram SIM. O motivo pelo qual estou contando essa história é que algo magnífico está acontecendo na Terra nesse momento. As pessoas estão tendo o que chamo de experiências divinas e, o que é melhor, muitas estão preparadas agora para se manifestar.

Por isso eu gostaria de saber qual é exatamente a controvérsia em torno de meu trabalho. Parece que alguns meios de comunicação de nosso mundo estão convencidos de que minha afirmação de ser capaz de me sintonizar ao poder do

Divino e de viver de sua luz é fraudulenta ou louca e iludida, mesmo que a pesquisa já realizada prove que é possível, desde que as pessoas levem uma vida virtuosa e tenham um modo de vida espiritual-mente enriquecedor.

Para mim, um modo de vida espiritualmente enriquecedor é um modo de vida holístico que nos permite estar em plena forma física, pois tratamos o corpo como um templo; em plena forma emocional, pois tratamos a nós mesmos e aos outros com amor e respeito; em plena forma mental, pois somos responsáveis por todos os nossos pensamentos, palavras e atos e por aplicar a compreensão das leis universais; e em plena forma espiritual por nos alinharmos e sentirmos o amor, a sabedoria e o poder da Divindade Interior.

Numa entrevista recente na Suíça, pediram à Mestra Ching Hai, outra serva do Divino, que provasse a existência de Deus às pessoas, ao que ela respondeu: "Como provar uma coisa dessas a elas? Não quero. Não estou aqui para provar que Deus existe ou não existe. Só quero ajudar você a conhecer Deus se você quiser conhecê-lo". Depois disse que é fácil ter uma experiência do Divino, se você quiser, mas, quanto àqueles que não querem, tudo bem também, é assim que sinto.

Para aqueles que estão dispostos a empregar um pouco de disciplina em sua vida cotidiana, para aqueles dispostos a investir tempo no silêncio da oração e da contemplação por meio da meditação, para aqueles que estão dispostos a ser os senhores de seu próprio corpo, inteligência e emoções, para aqueles que estão dispostos a pôr de lado seus projetos pessoais e servir de verdade, para aqueles que estão dispostos a amar incondicionalmente, para aqueles que estão dispostos a ver o seu corpo como o templo onde A Divindade Interior mora no mundo da forma – para esses os milagres acontecem e a

Santidade e a Verdadeira Divindade se revelam. Esse é o princípio científico da Lei Universal. Ninguém pode provar a existência de Deus, exceto nós para nós. Ninguém pode nos dar o desejo sincero de saber quem realmente somos além de nossa inteligência, nossas emoções e nosso corpo. A sinceridade tem de vir do fundo de nosso ser, ansiar por sentir a Unidade da Criação é algo que tem de vir do fundo de nós. Somente nós podemos encontrar e vivenciar A Divindade Interior e somente o poder Dela pode unir e harmonizar nosso mundo interior e exterior.

13. O retorno dos mestres do chi – um desafio ao "status quo"

"Resolvi ser feliz porque é saudável."
Voltaire, escritor e filósofo francês

A notícia mais empolgante que recebi ultimamente foi a revolução silenciosa do movimento Falun Gong na China e a unificação dos mestres do chi no mundo inteiro. Realmente está na hora de nos manifestarmos e contarmos quantos somos, de termos a coragem de defender nossas crenças e desejos de criar um mundo que respeite todas as formas de vida. Táticas de intimidação como queimar livros e prender pessoas não podem mais ser defendidas pelo mundo civilizado como instrumentos efetivos de mudança.

Muitos de nós cujo trabalho também desafia o *status quo* agora estão sob o que acabei batizando de "Feixe de Desativação Iluminati". Os leitores que já conhecem meus textos conhecem-me como alguém que optou por não entrar no jogo de bem e mal, pois ele não passa de um truque do cinema. No entanto, os Mestres disseram-me recentemente que é muito bom enfocar a unidade, pois precisamos daquilo que nos mantém fortes, mas também estamos aqui para servir, o que significa fazer nossa parte para criar uma mudança positiva na Terra de acordo com a forma pela qual fomos pré-programados. Isso implica arregaçar as mangas e pôr a mão na massa – todos os preconceitos estão lá fora e vão nos afetar *se deixarmos* enquanto servimos no mundo. Nossa presença como defensores de mudanças positivas faz de nós um alvo para qualquer um que não concorde com o que fazemos – pura e simplesmente.

Embora seja empolgante o fato de nosso trabalho global finalmente estar sendo levado a sério num grau suficiente para desafiar o *status quo*, não foi uma vez só que uma importante revista alemã – que publicou recentemente um artigo baseado em boatos sem fundamento – deu-se ao trabalho de me ligar pessoalmente para confirmar seus "fatos". A gente poderia dizer que esse é um tipo de jornalismo muito sujo!

Vamos pôr tudo em pratos limpos: em primeiro lugar, nossa associação nunca esteve envolvida com a morte de ninguém que estivesse passando pelo processo de 21 dias; além disso, agimos com cuidado, integridade e responsabilidade a cada passo do caminho de nossas reportagens e divulgação de nossa pesquisa.

A mulher que morreu na Austrália estava sob os cuidados de alguém que depois foi preso e acusado de negligência. Esse homem ainda está aguardando julgamento e caberá ao júri decidir se ele foi de fato responsável de alguma forma por essa morte e se carece da capacidade de discernir se ela estava precisando de um tratamento médico antes daquele que lhe foi dado. A opção dessa mulher em passar pelo processo de 21 dias não é uma questão que deve ir parar nos tribunais; o problema é que a pessoa que estava cuidando dela demorou muito para procurar um tratamento médico para ela.

A questão seguinte é a morte de um alemão que aconteceu antes da publicação de meu livro e de minha chegada à Alemanha. Parece que ele resolveu passar pelo processo depois de ler as diretrizes sobre os 21 dias intituladas *Choosing God over Illusion* (Prefira Deus à Ilusão), que Charmaine Harley tinha escrito e que já estavam circulando no cenário global e que mais tarde incluí em meu livro.

Um dos principais motivos pelos quais fui orientada para escrever o livro era inicialmente garantir que as pessoas recebessem mais informações do que aquelas poucas diretrizes estavam fornecendo. Questões como controle mental, meditação, programação e superação dos sistemas limitados de crenças precisavam ser discutidas.

Fofocas, insinuações e a divulgação de boatos sem fundamento têm de acabar se quisermos progredir como espécie, pois fazem mais mal do que bem. Desacreditar por meio da divulgação de informações incorretas é um procedimento clássico para tirar alguém de cena efetivamente, com a esperança de que o "movimento" vai simplesmente se desvanecer, como tantos outros. Muitos estão trabalhando em campos tão novos, radicais e questionadores que eles também costumam relutar em defender o trabalho de outra pessoa sobre a qual fervem boatos, por medo de chamar uma atenção indesejada para sua própria área.

Sim, é natural as pessoas dizerem: "Bem, meu trabalho está começando a ser aceito lentamente (todos sabemos como é fácil todo o nosso trabalho ser desacreditado pelos 'poderes instituídos') e, por isso, é melhor eu não defender o trabalho de X, vai que existe um fundo de verdade nesses boatos". Triste, mas é verdade e é fácil de entender.

Portanto, as fofocas, os boatos e a publicidade "negativa" parecem estar fazendo o mal que pretendem fazer. Impedem-nos efetivamente de nos defender uns aos outros e de nos unificar ou não? Certamente podemos usar nosso próprio discernimento e dar ouvidos à voz da Divindade Interior para superar esses medos. Não precisamos de teóricos da conspiração para compreender como a mídia tem sido manipulada há décadas pelos poderes instituídos para desacreditar qualquer trabalho que desafie o *status quo* e os detentores desse poder.

Alguns dizem que publicidade negativa é uma coisa que não existe, e um colega meu disse: "Fantástico! Vai realmente fazer as pessoas pensarem!" Sim, muitos de vocês que estão aí fora vão entender os jogos que estão feitos pelos "poderes instituídos" e continuarão resolutos em sua defesa do progresso positivo deste planeta, pelo que lhes agradecemos.

Pessoalmente, acredito na liberdade de expressão e não me abalo com o que as pessoas dizem a respeito de nosso trabalho. Percebi muito cedo que afirmar que vivia sem necessidade de ingerir comida questionaria as comunidades científica e médica e que, com o passar do tempo, poderíamos reeducar as pessoas para que chegassem a conhecer o Poder da DI e a forma de usá-lo para o bem de todos. Minha objeção é a falta de integridade que alguns mostram na área jornalística e espero realmente que os boatos sejam verificados e seus fundamentos descobertos antes de as notícias virem a público.

Adoro o poder da mídia – é um veículo maravilhoso para a educação e a mudança imediata. Quando a imprensa negativa consegue diminuir a velocidade ou até interromper a disseminação de novas idéias, todos nós continuamos vivendo e alguém vai surgir de novo com a mensagem de automaestria, e o jogo vai continuar. A Vontade Divina sempre triunfa, pois é Nela que reside o verdadeiro poder.

E o que acontece com aqueles de nós que recuam quando ameaçados com manchas em nossa reputação criadas pelos boatos e pelo medo? Bem, poderíamos dizer que fizemos "nossa parte" durante algum tempo, mas que quando as coisas ficaram difíceis, nós recuamos... sim, essa é a nossa opção. Alguns podem dizer "tudo bem, podemos simplesmente voltar todos à carga numa outra vida"; sim, podemos ter de fazer novamente essa mesma iniciação que evitamos agora – pois tudo isso é apenas uma prova para ver se estamos comprometidos o bastante com o servir, se somos corajosos o bastante para agüentar firmes em face da adversidade.

Embora cada um de nós tenha de tomar sua própria decisão, pedimos a todos vocês que dediquem novamente sua vida a servir. Peça TODA a ajuda que puder obter dos reinos superiores e INSISTA em ter uma orientação clara. É como se fôssemos cruzadores navegando na neblina numa rota já determinada e nossos rebocadores fossem as "forças externas" ou a DI. Ambas têm grande influência sobre nós agora devido aos alinhamentos cósmicos que estão acontecendo.

Muitas de nossas iniciações atuais dizem respeito à coragem, à concentração, ao comprometimento – para aqueles de nós que já fazem o que consideram ser o nosso servir – e não àquilo que nos enche o coração de felicidade, pois estamos além disso. Estamos aqui para servir, aconteça o que acontecer, e podemos optar por fazer isso com alegria ou com esforço. Fiquem sabendo que não estamos sozinhos – temos uma grande força de luz à nossa volta que pode nos ajudar, se deixarmos. Sim, é verdade que o coração cheio de felicidade leva ao caminho de nosso servir, mas depois de descobrir qual é a nossa missão, o jogo muda e torna-se muito concentrado.

Em meu escritório, no dia 23 de julho de 1989, recebi notícias de que a China proibira os membros da associação Falun Gong de praticar sua versão do Qigong (ver mais sobre isso adiante). Como seus membros estiveram envolvidos recen-temente em demonstrações pacíficas semelhantes à do Movimento Democrático Tiananmen de 1989, só podemos nos perguntar se os supostos 100 milhões de seguidores estão ameaçando o *status quo* de um sistema envelhecido que está precisando de refinamento.

Claro que os "poderes instituídos" estão se sentindo ameaçados, pois o Partido Comunista tem somente 60 milhões de membros. Quando a China prendeu milhares de defensores do Movimento Falun Gong, personalidades do mundo inteiro se levantaram num protesto público e disseram: "Não somos um culto, somos apenas pessoas voltadas para um futuro melhor. Usamos meditação Qigong e esse estilo de vida para nos manter saudáveis e felizes. Nosso desejo é levantar o moral".

Claro que está na hora de as coisas mudarem, pois sem democracia, liberdade de expressão, visões comuns que operem para o bem do todo, nosso planeta não pode entrar com orgulho no novo milênio. Fome, pobreza, doença, guerra, revoltas, violência e ganância são sintomas de caos interno e doença. Meditação, orações, respiração e danças sagradas, além de uma alimentação vegetariana, ajudam a eliminar todo o caos interior e toda doença – independentemente de nossa raça ou cultura.

Será que devemos permitir que as prisões de mais de 40 mil praticantes de Qigong e a reprogramação diária das massas pela propaganda do governo continuem? A mídia do governo gasta duas horas de televisão por dia para desacreditar os praticantes de Qigong.

Devemos dizer ao governo chinês: "Deixe seu povo desfrutar suas horas de dança e meditação, que o seu mundo e o nosso ficarão melhores com isso". Está na hora de pararmos com as táticas de intimidação e ouvirmos uns aos outros. A demonstração de Falun Gong em abril pretendia enviar uma mensagem educada, à qual o governo chinês respondeu com um punho de ferro desnecessariamente duro. Como o movimento Falun Gong, a Embaixada da Luz tem sido considerada muito controvertida, pois as descobertas de nossa pesquisa tendem a desafiar o *status quo*. Não estamos "associados" ao movimento Falun Gong, mas defendemos, sim, a prática de modos de vida pacíficos e holísticos.

Agora existe em todo o planeta um movimento de pessoas comprometidas com a paz e a prosperidade mundiais. Seu desejo individual de servir, de acordo com uma visão comum, é literalmente criar unidade, e unidade significa servir. Significa reunirmo-nos para resolver os problemas dos tempos modernos e fazer algo pragmático.

Por todos os lugares para onde viajei ouvi falar de governos depostos por "insurreições" ou o que chamaríamos de questionamento do *status quo* por parte do povo. Até ervas e terapias alternativas que foram usadas com sucesso durante milhares de anos agora estão se tornando muito difíceis de conseguir devido à nova legislação, ou seu uso está sendo inteiramente proibido. A revista inglesa *Kindred Spirit* (Alma Gêmea) fez um artigo maravilhoso, sem preconceitos e baseado em uma pesquisa muito boa sobre nosso trabalho em seu número 47, sua edição de verão. Nesse mesmo número, também havia uma reportagem sobre o fato de a medicina complementar no Reino Unido estar ameaçada devido às mudanças propostas na legislação corrente, as quais tornarão o uso de ervas e terapias alternativas sujeito a diretrizes rigorosas – como aquelas geralmente aplicadas a novas drogas e remédios – que podem impossibilitar sua utilização legal em tratamentos.

Em 1998, foram gastos 179 bilhões de dólares em remédios, segundo uma reportagem inglesa de março de 1999. A idéia de que podemos curar a nós próprios ou prevenir qualquer doença com modos de vida holísticos é obviamente uma ameaça aos "poderes instituídos", que costumam ser muito mais compro-metidos com o lucro monetário. Ser saudável e feliz pode acontecer sem custo algum para ninguém e, por isso, é óbvio que não deve ser encorajado. Por quê? Porque os "poderes instituídos" perdem dinheiro demais se nunca ficarmos doentes ou se pudermos nos curar sozinhos, ou se resolvermos parar de comer, ou dirigirmos carros que andam com combustíveis alternativos, ou mesmo água... ou...

Espero que isso ajude aqueles de vocês cujo trabalho se propõe a trazer mudanças às quais outros querem resistir devido a seus interesses pessoais. Independentemente de tudo isso, é bom lembrar também que temos apoio em todos os níveis e devemos estar bem preparados para esses papéis que agora desempenhamos ao desafiar o *status quo*.

Já existe pesquisa suficiente para provar o poder do chi ou prana. O livro *Scientific Qigong Exploration* (Exploração Científica do Qigong), do físico nuclear Lu Zuyin (que morreu em 1992), divulga anos de experimentos detalhados de pesquisa sua e de outros sobre a forma pela qual as emissões de chi podem curar e afetar o corpo. A prova de que fraturas ósseas se curaram imedia-tamente depois de receber chi foi dada pelas chapas de raios X tiradas imediatamente depois do tratamento (veja mais detalhes sobre isso no final da seção 3).

Qualquer pessoa que trabalhe com chi (ou ki, ou qi), luz ou energia está envolvido no controle do chi. Isso inclui muitos Embaixadores do MSPD, os Embaixadores da Luz, os budistas, os praticantes de Qigong e muitos outros. Os mestres do chi do mundo inteiro estão se unindo agora para promover uma vida saudável e feliz entre todas as raças e religiões, e nós o convidamos a se juntar ao movimento.

"Uma pessoa inteligente não tem a mente fechada. Não se comporta como a avestruz, escondendo a cabeça no chão na tentativa de evitar novas idéias e processos. Uma pessoa inteligente não é crédula. Não aceita idéias às cegas. Estuda-as e digere-as inteiramente, depois as avalia à luz de sua razão: testa essas novas idéias e processos com experimentos e suas experiências. Uma pessoa inteligente estuda essas idéias com uma mente objetiva e clara."

Choa Kok Sui, diretor da global *Pranic Healing Association* (Associação de Cura Prânica Global)

2
Pesquisas de Jasmuheen e de Outros

Pesquisas de outros

- 1. Dr. Karl Graninger
- 2. Bigu e Qigong
- 3. Cura Prânica
- 4. Dra. Barbara Ann Moore
- 5. Dr. Juergen Buche
- 6. O Poder do Prana – Pranayama
- 7. A Dança Divina – Os Dervixes Rodopiantes e a Bioenergética
- 8. Mitocôndrias
- 9. Acupuntura e Vícios

Resolvi incluir os nove campos de pesquisa citados acima por vários motivos. Em primeiro lugar, porque viver de prana não é novidade e, em segundo lugar, porque muita pesquisa tem sido feita com isso há vários anos.

- De 1920 a 1949, o dr. Karl Graninger fez muitas pesquisas com vítimas do pós-guerra que sobreviveram sem comer durante longos períodos de tempo.
- A *Pranic Healing Association* (Associação de Cura Prânica), dirigida pelo mestre Choa Kok Sui, fez muitas pesquisa em seu campo sobre o poder do prana.

- O fenômeno *bigu* na prática do Qigong.
- Até pessoas que nunca ouviram falar em viver de luz – como Charles Mills – "toparam" com algumas idéias interessantes em suas próprias pesquisas.
- A viagem da dra. Barbara Ann Moore chamou minha atenção para o dr. Juergen Buche, que também escreveu para nós sobre o que considera um bom preparo para o processo dos 21 dias. Juergen é um observador de nosso trabalho nesse campo. Atualmente está treinando seu corpo para receber alimento prânico, e é um terapeuta natural há muitos anos, interessado no fenômeno do jejum e da nutrição.
- O Poder do Prana é mais conhecido como Pranayamam e por isso exploramos essa técnica de respiração e várias outras antes de passar para...
- A Dança Divina, em que procuramos formas de aumentar a energia de nosso sistema:
  a) através da dança divina dos Dervixes Rodopiantes e
  b) através da prática de bioenergética.
- Finalmente passamos a explorar o trabalho do dr. Michael Smith, de Nova York, que desenvolveu um programa para acabar com nossos vícios. O dr. Mikio Sankey também oferece alguns *insights* sobre acupuntura esotérica e suas sugestões para a boa forma.

Toda as pesquisas e histórias encontraram magicamente o seu caminho até a Embaixada da Luz, e aproveitamos essa opor-tunidade para agradecer a todos que investiram seu tempo em nosso trabalho e pesquisa nesse campo. Recomendamos que os leitores também façam sua própria pesquisa nessa área, se for de seu interesse.

Acho maravilhoso beneficiar-me do que outros descobriram e por isso fui orientada a levar você a examinar a prática da Kriya Yoga, pois foi através dela que Giri Bala conseguiu viver sem comida. A Kriya Yoga não é algo que eu tenha estudado pessoalmente e, como a numerologia e a astrologia, é uma ciência distinta na qual você talvez queira se aprofundar.

A página da Internet *http://www.kriyayoga.com* apresenta detalhes de *The Metaphysical Physiology of Kriya Pranayama* (A Fisiologia Metafísica da Kriya Pranayama). A Kriya Yoga é considerada um "método científico de realização do Eu". Científico porque pode ser praticada por qualquer um e, se for realizada da maneira certa, todos alcançam exatamente os mesmos resultados: união com Deus e realização do Eu.

"A devoção a Deus, o Amor a Deus, abrem a porta para a energia divina, a felicidade entra em seu corpo espiritual através de sua alma – chega até mesmo a purificar seu corpo físico e dar-lhe saúde e força. Mas isso é apenas um efeito colateral da Kriya Yoga, nunca o seu objetivo".

Depois de falarmos dos detalhes dos trabalhos citados acima, vamos passar para um exame mais detalhado de nossa própria pesquisa revelando a análise estatística do Projeto de Pesquisa Global n° 1 da Embaixada da Luz.

14. Pesquisas de outros – o trabalho do dr. Karl Graninger

Como sabem muitos dos que conhecem nosso trabalho, desde que comecei minha viagem pessoal fiquei fascinada pela pesquisa. Nos últimos tempos, descobri tanto desde que escrevi meu primeiro livro, há cinco anos, que gostaria de falar mais sobre pesquisa nesta seção.

A capacidade de viver sem os nutrientes físicos derivados da comida não tem nada de novo. Como agora sabemos, os iogues fazem isso há milênios, mas muitos outros também conseguiram isso no mundo inteiro. Embora a essa altura não se possa dizer que seja um modo de vida comum, por todos os lugares para onde viajei ouvi histórias sobre pessoas que sobreviveram durante longos períodos sem ingerir comida.

Como o corpo é um biocomputador fantástico, parece que podemos viver com quantidades muito pequenas de comida nutritiva, mesmo sem nos conectar ao prana. Milhões de viciados em comer "porcaria" são testemunhas disso, pois a obesidade está atingindo proporções epidêmicas no mundo ocidental. Mas a quantidade e a qualidade de vida são claramente afetadas pela falta de uma nutrição adequada, a menos que a pessoa a esteja obtendo de uma fonte alternativa como o prana.

Quando fiz minha primeira turnê pela Alemanha, em 1996, comecei a ouvir histórias surpreendentes sobre as experiências de guerra de algumas pessoas. Conheci uma mulher em Frankfurt que me disse que, em sua condição de bebê pós-guerra, ela e sua irmã viveram meses apenas de água, pois não havia comida. O leite de sua mãe não tinha a força necessária para nutri-las e, embora sua irmã tenha morrido com seis meses, ela sobreviveu "miraculosamente".

Depois ouvi a história contada por um homem que vivia perto de um orfanato no pós-guerra. Ele havia telefonado a meu organizador e dito: "Sim, sei que o que Jasmuheen está dizendo é verdade!" Quando lhe perguntaram como sabia disso, ele respondeu que costumava visitar o orfanato e descobriu alguns fatos muito interessantes. Das crianças que estavam morrendo lentamente de fome – pois aqui também havia poucas rações disponíveis –, um grupo se manteve saudável. Após algumas investigações, descobriu-se que, todas as manhãs, a mulher que cuidava desse grupo particular de crianças sentava-se com elas e todas se davam as mãos para rezar a Jesus e a Nossa Senhora, pedindo-lhes que as mantivesse saudáveis e em segurança durante todo esse tempo. Parece que suas orações foram ouvidas e isso comprova o poder de nossa crença e de nossa fé.

Se posso provar essas histórias? Não. São verdadeiras? Acredito que sejam. Mesmo assim, vamos passar aos casos que foram docu-mentados e que passaram por uma pesquisa mais "digna de crédito".

Em 1998, um jornalista chamado Stephen Janetzko deu-me um artigo que foi publicado em novembro de 1976 pela revista alemã *Esotera*. O artigo, muito profundom intitulava-se *Sei wurden zu menshlichen Pflanzen* (Eles Se Transformaram em Plantas Humanas) parece ter sido escrito pelo dr. Albert A. Bartel.

Girando em torno do trabalho do dr. Karl Graninger, também fala sobre Maria Furtner, de Frasdorf, na Bavária, que viveu 52 anos tomando somente água da fonte de água mineral perto de sua casa. Maria passou por um período de observação de três semanas no Hospital da Universidade de Munique para provar que não tinha necessidade de comer.

Quando foi liberada do hospital, caminhou os 60 quilômetros que a separavam de casa em três dias e sem nenhum problema.

Depois foi a vez de Resl – Theresa Neumann, que menciono em meu primeiro livro. Ela vivia na floresta de Konnersreuth, na Bavária. Seu único alimento diário, durante 17 anos, era uma hóstia consagrada. Os raios X mostraram que seus intestinos tinham a largura de um lápis.

Depois foi Anna Nassi, que era filha de um fazendeiro de Deutenhofen, também na Bavária. Sua professora disse aos pesquisadores, que escreveram um artigo, que Anna vivia há 6 anos somente de água.

Depois da Primeira Guerra Mundial na Europa, o dr. Kark Graninger, um especialista austríaco, notou que embora as pessoas tivessem se tornado prisioneiras de guerra, nem todas voltaram doentes dos campos de concentração. Para alguns, o jejum, o ar fresco, as refeições magras e a ausência do cigarro foram muito benéficos fisicamente.

A idéia de que alguns tinham morrido de fome e de que outros ficaram muito doentes depois de serem presos, ao passo que outros ficaram mais saudáveis do que antes, fascinou-o. Por isso, de 1920 a 1940, quando morreu, o dr. Graninger conduziu pesquisas sobre o fenômeno da *"inedia paradoxa"* – ou viver sem comida. Tendo encontrado 23 casos na Europa Ocidental, seus objetos de estudo foram principalmente mulheres e crianças que pareciam viver sem comida, tanto por períodos longos quanto curtos. *Descobriu-se que todas tinham os atributos de caráter da paciência, devoção e religiosidade.*

Embora o dr. Graninger e seus colaboradores tenham realmente feito testes com essas pessoas, eles foram abandonados depois de 12 dias por causa da perda de peso, febre e fraqueza.

Chegou-se à conclusão de que sobreviver apenas com água, sem esses problemas, tinha uma implicação metafísica.

Concluíram também que o "problema *inedia*" tinha de ser considerada levando em conta determinados pontos:
* a) a atitude mental-emocional;
* b) a relação física;
* c) o comportamento religioso;
* d) outras circunstâncias e razões culturais.

Comparando as experiências dos Embaixadores da Luz com nossas descobertas e a pesquisa feita pela ciência e pela medicina em relação ao que acontece ao corpo depois de períodos prolongados de jejum, eu concordo inteirametne com os pontos citados acima.

É exatamente o atributo da religiosidade e da devoção que permite a existência desse fenômeno tal como o conhecemos. A chave para ele é o modo de vida que as pessoas adotam cotidia-namente e que realiza muitos outros "milagres" além de apenas conseguir passar sem comida durante longos períodos de tempo.

Portanto, antes de começarmos a examinar nossas descobertas em profundidade, vamos fazer uma digressão para ver a pesquisa de alguns outros que também estudaram esse fenômeno. Embora o caminho escolhido seja diferente, o resultado parece ser o mesmo.

15. Bigu e Qigong – estudos científicos

Neste capítulo, gostaria de falar um pouco sobre o fenômeno *bigu* do Qigong, que me chamou a atenção pela primeira vez numa transmissão que foi enviada para o Fórum Viver de Luz na página da CIA na Internet. Parece que, nos Estados Unidos, centenas de pessoas que participaram de certas palestras dadas por um mestre do qi tornaram-se "respiratorianos" ou "entraram em *bigu*", para usar o termo chinês do Qigong.

Gostaria de incluir aqui um pouco da pesquisa sobre Qigong para os que não conhecem essa prática. Essa pesquisa pode ser encontrada na página *http://www.qigong.net*

"Há muito tempo atrás, na China antiga, as pessoas perceberam gradualmente que, em sua luta pela sobrevivência, certos movimentos corporais, concentração mental e imaginação, combinados a várias formas de respirar, podiam ajudá-las a ajustar algumas funções corporais. Esse conhecimento e experiências foram sintetizados e refinados com o passar do tempo, e transmitidos de uma geração a outra... dando forma ao que é conhecido hoje como Qigong Tradicional.

O Qigong estava envolvido em vários aspectos da vida dos antigos, harmonizando a relação entre o homem e o céu. O surgimento de grandes mestres e várias proezas do Qigong dos tempos antigos ajudaram a criar a base da formação da cultura chinesa, inclusive a criação da linguagem escrita, a descoberta da medicina à base de ervas e o nascimento de várias formas de arte.

Uma característica comum do Qigong é o treinamento simultâneo do corpo e da mente. O cultivo dual da personalidade e da essência é o principal ingrediente do Qigong

Tradicional. Seu estilo consiste tanto em movimentos quanto em imobilidade, e seu método se caracteriza pela combinação da mente (consciência), do qi (bioenergia), do corpo e do espírito.

O Qigong Tradicional baseia-se no princípio da Virtude. Só enfatizando a virtude, sendo virtuoso e mantendo a virtude, tendo um coração benevolente e virtuoso, um caráter virtuoso e atos virtuosos é que podemos chegar à harmonia com nosso ambiente e satisfazer os três requisitos necessários à prática do Qigong: calma, tranqüilidade e naturalidade. A virtude é a chave de ouro para abrir a porta do Qigong."

Parece que o estado de *bigu* ocorre espontaneamente em alguns praticantes de Qigong, sem uma preparação especial além de seu modo de vida diário – em outras palavras, não passam por nenhum processo particular. É interessante que aqueles que praticam o Qigong são o único grupo que encontrei fazendo estudos avançados sobre a condição de viver sem comida. A maior parte da pesquisa tem sido feita em chinês e descobrir mais coisas a respeito tem sido difícil devido às barreiras da língua, e também porque esses praticantes de Qigong preferem evitar as controvérsias.

Os mestres do qi disseram que o momento atual ainda não é apropriado para a disseminação do *bigu* em grande escala e que o Ocidente em geral ainda não está preparado para isso, embora a situação tenha melhorado muito nos últimos tempos. Disseram também que a razão de não encorajarem as pessoas a procurar a experiência de *bigu* nesse momento é que, quando alguém entra nesse estado, fica muito sensível e, por isso, é facilmente perturbada pelos desejos e pensamentos negativos das pessoas que têm dificuldade – para dizer o mínimo – em aceitar esse fenômeno.

Embora o *bigu* esteja sendo discutido abertamente outra vez em alguns círculos de Qigong, segundo minha fonte de pesquisa, um homem esteve em bigu durante três anos e meio, até a controvérsia começar, e pediu-se aos praticantes que abandonassem esse estado. Como já disse em capítulos anteriores, você não tem como esconder dos outros o fato de que não precisa comer.

Esses mestres do qi disseram que nem todos lidam bem com esse estado, que conhecem algumas pessoas "que ficaram quase psicóticas por causa da sensibilidade extrema, por um lado, e tiveram reações inadequadas a vários fenômenos aos quais ficaram expostas em conseqüência do estado de *bigu*. Por outro lado, ficaram especialmente exasperadas com os conflitos no trabalho ou com a família que giravam em torno de seu estado de *bigu*. Do lado positivo, falaram sobre uma leveza e uma energia incríveis e sobre a necessidade de muito pouco sono enquanto se mantiveram nesse estado. Mesmo agora, todos os que não estão oficialmente em *bigu* em certos círculos de Qigong comem pouco, muito pouco".

Isso é totalmente diferente do que vivenciamos, pois os Embaixadores da Luz em geral são pessoas dedicadas à auto-maestria e fazem intencionalmente o programa do prana, enquanto aqueles que entram em *bigu* têm essa experiência quase que acidentalmente. Se não estiverem preparados para o poder da DI, alguns indivíduos que estão no programa do prana também podem ficar instáveis emocional e mentalmente, mas isso só acontece quando eles já têm esses problemas antes, pois o processo do prana pode exacerbá-los.

Nos meus encontros com pessoas que participam de círculos de *bigu*, disseram-me que em geral "as pessoas não fazem alarde de seu estado de *bigu*". Um sujeito queixou-se de ter entrado em *bigu* três vezes, durante três semanas apenas de cada vez e que de cada vez ele saiu no dia seguinte após se "gabar" de tê-lo conse-guido. Um grande número de ouvintes acenou com a cabeça num gesto de concordância quando o orador disse isso. Outra pessoa comentou que o momento em que sentiu raiva foi o fim de sua experiência de *bigu*.

Parece que os benefícios da prática de Qigong são tão variados que a associação envolvida não quer chamar muita atenção em relação ao fenômeno de *bigu*, e eu entendo perfeitamente.

No mundo inteiro ouço pessoas perguntando se alguém já ouviu falar de gente que não precisa comer. Nunca as ouvi perguntar: "Já ouviu falar de indivíduos que são *tão sintonizados com o poder da DI* que não precisam mais comer?" Há uma enorme diferença entre as duas perguntas.

Ao longo da história houve muitos mestres radiantes na Terra que fizeram e fazem muitas coisas extraordinárias, inclusive emissões de qi. O equivalente moderno seria a cura prânica, tal como foi explicada pelo mestre Choa Kok Sui.

Sim, temos condições de receber emissões de energia de mestres maravilhosos – ou, então, com responsabilidade por si mesmo, disciplina diária e um modo de vida muito particular podemos encontrar o mestre interior (DI) e permitir-lhe que nos sustente, nos ensine e nos guie no sentido de experimentarmos nosso potencial mais elevado, pois, afinal de contas, somos seres espirituais que estamos aqui para ter uma experiência humana.

Para descobrir o mestre interior, é preciso ficar diariamente em silêncio, como na meditação, e tratar o corpo (e nosso meio ambiente) como um templo, para que A Divindade Interior possa irradiar-se mais poderosamente através de nós. Também precisamos exercitar o controle mental e optar por ter consciência de nossos pensamentos, palavras e atos em todos os momentos de todos os dias.

Não há dúvida de que a viagem de viver de luz pode ser difícil, a menos que a pessoa esteja em plena forma física, emocional, mental e espiritual – mas nem todos têm a coragem, a dedicação e a disciplina, ou mesmo interesse, de estar. Contudo, os resultados valem a pena e permitem-nos ser independentes da necessidade de estar na presença de mestres físicos e etéricos. Muitos dos Embaixadores do MSPD acham que está na hora de mostrar aquilo de que somos capazes na Terra – aqui e agora.

Para muitos, está na hora da automaestria e do estilo de vida pragmático serem uma força efetiva do progresso positivo nesse mundo. Imaginamos um mundo onde todos têm controle sobre si mesmos, em vez de quererem saborear o poder e os benefícios de estar na presença de uns poucos mestres conhecidos neste planeta.

Descobrir e depois vivenciar A Divindade Interior sempre foi um desafio, e a viagem de viver de luz é apenas uma pequena iniciação a fazer com confiança na DI, confiança suficiente para Lhe permitir que nos sustente em todos os níveis. Como qualquer iniciação, pode exigir anos de preparo, o que em geral tem pouco atrativo para os que estão em busca de soluções instantâneas aos desafios do mundo moderno fornecidas por pílulas e poções.

Nosso trabalho está focalizado na medicina preventiva que decorre de experimentar o esplendor que vem de dentro e de permitir à nossa DI que Se manifeste através de nossas vidas.

Como já disse antes, agora existe uma boa quantidade de pesquisas para provar o poder do qi ou prana. Na página 286 do livro *Scientific Qigong Exploration* (Explosão Científica do Qigong), o físico nuclear Lu Zuyin dá mais informações sobre o estado de *bigu* e também fala sobre os experimentos feitos com pessoas que não comiam há mais de seis anos.

> "*Bigu* é um estado no qual a pessoa mantém uma vida normal sem ingerir nenhum tipo de comida. O *bigu* clássico implica um consumo muito pequeno de água e, às vezes, nenhum. O *bigu* mais comum significa ingestão apenas de água e sucos. Há um *bigu* menos comum em que há ingestão de água, sucos e, de vez em quando, sucos de frutas e sopas de legumes e verduras."

Eu já vivenciei pessoalmente todos os três estados de *bigu*, por opção pessoal, durante os últimos seis anos. Como o trabalho desses mestres do qi concentra-se em outras áreas da saúde, eles desencorajam a publicidade sobre o *bigu*, pois acham que a sociedade ainda não está pronta para aceitar esse fenômeno.

Ouvi falar pela primeira vez sobre o *bigu* e o trabalho desses maravilhosos praticantes de Qigong em nosso *site* na Internet, a *Cosmic Internet Academy* (CIA), que foi criada por dois motivos. O primeiro era termos uma biblioteca de informações gratuitas à qual qualquer um pudesse ter acesso; o segundo era dispormos de um local onde pudéssemos centralizar os serviços e informações da Internet que giram em torno do progresso positivo em nível pessoal e planetário, como a Agenda do MSPD. Para isso, fizemos cinco fóruns, inclusive o Fórum Viver de Luz, para o qual as informações dadas acima sobre *bigu* foram enviadas. Talvez seja o nosso fórum mais ativo, pois muita gente sente fascínio pelo potencial humano.

Depois de fazer esse levantamento sobre "a pesquisa feita por outros", tenho a impressão de que todos concordamos com alguns pontos básicos:

♣ Que ser capaz de viver livre da necessidade de ingerir comida requer um grau razoável de pensamentos, palavras e atos virtuosos.
♣ Que, para sermos capazes de nos alimentarmos de "energia divina", temos de experimentar sua existência com nossas orações, programação, fé e devoções.
♣ Que essas emissões da Divindade Interior podem sofrer interferência de forças externas ou internas menos virtuosas – descrença, raiva, ego, etc.
♣ Que sem o controle mental e uma conexão sólida com a DI as pessoas ficam instáveis mentalmente em estado de *bigu*, assim como no programa de prana.
♣ Que mesmo se deixarmos de precisar de comida através de *bigu* ou do programa do prana, às vezes ainda temos de passar por alguns ajustes sociais difíceis.

Para mim, a adoção do modo de vida dos praticantes de Qigong e de muitas outras tradições espirituais, entre as quais o Nobre Caminho Quádruplo dos budistas, pode ser comparada à prática da Conexão com a DI dos Embaixadores da Luz.

Um dos trabalhos mais impressionantes que está sendo acompanhado agora no campo do prana é o do mestre Choa Kok Sui.

O poder do prana e a pesquisa sobre emissão de qi

Atualização feita no dia 3 de outubro de 1999, com base no livro Scientific Qigong Exploration, *do professor Lu Zuyin, e na Pesquisa Experimental Independente de Jasmuheen com os Embaixadores da Luz.*

Enquanto a ciência continuar vendo o espírito e a matéria como entidades separadas, não poderá compreender inteiramente a complexidade do campo quântico. O qi é a essência desse campo, e as emissões de qi desafiam os estudos científicos normais, que requerem que o observador se distancie do experimento. Devido à natureza do qi, o observador e o observado são um só.

Muitas pesquisas em profundidade têm sido feitas sobre as emissões de qi, mas os estudos sobre a irradiação interna de qi não são suficientes; só sabemos que viver, meditar, rezar, programar-se, alimentar-se e exercitar-se diariamente de forma virtuosa influenciam o qi interno e sua irradiação externa, ou emissões. O qi também pode ser chamado de poder do prana ou poder da DI.

Em minha pesquisa, as emissões de qi estão relacionadas ao campo da bioenergética avançada e à ciência superior da luz, que vou discutir com mais detalhes em meu próximo livro, *The Wizard's Tool Box*.

Enquanto isso, é maravilhoso saber agora que já foi feito um grande número de estudos para provar que as medidas do campo magnético criado pelos órgãos internos aumentam muito quando o qi se eleva através do modo de vida citado.

Também já existem pesquisas sobre o efeito do qi na melhoria e regulagem da função do sistema digestivo: sobre a forma pela qual melhora o funcionamento do sistema endócrino; a forma pela qual afeta nossa capacidade de gerar mudanças nos sistemas muscular e esquelético; a forma pela qual melhora as funções do sistema respiratório e do sistema circulatório. Também se estudou a forma pela qual melhora e regula as funções do sistema nervoso e seu poder no ajuste da temperatura da pele e no controle do centro de temperatura do corpo.

Na filosofia oriental, o qi também é conhecido como prana, e sabe-se que a produção natural de prana pelo corpo aumenta com a subida da energia da kundalini através da meditação e de um modo de vida iogue. Como o qi ou prana circula no nível dos neutrinos, é muito difícil detectá-lo, pois é o qi que ocupa 99% do espaço que existe dentro de cada átomo.

A cura pelo Qigong não é só psicológica. Tem efeitos objetivos, independentemente da dimensão psicológica. Um exemplo: uma chapa de raios X de um osso fraturado feita antes de uma emissão de qi e outra depois da emissão mostra que a fratura foi inteiramente curada em questão de horas, e até de minutos. Além disso, sabe-se que emissões de qi não perdem a intensidade com a distância e podem ser dirigidas pela mente, pela vontade e pela intenção; daí sua eficácia na cura à distância. Ao movimentar sua visão interior pelo campo magnético de um paciente, um mestre de qi pode fazer diagnósticos acurados sem ver de fato o paciente, ou sem estar em sua presença.

As teorias do Qigong Tradicional dizem que todas as coisas no universo originaram-se do qi, que tudo contém qi e que é ele que preenche todo o universo. Isso confirma a idéia cristã de que Deus é onipresente e onipotente.

O poder e a emanação de qi de um mestre de Qigong estão intimamente ligados a seu estado físico, mental e emocional no momento da transmissão do qi. Da mesma forma, a capacidade que os Embaixadores da Luz têm de serem constantemente alimentados por qi ou prana depende exatamente dos mesmos fatores, motivo pelo qual somente os que se mantêm em plena forma física, emocional, mental e espiritual podem viver apenas de qi durante longos períodos.

O livro *Scientific Qigong Exploration* diz o seguinte na página 245:

> "Alguém pode querer saber como uma pessoa pode viver sem comida. Em primeiro lugar, o fluido gástrico e intestinal dos praticantes de Qigong contém muitos nutrientes. Em segundo lugar, todos têm nutrientes armazenados no corpo; apesar disso, a maioria das pessoas não sabe transformá-los e utilizá-los. Em terceiro lugar, podemos ficar vinte dias ou mais sem ingerir comida e mesmo assim sermos energizados pela absorção de substâncias auto-transformadas de elevado teor energético. A questão não é comer, e sim absorver nutrientes de outra maneira. A pessoa pode utilizar os nutrientes acumulados no corpo e transferi-los para os fluidos gástrico e intestinal para ter nutrição de alta qualidade. Isso também beneficia o sistema digestivo.
>
> Os praticantes de Qigong não absorvem nutrientes apenas através da boca e do nariz. Podem usar muitas outras formas de absorver substâncias com elevado teor de energia para se nutrirem. A água, por exemplo não tem de entrar no corpo somente pela boca. A luz não tem de entrar somente por nossos olhos (como uma planta que requer fotossíntese da luz, a luz também tem uma função em nosso corpo). Um praticante de Qigong absorve subs-tâncias com elevado teor de energia do universo que estão inacessíveis aos outros. Assim sendo, podemos comer menos ou até não comer durante algum tempo e mesmo assim manter um nível elevado de energia. Quando aumenta a absorção de substâncias com elevado teor de energia, a pessoa pode

passar sem comida durante um longo período de tempo. É por isso que o Qigong é uma forma ideal de melhorar o sistema digestivo do corpo."

O Qigong Tradicional preocupa-se com o efeito da consciência sobre um objeto e de que forma o observador e o observado estão ligados entre si, o que é algo que a ciência tradicional ainda não aceitou. Por isso os fenômenos do Qigong criam muitos problemas para a ciência, fenômenos que ainda não foram explicados pelas teorias científicas atuais. Em minha opinião, decorrente da pesquisa paralela aos estudos de Qigong, enquanto os cientistas não começarem a se conectar com a DI, muitas respostas aos mistérios da vida, da evolução e da criação continuarão fora de seu alcance.

Segundo os cientistas que estão medindo as emissões de qi e os estudos sobre o estado de *bigu*, muita gente nesse estado vive com menos de 300 calorias por dia durante anos sem nenhum prejuízo para seu corpo físico. Em outubro de 1987, Ding Jing, de 10 anos de idade, entrou em estado de *bigu* e permaneceu nele durante mais de seis anos, com uma ingestão de calorias entre 260 e 300 por dia. Descobrimos o mesmo fenômeno entre os Embaixadores da Luz, e muitos continuam a viver muito saudáveis com ingestões de calorias que continuam a desafiar e questionar as crenças médicas e científicas de nossos dias. Eu, por exemplo, fiquei mais saudável com *bigu* e provei a mim mesma, sem sombra de dúvida, que uma outra força está alimentando meu corpo.

O dr. Yan Xin é um dos mestres de qi mais respeitados e conhecidos na China e é com sua cooperação que esses estudos em profundidade têm sido conduzidos e divulgados no mundo. Muita gente entra espontaneamente em estado de *bigu* pelo fato de estar em sua presença, e muitas pesquisas documentaram o fenômeno na língua chinesa. Na verdade, mais de 60 livros já foram escritos a respeito de suas pesquisas sobre o poder e os benefícios das emissões de qi.

O livro do professor Lu Zuyin foi um dos primeiros a serem editados em inglês e só veio a público depois de dez anos de pesquisa e experimentação. Em 1987, também comecei a registrar em meus diários meu estudo e pesquisa consciente sobre os seguintes tópicos:

a) o poder da radiação interna do qi;
b) como nosso modo de vida pode alterar os níveis dessa radiação; e
c) como controlar nossos campos externos de realidade por meio do controle de nossas emissões de qi, tanto internas quando externas.

A diferença entre os Embaixadores da Luz e aqueles que entram em estado de *bigu* é que procuramos essa experiência conscientemente com a prática da meditação e um modo de vida que promova nossa boa forma em todos os planos.

Como eu, o dr. Yan Xin, que não tive o prazer de conhecer, foi orientado no sentido de divulgar essa informação pelo mundo por causa de seus benefícios na área da saúde mundial.

Ambos reconhecemos que muita pesquisa ainda precisa ser feita sobre o fenômeno *bigu* e temos esperanças de que, à medida que a humanidade conhecer melhor o poder da DI, isso vai acontecer naturalmente. Apresentamos nossa pesquisa aos interessados nos campos da ciência e da medicina e esperamos que estudos relevantes venham a ser feitos com o tempo; então os benefícios serão usufruídos por um número muito maior de pessoas.

Depois de terminar este livro sobre *Os Embaixadores da Luz – Viver de Luz*, recebi o manual da *Scientific Qigong Exploration* e, por isso, acrescentei alguns trechos dessa obra à guisa de comentário final.

Além disso, desde que terminei minha pesquisa, outra pessoa morreu de desidratação leve enquanto passava pelo processo de 21 dias. Alguns dizem que ela morreu por não seguir rigorosamente as diretrizes de meu primeiro livro, *Viver de Luz*, que trata desse tópico; outros dizem que sua obra estava completa e que ela chegara ao fim de seu contrato e da necessidade de estar aqui. Independentemente do porquê, volto a enfatizar que vamos continuar encorajando todos os seres a assumir responsabilidade por cada pensamento, palavra e ato seu ao lidar com sua própria vida e com a vida dos outros.

Mesmo assim, devo dar essa informação ao mundo; sim, é verdade que estou livre da necessidade de comer para viver (como vocês sabem) e que a DI me alimenta e continuará me alimentando. Sim, também é verdade que fui levada para o campo da pesquisa em função de minha experiência com a DI, a qual pode resultar em muitos benefícios maravilhosos relativos à questão da saúde e da fome mundiais.

Sim, é verdade que, quer as pessoas acreditem ou não nessas coisas, existem aqueles que sentiram o poder do Divino num grau suficiente para saber que quando vivemos realmente a experiência de algo, não temos como negá-la, mesmo que os outros não acreditem. Não tenho o menor desejo de convencer o mundo de nada, só quero partilhar o que considero ser uma pesquisa interessantíssima, pois essa é a minha missão divina.

Um comentário final: descrito como um sábio contemporâneo pelo ex-presidente George Bush (pai), o dr. Yan Xin tem pesquisado os benefícios do Qigong em doentes de câncer e AIDS. Depois de participar de suas conferências, milhares de pessoas foram curadas de doenças graves. Como os Embaixadores da Luz, o dr. Yan Xin encoraja o respeito pelos idosos e a atenção com os que estão passando necessidades, ao mesmo tempo que enfatiza a importância de um modo de vida virtuoso e o valor do amor pelos outros.

A compaixão, o amor e o servir altruísta são fatores-chave para a criação do paraíso pessoal e global à medida que entramos num novo milênio aqui na Terra, assim como o respeito por todas as formas de vida.

Que todos nós possamos desfrutar as viagens que escolhemos e que elas beneficiem a todos.

16. Prana e cura

"Vai chegar um momento em que a ciência fará avanços tremendos, não por causa de instrumentos melhores para descobrir e medir coisas, mas porque algumas pessoas terão a seu dispor poderes espirituais maravilhosos que, no presente, raramente são usados. Daqui a alguns séculos, a arte da cura espiritual será cada vez mais desenvolvida e usada universalmente."

Gustaf Stromberg, astrônomo

Incluímos aqui a obra de Choa Kok Sui, pois a *Global Pranic Healing Association* (Associação de Cura Prânica Global) envolveu-se durante algum tempo com experimentos para testar os efeitos da energia prânica na cura de doenças. Segue-se um trecho extraído de seu livro *Miracles through Pranic Healing* (Os Milagres da Cura Prânica), que ele me mandou no ano passado junto com seu outro livro maravilhoso, *The Ancient Science and Art of Crystal Healing* (A Antiga Ciência e Arte de Curar com Cristais). A leitura de ambos os livros vale a pena para qualquer pessoa interessada no poder medicinal do prana.

PRANA, CHI, QI ou KI

"Prana ou ki é aquela energia vital que mantém o corpo vivo e saudável. Em grego, é chamada de *pneuma*, em polinésio é *mana* e em hebraico *ruah*, que significa "sopro de vida"...

Existem basicamente três grandes fontes de prana: o prana solar, o prana aéreo e o prana terrestre. O prana solar é o prana da luz do Sol. Revigora o corpo inteiro e promove a boa saúde. Pode ser obtido com banhos de sol ou exposição à luz solar de cinco a dez minutos, e com a ingestão de água que foi exposta à luz do Sol. A exposição prolongada ou excesso de prana solar lesa o corpo todo, pois é muito potente. O prana contido no ar é chamado de prana do ar ou glóbulo da vitalidade do ar. O prana do ar é absorvido pelos pulmões através da respiração, e também é absorvido diretamente pelos centros de energia do corpo bioplasmático. Esses centros de energia são chamados de chacras. É possível obter uma quantidade maior de prana do ar pela respiração rítmica lenta e profunda do que pela respiração superficial e curta. Também pode ser absorvido pelos poros da pele por pessoas que passaram por um certo treinamento.

O prana contido na terra é chamado de prana do solo ou glóbulo da vitalidade da terra. É absorvido pelas plantas dos pés de forma automática e inconsciente. Caminhar descalço aumenta a quantidade de prana do solo absorvido pelo corpo. É possível absorver mais prana do solo conscientemente a fim de aumentar a vitalidade, a capacidade de trabalho e a capacidade de pensar com mais clareza.

A água absorve o prana da luz do sol, do ar e da terra com que entra em contato. As plantas e as árvores absorvem prana da luz do Sol, da água e da terra. Os homens e os animais obtêm prana da luz do Sol, do ar, da terra, da água e da comida. Os alimentos frescos contêm mais prana que a comida conservada.

O prana também pode ser projetado para uma outra pessoa com o objetivo de curá-la. As pessoas que dispõem de excesso de prana tendem a fazer com que as outras à sua volta se sinta melhor e mais vigorosas, embora aquelas que estão esgotadas tendam a absorver prana dos outros de forma inconsciente. Você talvez tenha conhecido pessoas que tendem a fazer você se sentir cansado ou esgotado sem nenhuma razão aparente para isso.

Certas árvores, como os pinheiros ou árvores saudáveis gigantescas e antigas, irradiam grandes quantidades do excesso de prana que têm. Pessoas cansadas ou doentes beneficiam-se muito descansando ou simplesmente se deitando embaixo dessas árvores. Melhores resultados podem ser obtidos quando se pede verbalmente ao ser da árvore que ajude a pessoa doente a ficar boa. Qualquer um também pode aprender a absorver conscientemente o prana dessas árvores através das palmas das mãos, de tal modo que o corpo pode formigar e ficar dormente por causa da tremenda quantidade de prana que foi absorvida. Essa capacidade pode ser adquirida depois de praticar apenas algumas vezes.

Certas áreas ou lugares tendem a ter mais prana do que outros. Algumas dessas regiões extremamente energizadas tendem a se transformar em centros terapêuticos.

Quando o tempo está ruim, muita gente adoece, e não é só por causa das mudanças de temperatura, mas também por causa da redução do prana solar e do ar (energia vital). Assim sendo, muitas pessoas se sentem mental e fisicamente apáticas, ou ficam suscetíveis a doenças infecciosas. Isso pode ser contrabalançado pela absorção consciente de prana ou ki do ar e da terra. Alguns videntes já observaram que há mais prana durante o dia do que à noite. O prana atinge um nível muito baixo por volta das 3 ou 4 horas da manhã."

Exercícios para absorver a energia do ar, da terra e das árvores também são discutidos neste livro, e seu autor diz:

"A respiração prânica energiza a pessoa numa tal medida que sua aura se expande temporariamente em 100% ou mais. A aura interior expande-se em até 20 cm, a aura da saúde chega a 1,20 m ou mais, a aura exterior chega a 2,5 m ou mais."

Segundo o mestre Choa Kok Sui, para fazer a respiração prânica, você precisa:
- ♣ encostar a língua no céu da boca;
- ♣ fazer respiração abdominal (*através das narinas*);
- ♣ inspirar lentamente e segurar a respiração enquanto conta 1;
- ♣ expirar lentamente e segurar a respiração enquanto conta 1 antes de inspirar, o que é chamado de "retenção vazia";
- ♣ você também pode inspirar enquanto conta até 7 e segurar a respiração enquanto conta 1, depois expirar contando até 7 e segurar enquanto conta 1, ou contar até 6 e segurar enquanto conta até 3.

"Ao fazer a respiração abdominal, você expande o abdômen ligeiramente ao inspirar e o contrai ligeiramente ao expirar. Não exagere ao expandi-lo nem ao contraí-lo."

Em outros capítulos, Choa Kok Sui diz:

> "Embora a ciência não seja capaz de detectar e medir a energia vital ou prana, isso não significa que o prana não existe ou que não afeta a saúde e o bem-estar do corpo. Nos tempos antigos, as pessoas não sabiam da existência da eletricidade, de suas propriedades e usos práticos. Mas isso não significava que a eletricidade não existia. A ignorância não muda a realidade; só muda a percepção da realidade, resultando em distorções e conceitos errôneos do que existe e do que não existe, do que pode ser feito e do que não pode ser feito."

Nota de Jasmuheen: uma descrição do prana como Energia ou Força Vital Universal consta em meu primeiro livro, *Viver de Luz – A Fonte de Alimento para o Novo Milênio*.

17. A dra. Barbara Ann Moore

A fascinante história de Barbara Moore, M.D. de Londres, uma "respiratoriana" moderna, é um exemplo perfeito de pessoa que tem a convicção de que o respiratorianismo é fato, não ficção. A história que apresentamos aqui foi extraída de um livro de Viktoras Kulvinskas muito difícil de encontrar; foi editado em 1975 e chama-se *Survival into the 21st Century* (Sobrevivência no Século XXI).

"Uma figura heróica é Barbara Moore, M.D. de Londres. Uma reportagem do *London Sunday Chronicle*, datada de 17 de junho de 1951, diz o seguinte:

> 'Há vinte anos, ela fazia as três refeições diárias normais. Lentamente, durante 12 anos, ela foi reduzindo a quantidade de comida até continuar mantendo a boa forma com uma refeição por dia de folhas verdes, alsina, cravo, dente-de-leão e um copo ocasional de suco de frutas.
> Há cinco anos, ela passou a viver exclusivamente de sucos e tomates crus, laranjas, folhas verdes e ervas. Agora não bebe nada além de um copo de água temperada com algumas gotas de suco de limão. Diz ela:
> – Há muito mais coisas na luz do Sol e no ar do que é possível enxergar a olho nu ou com instrumentos científicos. O segredo é descobrir a forma de absorver esse elemento extra – a radiação cósmica – e transformá-lo em alimento. Ela vai todo ano à Suíça em busca de um ar melhor e escala montanhas, com uma dieta de água das nascentes.
> – Sabe – explica ela –, as células do meu corpo e do meu sangue mudaram consideravelmente de composição. Sou impermeável ao calor, à fome ou ao cansaço.'

E continua:

"– Seja inverno ou verão, mesmo na Suíça, só uso um suéter de mangas curtas e uma saia. No frio, as pessoas olham para mim espantadas. Enquanto elas tremem dentro de suas peles, estou quente. Sou forte como um homem e só preciso de três horas de sono para relaxar mentalmente. Como meu corpo está livre das toxinas, nunca fico doente. Tive de avançar lentamente do vegetarianismo para as frutas cruas e depois para os líquidos. Agora estou trabalhando para chegar ao Alimento Cósmico (ar). Passei do estágio de comer e não conseguiria comer mesmo se quisesse, porque meu trato digestivo mudou consideravelmente. Não é mais um tubo sujo e incapaz de digerir fibras. Em vez de pensar que minha vida vai acabar em dez anos, estou rejuvenescendo. Todos podem fazer o mesmo, se quiserem. A tragédia é que comer é um dos grandes prazeres da vida. Parar de comer é experimentar desconforto somente enquanto o corpo está se ajustando ao novo curso, que era o curso original. Agora acho até o cheiro de comida nauseante."

Viktoras Kulvinskas continua escrevendo em *Survival into the 21st Century*:

"Em 1961, o dr. Morris Krok, de Durban, África do Sul, publicou *Conquest of Disease* (Vitória sobre a Doença), onde reproduziu uma parte de uma confe-rência da dra. Moore, que foi publicada em *Life Natural* (Vida Natural), Ganeshganar, Padukottai, S. Ry, Índia, em novembro de 1960. O trecho é o seguinte:

'Ao fazer experiências comigo mesma, descobri que nem a energia, nem o calor corporal vêm da comida. É um fato paradoxal, mas verdadeiro, que passei três meses nas montanhas da Suíça e da Itália sem comer nada além de neve, e bebendo somente água da neve.

Eu escalava montanhas diariamente, não ficava só jejuando sentada e lendo um livro ou olhando para o céu. Não, eu fazia longas caminhadas todos os dias de meu hotel até as montanhas, muitas vezes de 24 quilômetros, escalando de 2.100 a 2.400 metros, depois descendendo e percorrendo mais 34 a 32 quilômetros até meu hotel.

Durante meu jejum, eu escalava as montanhas diariamente; e, quando não podia fazê-lo por causa do mau tempo, eu caminhava de 48 a 64 quilômetros. Foi a prova de que eu precisava. Ano após ano fiz a mesma coisa para descobrir se era verdade ou não. Num ano dava certo, e no ano seguinte não dava, e com o mesmo corpo. Por isso fiz essas coisas ano após ano e descobri que nem a energia, nem o calor do corpo vêm da comida física.

Quando descobri isso, dei mais um passo; queria saber se eu conseguiria viver sem comida alguma; não por dois ou três meses, mas por um período mais longo. Descobri que isso também é possível, mas não exatamente num nível comum, por assim dizer. Consigo fazer aquilo tudo nas montanhas, mas é mais difícil quando desço para um nível mais comum [o nível do mar? J.B.]. Acho que o ar é diferente. Espero, com o tempo, chegar a viver exclusivamente de ar... Sou uma pessoa muito ocupada e tenho pouco tempo para dormir. Nunca me sinto cansada, nem com fome."

Aqui está uma atualização da reportagem de Kulvinskas depois que o dr. Buche escreveu para o dr. Krok a fim de levantar mais informações sobre a dra. Moore:

"Prezado Juergen Buche,
Acho que Barbara Moore ainda está viva. O artigo que aparece no livro de Kulvinskas foi publicado pela primeira vez no final da década de 1950 ou início da década de 1960. O caminho para uma vida saudável, ou respiratorianismo, é primeiro aprender a viver com uma refeição por dia – em um momento qualquer em torno do meio-dia, mas não depois das 4 da tarde. Mas, quando a pessoa não sente fome, essa única refeição também pode ser dispensada.
Em lugar da refeição da noite, beba somente água para assegurar que se vá dormir com o estômago limpo, vazio. Substitua o desjejum por mais água. A refeição que é ingerida pode incluir alguns dos alimentos mais concentrados, como nozes, um pouco de frutas secas e um pouco de brotos; a fruta pode ser comida meia hora antes de comer os concentrados, algumas verduras e raízes como a cenoura.
É necessário fazer experiências com essa refeição reduzindo o número de itens consumidos, ingerindo, por exemplo, apenas nozes com um pouco de cenoura ralada. Mas o que é comido é uma questão pessoal, pois não há magia em nenhum alimento. A magia está na vitalidade e na inteligência inerente do corpo e da mente, que sabe como processar e converter o que é comido à sua própria maneira e no seu próprio ritmo.
A meu ver, fala-se mais absurdos sobre saúde e nutrição do que sobre a religião e os rituais que a pessoa deve seguir. Quando a gente percebe que as pessoas chegaram a ter uma vida longa consumindo uma grande variedade de alimentos, só podemos inferir daí que a comida é

somente um catalisador para estimular a energia do corpo, que nunca se torna parte dos tecidos e ossos. Mas excesso de comida pode esgotar a energia da pessoa.

Cordialmente,
Morris Krok
essence@iafrica.com
P. O. Box 1129 Wandsbeck 3631
África do Sul – Fone: 31 864521; Fax: 31 2670600."

Juergen disse-me recentemente que descobriu que Barbara foi morta por um carro quando tentava atravessar os Estados Unidos a pé, e também pediu que, se alguém souber mais sobre Barbara, entre em contato com ele.

As informações acima foram dadas pelo dr. Juergen Buche:
e-mail: *drbuche@bigfoot.com*
http://www.odyssee.net/ ~ expodome/moore.htm

18. Afirmações e pranayama – o dr. Juergen Buche

O dr. Juergen Buche é um médico formado em medicina natural (*Heilpraktiker*), com 15 anos de experiência em terapias alternativas de câncer, jejum e curas naturais. Interessado na viagem respiratorianista, ele nos escreveu sobre a preparação para o processo dos 21 dias.

"Não basta tentar passar sem comida. Você tem de ter uma boa idéia das razões ocultas pelas quais você quer passar sem comida e viver de ar. Você está fazendo isso para ganhar notoriedade ou fama? Está fazendo isso porque está doente e quer se curar, para regenerar-se, para rejuvenescer? Está bem preparado para realmente tirar da grande Fonte Universal o sustento necessário não só para continuar vivo, mas para florescer com uma saúde perfeita e com abundância?

Para começo de conversa, descobri que as afirmações diárias são uma necessidade absoluta para reforçar o paradigma da auto-suficiência, sendo o Eu o todo-poderoso EU SOU que habita em você. Uso a seguinte:

– EU SOU Amor ilimitado. EU SOU a manifestação perfeita da força onipotente, amorosa, divina e infinitamente benevolente do universo que me sustenta, me nutre e me cura em todos os planos, independentemente de eu comer ou não. EU SOU constantemente renovado em todos os planos e EU SOU equilibrado espiritual, mental e emocionalmente. EU SOU a expressão perfeita do Amor divino e ilimitado.

A afirmação acima vai sustentá-lo e sintonizá-lo. Prepare-se para ser ridicularizado. Não tenha medo, ouse ser diferente.

Outro ingrediente importante, em minha opinião, é a prática de "Pranayama Inspirador" conjugado às afirmações acima. Trata-se de um exercício simples de respiração que lhe permite sintonizar-se conscientemente com o *Suprimento Cósmico Universal* e retirar, à vontade, todo o sustento que desejar. Chamo-o de 'respiração quadrada'. É extremamente eficiente para nos sintonizar com a Substância Universal, o prana, e podemos utilizar conscientemente esse elemento primordial e invisível que impregna tudo, que preserva a vida, que rejuvenesce.

* Sente-se confortavelmente, endireite as costas e esvazie completamente os pulmões.
* Comece enchendo completamente os pulmões e contando até 4.
* Segure a respiração e conte até 4.
* Expire, esvaziando completamente os pulmões e contando até 4.
* Mantenha os pulmões vazios e conte até 4.
* Repita de 2 a 6 vezes uma vez por dia ou mais, se quiser.
* Aumente a contagem em um segundo por semana (não tenha pressa, mesmo que o procedimento lhe pareça simples).
* Quando o procedimento ficar difícil (talvez nos 10 segundos por vez), mantenha esse nível até ele ficar fácil.
* Ao inspirar, cante 'Soooooooo'.
* Ao expirar, cante 'Hummmmm'.

Agora você já está a caminho de se tornar um respiratorianista consumado. Parabéns! Tem idéia de quanto tempo, esforço e dinheiro é desperdiçado entra dia, sai dia – no consumo e preparo de comida? Não? Comer é um péssimo hábito, ao que tudo indica. As pessoas simplesmente devoram a si mesmas até morrer. Experimentos com ratos demonstraram sem sombra de dúvida que cortar pela metade a sua ingestão de comida dobra a duração de sua vida.

Os exercícios de pranayama que explico em minha página na Internet, se forem feitos diligentemente, podem ajudar muito a oxidar os detritos catabólicos das células que resultam inevitavelmente de uma limpeza rápida. A ingestão de grandes quantidades de água de manhã é necessária para fazer a eliminação das toxinas intestinais que, aliás, vai continuar durante meses! Por que sobrecarregar os canais de eliminação do corpo quando você pode fazer o mesmo com uma rápida 'lavagem' diária? A maioria das pessoas que desiste de se tornar um Consumidor de Luz não desiste porque não consegue fazer o esforço necessário para se tornar um respiratorianista – desiste por causa da desintoxicação muito rápida e pelos efeitos colaterais desagradáveis das toxinas.

Por essa razão, recomendo que o aspirante a Consumidor de Luz trabalhe lentamente até o estágio em que, depois de vários meses, passe a comer cada vez menos alimentos cozidos e alterados e ingira frugalmente uma quantidade cada vez maior de alimentos VIVOS, não necessariamente em termos de quantidade, mas de QUALIDADE. Até um excesso de alimentos VIVOS pode ser tóxico. Leia o tratado de Arnold Ehret intitulado *Rational Fasting* (Jejum Racional) e você vai entender. A abordagem disciplinada de perguntar: 'Essa comida ainda está VIVA?' pode limpar progressivamente a corrente sangüínea e todas as células e tecidos do corpo. Isso exige tempo, mais de 21 dias, receio, mas as chances do aspirante a respiratorianista continuar com o programa, ter sucesso e sofrer efeitos colaterais menos traumáticos são muitíssimo maiores.

Essa é uma forma muito boa de permitir progressivamente ao corpo ADAPTAR-SE a uma nova série de circunstâncias, como comer cada vez menos. Não fornecer comida ao corpo é muito bom durante um jejum curto, mas indefinidamente – aí já é outra história. Tente tirar o ópio de um viciado. Ele MORRE! Portanto, considere essa alternativa – que leva ao mesmo objetivo – INEDIA (viver de ar)...

* 1. Comece comendo dia sim, dia não, isto é, um dia você come e no dia seguinte não come. Passe a viver de alimentos crus e coma frugalmente. Faça isso até se sentir perfeitamente à vontade com esse regime e tiver superado suas principais 'fissuras'.
* 2. De três em três meses, acrescente um dia sem comer. Portanto, durante o 4°, o 5° e o 6° mês, você vai ficar sem comer durante dois dias e vai comer no terceiro dia. Nesse estágio, atenha-se a frutas nesse terceiro dia, o dia em que você vai comer. Você pode misturar as frutas, mas não numa mesma refeição. Se comer durante dois dias em seguida por qualquer motivo que seja (excesso de frutas maduras, por exemplo), então deve jejuar durante os três dias seguintes (e não quatro). Faça isso durante três meses ou até se sentir perfeitamente bem com esse regime. Supere todos os vícios e 'fissuras' por comida. Simplifique sua vida – passe para a modalidade da sobrevivência.
* 3. A cada três meses mais ou menos (dependendo de seu êxito e da velocidade de adaptação de seu corpo), acrescente mais um dia sem comer, até chegar a comer apenas uma vez por semana. Limite-se a somente um tipo de fruta nesse dia em que você come, e coma frugalmente. Continue fazendo as afirmações e o pranayama. Você não precisa tomar muito líquido, mas se os processos de limpeza forem extremos, corte um dia do jejum e atenha-se a seu programa até realizá-lo com

facilidade. Durante as reações de limpeza, você precisa beber bastante água para ajudar na eliminação das toxinas.

* 4. Quando puder passar facilmente seis dias sem comer e só comer frugalmente no sétimo, então você está pronto para dar o mergulho no respiratorianismo. Está pronto para ser 'alimentado pela luz'. Não pense nela como comida. Pense nela como sustento, como SUSTENTO DE AMOR E VIDA."

Obrigada, Juergen.

Para os leitores interessados em obter mais informações, basta acessar a página de Juergen na Internet:

http://www.ucinet.com/ ~ knickers/breathar.htm

É uma mina de ouro de informações para pacientes de câncer. Junto com Kathy Swan, assessora nutricional, ele promove ativamente a página *http://seasilver.threadnet.com*, que tem a solução ideal para a saúde daqueles que precisam de jejum e de uma cura total. Juergen ajudou altruisticamente milhares de pessoas com conselhos naturopatas via Internet durante os últimos três anos, mas ele não faz diagnósticos nem prescreve remédios. Você pode entrar em contato com ele pelo e-mail *dr.buche@bigfoot.com*

Eu gostaria de fazer um acréscimo à abordagem de Juergen enfatizando sua pergunta: "Esse alimento ainda está vivo?" Para muitos, a prática de fazer regime para perder peso consome muitas horas por dia. Ao longo dos anos, descobri por experiência pessoal que o ditado "Se não estiver cru, não coma" é uma regra espetacular e uma forma maravilhosa de perder peso e desintoxicar o corpo ao mesmo tempo, sem sentir que você está passando fome, como num jejum normal. O estômago diminui mais lentamente e a desintoxicação não é extrema. É um tipo de "regime" maravilhoso, tanto a curto quanto a longo prazo.

19. O poder do prana – pranayama

"Pois o ritmo de sua respiração é a chave do conhecimento que revela de fato a Lei Divina."

The Essene Gospel of Peace – book 1
(O Evangelho Essênio da Paz – livro 1)

As pessoas perguntam-me freqüentemente se é necessário praticar o pranayama ou a Kriya Yoga para serem alimentadas pelo Divino, e eu respondo que se estivermos firmemente conectados ao Poder da DI e livres de pensamentos tóxicos, nada é necessário, pois o processo acontece automaticamente. Mas, como alguns Embaixadores da Luz parecem entrar e sair dessa zona de poder dia a dia, quanto mais sólidas forem nossas práticas espirituais, tanto mais fácil será manter a alimentação prânica.

Pessoalmente, adoro respirar livre e conscientemente todos os dias. Respiro profundamente quando estou no chuveiro, ou no carro, ou num *shopping center* – respiro profundamente em todos os lugares, o dia todo, numa única meditação longa. Adoro me sentar ao sol no começo da manhã ou no fim da tarde e respirar, respirar, respirar. Quando eu estava fazendo bioenergética e abrindo todas as linhas entrecruzadas do meu corpo luminoso, sentar-me ao sol, respirar profundamente e visualizar a energia do Senhor Hélios enchendo todas essas linhas com uma rajada fantástica do poder de RA era muito estimulante, como se uma bomba de gasolina cósmica recarregasse minhas baterias!

Quando semicerramos os olhos, vemos o prana cintilando no ar. O prana está em toda a parte e, como já dissemos antes, algumas fontes dizem que a maior parte de nossas necessidades nutricionais podem ser satisfeitas pela forma como respiramos. O pranayama envolve o controle da respiração, que, por sua vez, controla a eficácia de muitas funções corporais. Respirações lentas e longas diminuem o número de batimentos cardíacos, a respiração profunda nos aquece; o oxigênio elimina a dor, a respiração lenta promove a saúde e a longevidade.

Na Enciclopédia Britânica está escrito que "o PRANA (respiração) sânscrito, na filosofia indiana, são os 'ares' ou energias vitais do corpo. Uma concepção central da filosofia indiana antiga, principalmente como expressa nas Upanishads, o prana é considerado o princípio da vitalidade, e pensava-se que sobrevivia por toda a eternidade, ou até uma vida futura, como o 'último suspiro' de uma pessoa".

Neste capítulo eu gostaria de examinar as práticas antigas que promovem o poder pessoal e aumentam a irradiação e emissões de nosso qi. Primeiro vamos examinar o pranayama com mais detalhes; depois apresentamos algumas técnicas de respiração, entre as quais a respiração diafragmática de David Wolfe, um defensor da dieta dos alimentos crus. Finalmente, no próximo capítulo, vamos discutir as técnicas dos Dervixes Rodopiantes e falar um pouco sobre a Kriya Yoga.

1. O prana e os Vedas

As informações que se seguem foram extraídas de uma página da Internet, *http://www.wisc.edu/~fmorale1/prana.htm*, e nós as incluímos aqui por fornecerem mais detalhes sobre a questão do prana na tradição iogue.

> "Tudo o que existe nos três céus está sob o controle do Prana. Como uma mãe com seus filhos, ó Prana, proteja-nos e dê-nos esplendor e sabedoria."
>
> *Prashna Upanishad II.13*

"Há uma antiga história védica sobre o Prana que encontramos em várias Upanishads. As cinco principais faculdades de nossa natureza – a inteligência, a respiração (Prana), a fala, o ouvido e o olho – estavam brigando entre si para saber qual delas era a melhor e a mais importante. Isso reflete a condição humana mais comum, em que nossas faculdades não estão integradas e lutam umas com as outras, competindo para ser aquela que mais prende a nossa atenção. Para resolver esse problema, resolveram que cada uma delas deixaria o corpo, para ver a ausência de qual delas seria mais sentida.

Primeiro a fala deixou o corpo, mas este continuou vivendo, embora mudo. Depois o olho deixou o corpo, mas o corpo continuou vivendo, embora cego. Depois foi o ouvido que deixou o corpo, mas o corpo continuou vivendo, embora surdo. A inteligência deixou o corpo, mas o corpo continuou vivendo, embora inconsciente. Finalmente o Prana começou a deixar o corpo, e o corpo começou a morrer, e todas as outras faculdades perderam a sua energia. E então todas elas correram até o Prana e lhe pediram para ficar, reconhecendo sua supremacia. O Prana ganhou a disputa sem sombra de dúvida. Ele fornece energia a todas as nossas faculdades, sem a qual elas não têm como funcionar. Se não prestarmos nossas homenagens ao Prana em primeiro lugar, não há nada mais que possamos fazer, pois não há energia para fazer nada. A moral da história é que para controlar nossas faculdades, a chave é o controle do Prana.

O Prana tem muitas camadas de significado, da respiração à própria energia da consciência. O Prana não é apenas a força vital básica, é a forma mais importante de toda a energia que atua no plano da mente, da vida e do corpo. Na verdade, o universo inteiro é uma manifestação do Prana, que é o poder criador original. Até Kundalini Shakti, o poder da serpente ou poder interior que transforma a consciência, desenvolve-se a partir do Prana desperto.

No plano cósmico, há dois aspectos básicos do Prana. O primeiro é o aspecto não-manifesto do Prana, que é a energia da Consciência Pura que transcende toda a criação. O segundo Prana, ou o Prana manifesto, é a força da própria criação.

O ser humano consiste em cinco koshas ou estojos: Anna-maya kosha; Pranamaya kosha; Manomaya kosha, Vijnanamaya kosha; e Anandamaya kosha.

Pranamaya kosha:

A Pranamaya kosha é a esfera de nossas energias vitais. Esse estojo faz a mediação entre o corpo, por um lado, e os três estojos da mente (mente exterior, inteligência e mente interior), por outro, e atua em ambos os planos. Faz a mediação entre os cinco elementos mais densos e as cinco impressões sensoriais.

A melhor tradução para Pranamaya kosha talvez seja 'estojo vital' ou 'corpo vital', para usar um termo da Yoga Integral de Sri Aurobindo. A Pranamaya kosha consiste em nossos impulsos vitais de sobrevivência, reprodução, movimento e auto-expressão, estando conectada aos cinco órgãos motores (excretores, urino-genital, pés, mãos e órgão da fala)".

Os Cinco Pranas

"A Pranamaya kosha é composta de cinco Pranas. O Prana primário divide-se em cinco tipos de acordo com seu movimento e direção. Esse é um tema importante na medicina ayurvédica, bem como no pensamento iogue (Prana; Apana; Udana; Samana; Vyana).

Os Vedas dizem que os mortais ingerem comida com Apana, ao passo que os Deuses ingerem comida com Prana. Os mortais são os tecidos físicos. Os imortais são os sentidos.

Estes alimentam-se do próprio Prana. A comida propriamente dita sustenta Apana.

Embora todo Pranayama ajude nesse sentido, o mais importante é a respiração com alternância das narinas, que ajuda a equilibrar as correntes de Prana do lado esquerdo e do lado direito. A respiração regular com alternância das narinas é o método mais importante para manter nossos Pranas, ou energias cósmicas, em equilíbrio... Na verdade, como dizem os Vedas, estamos todos sob o controle do Prana. Dizem que o Prana é o Sol que dá vida e luz a todos e mora no coração como o Eu de todas as criaturas. O Prana em nós nos dá vida e nos permite agir. Esse é um dos grandes segredos da Ioga".

Há mais detalhes sobre as koshas na página da Internet já citada acima.

2. Técnicas e efeitos do Pranayama

Trecho da página
http://www.lavecchia.com/pranayama2.html

Nota: *Fazer pranayama requer domínio das asanas e a força e disciplina derivadas delas.*

- ♣ Antes de começar a fazer pranayama, os intestinos devem ser evacuados e a bexiga esvaziada.
- ♣ É preferível fazer pranayama de estômago vazio.
- ♣ Uma refeição leve pode ser ingerida meia hora depois de terminar.
- ♣ A melhor hora para praticar é de manhã cedo, antes do Sol nascer, e depois que o sol se põe. Segundo a *Yoga Pradipika*, o pranayama deve ser praticado quatro vezes por dia, de manhã cedo, ao meio-dia, no começo da noite e à meia-noite.

Ujjayi Pranayama (a respiração da vitória)

* Sente-se em qualquer posição que achar confortável.
* Mantenha as costas retas e a mesma pressão nos ossos do bumbum.
* Estique os braços e descanse a parte de trás dos pulsos nos joelhos.
* Junte a ponta do indicador com a ponta do polegar (esse gesto é conhecido como *Jnana Mudra*, o símbolo do saber. O dedo indicador representa a alma individual e o polegar, a Alma Universal; união = saber).
* Feche os olhos e volte sua atenção para dentro.
* Expire todo o ar dos pulmões.
* Inspire lenta, profunda e uniformemente através de ambas as narinas. A passagem do ar que está entrando é sentida no céu da boca e faz um som (saaa). Esse som deve ser audível.
* Encha completamente os pulmões, com o cuidado de não inflar o abdômen no processo de inspiração.
* Toda a área abdominal, desde a parede pélvica até o esterno, deve ser empurrada para trás, na direção da coluna vertebral.
* Prenda a respiração durante um segundo ou dois.
* Expire lenta, profunda e uniformemente até os pulmões ficarem completamente vazios. Mantenha o abdômen tenso durante alguns segundos e relaxe o diafragma lentamente.
* O ar que está saindo deve se fazer sentir no céu da boca, fazendo um som (haaa).
* Espere um momento antes de inspirar novamente.
* Repita os ciclos durante 5 a 10 minutos, mantendo os olhos fechados.
* Deite-se no chão em *Savasana* (a posição do cadáver).

Efeitos

Esse tipo de pranayama abre os pulmões, remove o muco, dá resistência, acalma os nervos e tonifica o sistema. Ujjayi sem a retenção da respiração e com o corpo reclinado é ideal para as pessoas com pressão alta ou problemas nas coronárias. *Não deixe de consultar seu médico.*

3. *Pranayama – Técnica de respiração com David Wolfe*

Trecho de seu livro The Sunfood Diet Success System (Sistema para o Êxito de sua Dieta de Luz do Sol), em que David Wolfe escreve à página 316:

"Antes de tudo, a respiração controla o nível energético do corpo. Sabemos que tudo é energia – a matéria é somente uma forma de energia congelada. Quanto maior a quantidade de oxigênio disponível para as células, tanto mais energia você tem para realizar seus objetivos e tanto menos comida você deseja. Muita gente come demais porque não respira direito.

Quando se sentir com fome, cansado ou esgotado, uma boa forma de rejuvenescer rapidamente é sair e fazer 30 respirações diafragmáticas profundas... Em minha opinião, o melhor ritmo da respiração diafragmática, que uso diariamente desde os 19 anos de idade, é o 1:4:2.

- Inspire (através do nariz) contando alguns números. O nariz filtra e ao mesmo tempo umedece o ar que respiramos. A placa cribriforme acima do septo nasal também regula a temperatura do ar que está entrando nos pulmões.
- Prenda a respiração e conte até um múltiplo de 4 do número que você usou na inspiração. Isso oxigena inteiramente o corpo e o estimula.

* Expire (através da boca) e conte até um múltiplo de 2 do número usado na inspiração. A expiração elimina as toxinas.

Um exemplo dessas proporções: inspire por 6 segundos; segure essa respiração por 24 segundos; expire durante 12 segundos.

Você também pode experimentar a seguinte técnica de respiração iogue:
* Inspire (através do nariz) contando alguns números.
* Prenda a respiração contando os mesmos números da inspiração.
* Expire (através da boca) contando os mesmos números da inspiração.
* Prenda a respiração com os pulmões vazios contando até um múltiplo qualquer desse número usado na inspiração. Isso cria uma sucção por vácuo que tira as toxinas dos tecidos na inspiração seguinte.

Um exemplo dessas proporções: inspire durante 6 segundos; prenda a respiração durante 6 segundos, expire durante 6 segundos e mantenha os pulmões vazios por mais 6 segundos".

O "poder da respiração" é muito conhecido nos círculos de pessoas que fazem meditação, como eu disse em meu livro *Em Sintonia*, no capítulo intitulado "O Sopro da Vida":

"Dizem que se não mudássemos nada – nem nossos hábitos alimentares, ginástica, estruturas mentais – nada, a não ser nossa maneira de respirar, mudaríamos radicalmente a nossa vida toda.... se reduzirmos o número de respirações por minuto de 15 para 5, triplicaremos nosso tempo de vida.

Independentemente de ajudar a manter e restaurar a saúde e a vitalidade e aumentar a longevidade, o maior benefício de procurar a experiência do 'sopro de vida' (a energia que nos sustenta) é que, devido à Sua natureza muito pura e perfeita, quando entramos em contato com esse Sopro e nos conectamos a Ele, vivenciamos todo um leque de experiências que vão desde uma profunda paz interior, relaxamento completo e um sono melhor até sentimentos avassaladores de alegria e felicidade do Nirvana ou Samadi."

Como diz Choa Kok Sui,

"Obtemos a maior parte de nosso ki ou energia vital do ar que respiramos... Esgotamos constantemente nosso ki ou energia vital com cada pensamento, cada ato de vontade ou movimento dos músculos. Em conseqüência, é necessário nos reabastecermos, o que é possível através da respiração e de outras práticas valiosas."

20. A dança divina – o Dervixe Rodopiante e a bioenergética

Meu livro *Em Sintonia* descreve outras técnicas de respiração, mas recomendo que você pratique até encontrar aquela que dá bons resultados com você. É bom saber que diferentes técnicas de respiração podem ser usadas para objetivos diferentes. A respiração rítmica e profunda, enquanto a gente mantém a inspiração conectada à expiração, sempre foi popular. Se todos no mundo fizessem uma respiração conectada e profunda em momentos de estresse, haveria um número muito menor de doenças. Se todos fizéssemos esses exercícios diariamente e praticássemos o controle mental, não haveria doenças.

Depois de conseguirmos estabelecer um ritmo de respiração profundo, sutil e conectado, obtemos a chave do equilíbrio na dança do Dervixe Rodopiante. Para evitar tonteiras, você se concentra na inspiração como um processo de puxar o ar para dentro e na expiração como um processo de liberar as toxinas para baixo e para fora. Esse foco no movimento para dentro e para fora mantém você centrado e equilibrado.

A DANÇA DIVINA DO DERVIXE RODOPIANTE

Descobrir a dança do Dervixe Rodopiante foi uma revelação maravilhosa para mim e uma forma surpreendente de suprir nossos sistemas de energia. Estudei bioenergética e a forma de aplicá-la à dança durante quase dois anos, quando a DI me orientou no sentido de começar a girar.

Percebi intuitivamente que girar da esquerda para a direita, a primeira técnica dos Cinco Ritos Tibetanos, energizava realmente meu sistema de chacras e também me permitia obter informações da Mente Universal. Uma noite, depois de girar facilmente sem ficar tonta durante mais de uma hora, percebi que tinha sido um dervixe numa vida passada, pois tudo aquilo vinha muito naturalmente para mim, mas resolvi começar a fazer uma pesquisa.

Alguns dizem que a dança dos dervixes rodopiantes tem 700 anos de idade e é uma forma de "polir o coração humano e permitir que a alma se libere para comungar com o divino".

A dança dos dervixes originou-se com o poeta Mevlana Celaledim Rumi, no século XIII; dizem que é uma dança estática de entrega que também requer muita disciplina centrada. Veja o que diz esta página da Internet: *http://www.bdancer.com/med-guide/culture/dervish.html*:

> "*Dervixe* significa literalmente 'porta', 'passagem'. Quando aquilo que é comunicado move-se de presença a presença, ocorre *darshan*, com a linguagem dentro da visão. Quando a atração gravitacional fica maior ainda, os dois tornam-se um, transformando o que é molecular e galático e trazendo uma recordação espiritual da presença que está no centro do universo. Girar é uma imagem de como o dervixe se transforma num lugar vazio onde o humano e o divino podem se encontrar.
>
> *Um giro secreto em nós faz o universo girar. A cabeça sem consciência dos pés, e os pés sem consciência da cabeça. Nenhum deles se importa. Continuam girando.*
> Rumi, *The Essential Rumi* (O Essencial de Rumi), trad. de Coleman Barks, Harper San Francisco, 1995."

UMA TÉCNICA PARA GIRAR

"Durante esse cerimônia religiosa solene, acredita-se que o poder dos Céus entra pela palma direita levantada e passa por todo o corpo, saindo pela palma esquerda abaixada para então penetrar na terra. O dervixe não retém o poder, nem o dirige. Aceita ser o verdadeiro instrumento de Deus e, por isso, não questiona o poder que entra e sai dele. Há uma certa controvérsia em relação à direção na qual girar. Minha (Thais Banu) pesquisa levou-me aos seguintes passos simples:

* Comece lentamente e aumente a velocidade; depois volte ao movimento lento.
* Comece a girar para a direita (sentido horário) com os braços ao longo do corpo.
* Depois de várias voltas completas, levante a palma direita (o braço estica inteiramente) e abaixe a palma esquerda (o braço estica inteiramente).
* Continue girando para a direita várias vezes (o sufi que me instruiu preferia 7 voltas completas).
* AGORA levante a mão esquerda a meio caminho acima do ombro, mas ela não deve chegar à altura da cabeça. Ao mesmo tempo, incline a cabeça de modo que a orelha esquerda fique bem perto do ombro esquerdo. Continue girando para a direita.
* Deixe a cabeça pender para a frente de modo que o queixo fique bem perto do peito e os olhos olhem para o chão. Os braços continuam levantados e você ainda está girando para a direita. Incline a cabeça para a direita, de modo que a orelha esquerda fique bem perto do ombro direito e você passe a olhar para a mão direita. Continue girando para a direita.
* Deixe a cabeça pender para trás e olhe para os Céus. Continue girando para a esquerda.
* Sempre comece a girar para a direita. Só depois de várias voltas completas é que você troca a posição dos braços e

inverte a direção para a esquerda (sentido anti-horário). Sempre se deve terminar com voltas completas para a direita. A cabeça gira e os círculos que ela faz podem ir na direção inversa à das voltas do corpo. Terei muito prazer em receber qualquer comentário ou informações adicionais sobre essa forma fascinante de Dança do Oriente Médio.
Paz, Thais Banu – editora de *Unveiled Thoughts* (Pensamentos Revelados)."

Em minha experiência pessoal, a dança do Dervixe Rodopiante permite muito mais do que foi dito acima. Uma série completa de mudras e exercícios bioenergéticos com raios de luz também pode ser aplicada durante os giros e, depois que você se centra por meio da respiração, pode controlar facilmente a velocidade dos giros.

Com impulso suficiente, você sente de fato como se estivesse imóvel no meio de um furacão, ao mesmo tempo que o corpo físico gira em torno de si mesmo num poderoso vórtice de energia. Parece que seu corpo é um saca-rolhas cósmico, no qual a energia flui através de você até a terra. Dá realmente a impressão de que você não tem peso, que está desafiando a gravidade, parece que você está no centro do universo. Manter a estabilidade e o equilíbrio requer disciplina e habilidade, mas é fácil consegui-las com a prática. O acréscimo de orações, programações e bioenergética torna a dança mais potente ainda e, claro está, o motivo pelo qual você deseja praticá-la e para que essas técnicas possam ser usadas precisa ser examinado.

Recomendo-lhe aumentar aos poucos a velocidade dos giros e o tempo gasto nessa dança, pois se você girar muito depressa, pode acabar sentindo que suas vísceras continuam girando muito tempo depois de parar. O equilíbrio também pode ser controlado se você balançar o corpo mudando o peso de um pé para o outro; aliás, essa é uma boa forma de sair de um giro em alta velocidade.

Nunca conseguirei enfatizar o bastante a importância desse exercício, não só por sua capacidade de energizar todo o nosso sistema de chacras, como também porque dá a sensação de *darshan* com o divino.

A BIOENERGÉTICA

Muitos conhecem o termo bioenergética por causa da obra de Wilhelm Reich. Compreendendo a ligação mente/corpo e vendo todos nós como seres espirituais que estão aqui para ter uma experiência humana, minha forma de trabalhar com os princípios da bioenergética leva a obra de Reich e do dr. Alexander Lowen para outro nível.

A página *www.bapera.com.br/lowen_i.html* tem comentários sobre esse campo:

> "A base do trabalho de Lowen tem três pontos de sustentação: o primeiro é a consciência de si, conhecer as próprias emoções e sentimentos; o segundo é a expressão desses sentimentos, a auto-expressão; e, por fim, a integração de ambos através da posse de si mesmo."

Nosso trabalho é semelhante:

> "No caminho da análise bioenergética, dois conceitos são fundamentais: *pés no chão e entrega*. O primeiro significa enraizar-se, é a auto-sustentação que aponta para a necessidade de uma troca genuína de energia entre o corpo humano e a terra que o sustém. O segundo conceito, entrega, significa uma doação profunda a si mesmo, um relaxamento completo dos processos defensivos arraigados no organismo e que mantêm a situação traumática e

impedem a pulsação vital do organismo. A estrada que leva da doença à saúde vai de uma reação arcaica à ação real, da entrega à redenção. Um terceiro conceito – mais recente – é a graça que, para Lowen, está ligada à espiritualidade."

A combinação da bioenergética com essa Dança Divina resulta no que chamei de Programa IMUR. Com base na obra de Rumi e dando-lhe um viés futurista com a Ciência da Luz Superior do trabalho da bioenergética, podemos conseguir muitas coisas, desde sintonizações do campo de energia pessoal e controle do campo ambiental até controle do campo universal.

Além de ser um anagrama de Rumi, IMUR é a sigla de *Impeccable Mastery of the Universal Realms* (Domínio Impecável dos Reinos Universais); é um programa dos Cavaleiros Cósmicos que se comprometeram a servir de acordo com o Paradigma Universal. Mais informações sobre esse programa podem ser encontradas na Parte 2 de *The Wizard's Tool Box*, meu próximo livro.

Um dos presentes mais valiosos que podemos dar a nós mesmos é o domínio completo sobre nossa estrutura molecular e todos os nossos campos energéticos. Ter domínio significa aumentar o poder de viver num estado de saúde absoluta, regeneração constante e livre de doenças em todos os planos de nosso ser. Para nos livrarmos das doenças, temos de aprender a nos sintonizar. Assim como levamos o carro ao mecânico para uma regulagem, podemos realinhar/recarregar nossos campos energéticos e criar uma saúde perfeita em nossos corpos físico, emocional, mental e espiritual.

Além dessa programação consciente e de nos conceder pensamento de qualidade, sentimento de qualidade e alimentos de qualidade (tanto o alimento prânico quanto aquele derivado de alimentos vivos), também existem muitos exercícios que podemos praticar diariamente para fortalecer nossos campos energéticos e criar primeiro um paraíso pessoal e depois um paraíso global. Não há necessidade de ter uma saúde radiante no paraíso, e a bioenegética é usada para nos dar controle sobre as energias do corpo enquanto aprendemos a nos conectar mais firmemente com o Poder da DI.

A bioenergética gira em torno do controle do campo ambiental e é um sistema de mudras e movimentos que eu gosto de fazer acompanhados de música. Faz parte da Ciência da Luz Superior e pode ser aplicada através do pensamento, da intenção e da ação para criar uma poderosa dinâmica energética em nosso mundo. Permite que aqueles que vivem de luz se mantenham impermeáveis às energias aleatórias do mundo e vivam nesse estado sensível de uma forma positiva para eles e para os outros.

Depois de dois anos de treinamento diário com técnicas básicas de bioenergética, acrescentei-as à dança do Dervixe Rodopiante para criar um poder verdadeiro. De acordo com esse método, lançamos mão de técnicas antigas e novas e as combinamos para criar um poderoso vórtice de energia do tipo "câmara" para comunicação medicinal, telepática e holográfica, para reenergização e muito mais.

Uma rotina regular de bioenergética, combinada ao Programa do Estilo de Vida Prazeroso, altera radicalmente nossos campos energéticos, além de aumentar e redefinir nossa emanação natural. Todos os detalhes desse tipo de controle de campo estão na Parte 2 do livro *The Wizard's Tool Box*.

21. Mitocôndrias – pesquisa de Charles Mills

"Prezada Jasmuheen,
Meu nome é Charles Mills.

No ano passado (1998), terminei o curso de Ciências Sociais, especializando-me em Psicologia (7 matérias em 18). Além disso, um terço das matérias que constituem o curso que fiz são da área de filosofia, com outras em estatística e sociologia. Durante meus estudos, formulei uma teoria relativa à regeneração da energia celular, que passo a descrever:

A: Enquanto fazia um curso de biologia dentro de minha área de psicologia, deparei-me com dois pontos interesssantes num livro didático: que os produtores de energia da célula humana (reconhecidos atualmente) são as mitocôndrias. E que as mitocôndrias têm um DNA diferente do DNA da célula (o DNA mitocondrial é transmitido exclusivamente pela mãe, ao contrário do DNA celular, que é uma combinação do DNA do pai e da mãe) e que, por conseguinte, as mitocôndrias são um organismo que foi introduzido na célula num momento qualquer do passado.

B: A partir do segundo ponto citado acima, ocorreu-me que:

As mitocôndrias parecem agir de forma muito semelhante aos parasitas.

Que parece ter havido uma época (isto é, antes da "infecção parasitária" pelas mitocôndrias) em que as células humanas (não sei coisa alguma a respeito das células animais) funcionaram sem as mitocôndrias.

C: A partir de A1 e B2, segue-se que:

Parece ter havido uma época (isto é, antes da "infecção parasitária" por parte das mitocôndrias) em que as células humanas produziam energia sem o uso das mitocôndrias. E parece que existem pelo menos duas formas de as células adquirirem energia (uma através das mitocôndrias, outras sem elas).

D: Parece-me que aqueles que querem assumir uma posição em relação ao aspecto supracitado de aquisição de energia celular podem ser divididos em três campos:
1. Aqueles que simplesmente descartam a afirmação do livro didático de que a energia celular pode ser adquirida sem as mitocôndrias.
2. Aqueles que não têm a menor idéia de como as células adquiriam energia antes da introdução das mitocôndrias.
3. Aqueles que têm visões específicas sobre a maneira pela qual as células adquiriam energia antes da introdução das mitocôndrias.

E: Parece que aqueles que se encaixam em D1 teriam uma parte bem considerável da comunidade científica contrária a suas idéias.

F: Aqueles cujas opiniões se encaixam em D3 (como os respiratorianos, por exemplo, que acreditam que a energia celular pode ser derivada da energia cósmica) provavelmente sofrem há muito tempo críticas fulminantes do grupo de D2 (como parece típico da crítica 'científica' àqueles que atuam fora das ciências físicas). Mas aqueles que se encaixam em D2 não parecem ter fundamento para desacreditar os que se encontram no campo D3, pois ambos concordam com C1 e C2.

G: A partir do que foi dito acima, parece que os respiratorianos têm tantos argumentos em favor de sua perspectiva quanto quaisquer outros, com base na evidência científica disponível e nas regras da lógica e da argumentação.

H: A partir de um ponto de vista recém-criado em favor do respiratoriano, eu perguntaria se os seres humanos não teriam adquirido energia celular de uma forma qualquer de energia cósmica, e não comiam nada então (a era do 'Jardim do Éden'). Se ao comer (a 'maçã' metafórica), os seres humanos não teriam ingerido as mitocôndrias 'parasitas'. A ingestão das mitocôndrias parasitárias teria levado as células a mudar a forma de o corpo adquirir energia (e, com isso, os seres humanos foram 'expulsos do Jardim do Éden'). Cada geração receberia a maldição do parasita ('o pecado original') da geração anterior. As pessoas podem ser purificadas do parasita ('pecado original') com certos ritos ('batismo'). Quando os cientistas tentam destruir as mitocôndrias da célula, a célula morre. Mas eu me pergunto se as práticas respiratorianas não seriam uma forma de destruir as mitocôndrias sem lesar fatalmente a célula.

I: É fascinante o modo como as idéias de H encaixam-se perfeitamente com as histórias bíblicas e religiosas sobre o Jardim do Éden, o pecado original e o batismo.

J: Deve ser muito fácil descobrir se existe alguma evidência científica convincente que sustente essa teoria: talvez uma amostra de sangue de um respiratoriano pudesse ser analisada por um laboratório de patologia para ver se há mitocôndrias presentes nas células ou não. Se um laboratório de patologia não conseguir fazer esse tipo de análise, descobri na Internet que a James Cook University, North Queensland, tem um microscópio de transmissão de elétrons (em seu Centro Analítico Avançado, creio), que eles acreditam que pode ser usado para investigar as mitocôndrias.

Bem, o que foi dito acima é um esboço básico da teoria. Tenho certeza de que, com mais trabalho, ela poderia ser apresentada de maneira mais clara e interessante, e com uma lógica mais rigorosa. Há uma série de ângulos (como os paralelos com a metáfora religiosa) que aumentariam o interesse pelas questões básicas.

Eu gostaria muito de saber o que você pensa dessa teoria, e se você está interessada em promover a investigação ao longo dessas linhas.

A questão é que pode haver formas de levar as células a voltarem a seu método mais antigo de gerar energia. Seria mais simples se esse processo envolvesse a eliminação das mitocôndrias parasitárias, pois elas são relativamente fáceis de detectar. Mas se a reversão só exigisse teoricamente o 'desligamento' da geração de energia das mitocôndrias, seria um caso mais difícil de confirmar.

Com respeito a qualquer tipo de informação, eu ficaria muito grato com a divulgação de meu endereço".

Charles Mills (bacharel em Ciências Sociais) pode ser contatado pelo e-mail *catfish@catfish.com.au*

Como você pode ver, Charles reconhece que é preciso fazer mais pesquisa sobre essa "teoria"; talvez os leitores interessados nesse campo de investigação queiram entrar em contato com Charles diretamente.

22. Acupuntura e vícios – dr. Michael Smith e dr. Mikio Sankey

Depois de compreender que a capacidade de viver sem comida é apenas o resultado de um modo de vida específico, percebi que, se esse modo de vida puder nos livrar do vício da comida, talvez possa nos livrar de outros vícios também. Como se fosse uma "coincidência cósmica", eu estava em meio à formulação de um *Heroin Addiction Program of Passionate Youth* – H.A.P.P.Y. (Programa para Jovens Passionais Viciados em Heroína) quando me deparei com mais informações.

Eu estava usando uma fórmula de: 1) Oração e internamento; 2) Programação e reformulação da vida; 3) Paixão e criatividade para estimular o desejo; 4) Opção por um modo de vida – amigos, inimigos e outras situações da própria realidade; 5) Meditação e conexões cósmicas.

Mas, depois de lançar esses alicerces, fui orientada no sentido de examinar as linhas energéticas do vício, entre as quais seu corpo luminoso e todos os outros corpos.

Com a pessoa com quem estava trabalhando – um jovem que vou chamar de Percival –, logo vi que seu sistema estava prestes a ter um colapso total. Sua luz estava diminuindo rapidamente e seu sistema necessitava realmente de um empurrão. Sua DI lhe dissera em suas meditações que ele precisava fazer acupuntura e eu também havia recebido a mesma mensagem.

Ao trabalhar com vícios, sempre é maravilhoso trabalhar com a DI, pois Ela está além das personalidades e oferece um apoio mais consistente para a iniciação e nossa missão de servir.

A coincidência cósmica levou-nos à *St. Mary's Church* (Igreja de Santa Maria). Trata-se de um programa que existe em

Brisbane, Austrália, financiado por um grupo de acupunturistas e terapeutas alternativos extremamente dedicados e que trabalham voluntariamente nesse projeto. Usando um programa de cinco pontas de agulhas de acupuntura e um programa de doze passos em relação ao estilo de vida, conseguem ajudar qualquer pessoa viciada em qualquer coisa a se livrar do problema.

Com base no trabalho do dr. Michael Smith, do *Lincoln Detox' Center* (Centro Lincoln de Desintoxicação), do Bronx, em Nova York, Estados Unidos, esse programa foi usado com sucesso antes de ser levado para a Austrália e implementado por esse grupo.

Menciono esse fato aqui porque as pessoas que estão procurando se livrar de seu vício de comida – ou de qualquer outra coisa – antes de passar pelo processo do prana talvez queiram pensar na possibilidade de usar um programa desse tipo. Os detalhes podem ser obtidos com a coordenadora do programa, Deirdre Trocas, fone: +61 7 3856 2409. Sua clínica, que funciona todos os dias na *St. Mary Church no West End* de Brisbane, também está procurando apoio e doações.

Percival está adorando esse tratamento e seu modo de vida está mudando lentamente. Como todos nós, ele compreende que só o seu desejo de se livrar do vício pode levá-lo a se livrar dele efetivamente. Todo o resto é apenas um instrumento, uma ponte para uma vida nova.

Recomendo-lhe que procure fazer o programa dos cinco pontos de acupuntura junto com o plano de 12 passos para o tratamento de qualquer vício do qual você possa estar querendo se livrar.

O dr. Mikio Sankey – um bom amigo que vive em Los Angeles – publicou um novo livro intitulado *Esoteric Acupuncture – Gateway to Expand toward Healing* (Acupuntura Esotérica – Porta para a Expansão que Leva à Cura), no qual diz o seguinte:

"O principal foco de interesse da acupuntura esotérica é equilibrar o qi e o fluxo de qi nos vários sistemas corporais".

O dr. Sankey usa tratamentos de acupuntura que criam "uma conexão firme e harmoniosa com os reinos espirituais superiores", e também emprega a medicina vibracional chinesa.

O novo programa de acupuntura esotérica do dr. Sankey é resultado de mais de 30 anos de pesquisa e experiência pessoal com esse saber antigo. Combinando suas pesquisas e experiências com a medicina chinesa, Mikio também aplica seus talentos de iridologista, naturopata, reflexologista e acupunturista. Ele promove o controle da mente e do corpo através da prática de ioga, tai chi, qigong, meditação, pranayama e uma dieta vegetariana saudável de alimentos orgânicos frescos. Uma dieta sem álcool, sem açúcar, sem cafeína, sem remédios e sem nicotina também é recomendada para se ter ótima saúde.

Sim, a acupuntura, como o sistema de cinco pontos da orelha que Percival está usando agora, estimula os campos energéticos dos corpos. Mas esse tratamento precisa ter o apoio do que Mikio e inúmeros outros recomendam, que é um refinamento de nosso modo de vida básico. A homeopatia e a cinesiologia também ajudam a equilibrar os corpos emocionais à medida que nos libertamos de nossos vícios – inclusive o vício de comida.

Os Embaixadores da Luz recomendam que você faça uma consulta com terapeutas alternativos e com pessoas que ensinam e praticam uma medicina holística para ajudá-lo a criar seu próprio estilo de vida prazeroso. Examine a dieta, a meditação, a ginástica e todas as coisas que discutimos nos capítulos sobre estilo de vida prazeroso. Muitos Embaixadores descobriram que, embora as sessões de psicoterapia sejam benéficas no tratamento de vícios emocionais, a proposta de um modo de vida prazeroso também precisa ser posta em prática. Dietas saudáveis, meditação regular, exercícios diários e criatividade, tudo isso ajuda a mudar os hábitos, substituindo-os por outros mais positivos. Encher os momentos de maneira afetiva e benéfica é um talento que se aprende.

Independentemente de sermos viciados em drogas farmacêuticas ou recreativas, ou em sexo, amor, trabalho significativo, prazer ou comida, álcool ou cigarros, a única pergunta a fazer é: "Será que nossos vícios permitem que sejamos pessoas saudáveis e felizes?"

Se a resposta for "não", aproveite a rede maravilhosa de terapeutas alternativos de talento que agora estão a serviço do mundo.

Para alguns, ajustar-se à vida depois do programa do prana também se assemelha a livrar-se de um vício. Ankara, uma das Embaixadoras da Luz da Suécia, escreve:

"No início eu escutava uma voz toda manhã, que dizia: 'Estou vivendo sem comer.' Eu me sentia especial, agradecida porque o Divino estava cuidando de mim, quase temerosa de contar aos outros, sem querer falar a respeito. Depois veio uma época em que percebi que podia tomar leite com chocolate e saborear coisas às quais eu era muito sensível antes. Aquela que nunca se permite o que deseja (as coisas boas da vida, simbolizadas pelo sorvete, por biscoitos de chocolate) acordou em mim, admitindo que EU QUERO ISSO! E a criança que nunca teve o bastante das coisas boas quando elas lhe foram dadas, juntou-se à outra: QUERO MAIS!

Depois desta, a disciplinada fez-se ouvir novamente: PARE COM ISSO! AGORA! Você não tem o direito de saborear coisa alguma por uma semana no mínimo. Depois a voz do Divino também voltou, dizendo: 'Não se concentre na comida, concentre-se naquilo que enche seu coração de felicidade. E EU ME JOGUEI NOS BRAÇOS DA DI e deixei as vozes continuarem falando, e tive certeza de que, se tinham cuidado de mim até agora, tudo acabaria resultando no maior bem possível para mim no futuro.

LLL-Ankala."

23. Prana – o misterioso tijolo da construção do Universo

Uma possível explanação da vida, de Deus e de tudo?

O que há milhares de anos os sábios indianos chamava de "prana", os chineses antigos chamavam de "chi" ou "ki" e os druidas denominavam de "od" ou "id". Parece que todos concordam que o prana é a força vital, mas pequeno demais ou sutil demais para ser percebido por qualquer tipo de instrumento ou mecanismo de medida, ao menos até hoje.

A ciência moderna descobriu que nosso mundo aparentemente sólido vibra numa dança eterna de átomos rodopiantes. Estes, por sua vez, consistem de partículas menores ainda que, finalmente, revelam ser energia pura (prana), densificada em várias ondinhas e conglomerados para formar a matéria.

Em geral, há duas coisas que entram em nosso corpo quando respiramos. Uma é o ar e a outra é o prana, a energia pura da força vital propriamente dita, mais vital que o ar para nossa existência. Se você ficar sem ar, vai ter alguns minutos antes de morrer; se ficar sem água, vai ter mais tempo; e se ficar sem comida, vai ter mais tempo ainda; mas, se ficar sem o prana do espírito, a morte é instantânea.[1] Portanto, assimilar o prana junto com a respiração é absolutamente crucial na manutenção de nossa vida.

O prana não está somente no ar, está em toda parte. Não há parte alguma onde não esteja; existe até no vácuo ou vazio. Nada existe sem prana, nem animado, nem inanimado. O prana é o menor tijolo que existe, é uma miniatura do tijolo da vida, é a mais refinada, a mais sutil das energias sutis, ele cria e sustenta simplesmente tudo (a matéria física, os pensamentos, os sentimentos, etc.). A meu ver, o prana é energia criadora de dimensão superior e inseparavelmente conectada ao espírito, a Deus.

Sempre me interessei pelo prana e por suas faculdades espirituais. Depois de participar durante muitos anos do movimento *Rebirth* (Renascimento), descobri que os efeitos impressionantes que testemunho constantemente numa "respiração" simplesmente não podem ser produzidos só pelo teor de oxigênio acumulado na sessão ou só pela minha orientação. Sempre parece haver uma inteligência interior em atividade, que me sugere indubitavelmente uma conexão com o divino.

Nesse caso, o que acontece de fato durante uma sessão de respiração? Nós, os seres humanos, somos um intrincado sistema energético de quatro corpos, os corpos físico, emocional, mental e espiritual – feitos de prana em vários estágios de densificação (isto é, comprimentos de onda ou harmonias vibratórias). Cada um desses corpos é um campo de energia eletromagnética em forma de um sistema de grades, que ressoa numa freqüência específica não muito diferente de um banco de memória de um computador eletrônico. Cada um desses corpos funciona num plano diferente e realiza interações vitais. Por exemplo: processa informações, tem memória e realiza uma miríade de outras funções. Os quatro corpos são ligados pelo sistema de chacras.

Quando desalinhada (por causa de um choque, trauma, emoções), a malha dessas grades coleta energias sutis densificadas (sentimentos reprimidos, estruturas disfuncionais de pensamento, etc.) que estão passando. Essas energias não processadas ficam presas no sistema. Ao passar pelas camadas, os pensamentos densificam-se em emoções, as emoções densificam-se em sensações físicas e, finalmente, solidificam-se em sintomas físicos – mal-estar e doença.

Respirar intencionalmente, de uma forma consciente e conectada, aumenta o teor de prana das quatro camadas do sistema de grades. Acumular prana nos corpos ajuda a realinhar as grades, energizando-as, o que aumenta suas freqüências vibratórias. Isso, por sua vez, estimula simultaneamente todos os quatro sistemas de grades no sentido de se sintonizarem numa freqüência mais elevada, e eles procuram automaticamente alcançar um estado de unidade, um estado de equilíbrio. Através do realinhamento, as energias densificadas presas se soltam e são levadas pelo prana flutuante livre até a superfície eletromagnética (consciência). Aqui elas são processadas por meio de uma repetição da experiência e liberadas como pensamentos, emoções ou sensações. Esse processo deixa o sistema mais limpo, rea-linhado e conectado.

Como dissemos alguns parágrafos acima, o prana está em tudo e tudo consiste em prana. Deus (a Fonte, o princípio criador) também está em tudo – por definição – e tudo consiste em Deus e através Dele/Dela. Portanto, para mim está claro que o prana deve ter uma natureza divina e tem de ter uma conexão direta com a Fonte.

Como o prana é espírito puro, o "respirador" em geral se conecta à Fonte numa sessão de respiração através do corpo espiritual. Entre as experiências, temos a sensação de um fulgor interno quente, de sermos amados e estarmos sendo cuidados, revelações místicas e consciência da unidade durante a fase de integração. Outro subproduto fascinante dessa técnica de respiração é que ela facilita a conexão permanente com o Eu Superior. Inicialmente, você só estabelece contato com seu Eu Superior, mas, com o tempo, você estabelece uma conexão consciente e permanente com seu saber interior, A Divindade Interior (DI) e com a verdadeira natureza de sua alma, que está em experiência humana.

As informações mais recentes sugerem que, em uma época remota, nós estávamos de fato conscientes e continuamente conectados ao suprimento infinito de prana, e vivíamos exclusivamente dele. Há não muito tempo – cerca de 13 mil anos atrás –, antes que a última alteração da posição dos pólos apagasse nossa memória consciente desse processo (como afirmam Drunvalo e Bob Frissel), respirávamos de uma tal forma que, embora o ar entrasse pela nossa boca e pelo nosso nariz, também assimilávamos prana pelo alto da cabeça – pela fontanela ou moleira. Ao mesmo tempo, absorvíamos o prana por baixo, através do períneo. Se você observar com cuidado a forma como os bebês recém-nascidos respiram, vai ver exatamente isso – uma delicada pulsação na fontanela e no períneo. O canal do prana atravessa o corpo como um eixo vertical e tem cerca de 5 cm de diâmetro. Estende-se a uma distância correspondente ao comprimento da mão acima da cabeça e abaixo dos pés, e conecta-se com o campo de energia cristalina (Mer-Ka-Ba) em torno do corpo. O prana flui para dentro vindo da parte de cima e de baixo do corpo, e essas duas correntes se encontram num dos chacras. O chacra em que o prana de cima se encontra com o de baixo depende daquilo com que você está "sintonizado" mental, emocional e dimensionamente.[2]

Depois que a posição dos pólos se alterou, paramos de respirar dessa maneira e começamos a assimilar o prana através da boca e do nariz diretamente do ar. Depois o prana passa pela glândula pineal, no centro da cabeça. A glândula pineal é um olho – o terceiro olho – e não a hipófise (antigamente chamada de pituitária), como muitos pensavam. Tem a forma de um globo ocular, redonda, oca, com uma lente para focalizar os receptores de luz e cor. Foi concebida para receber a luz vinda de cima e dirigi-la instantaneamente para todas as células do corpo.

Normalmente, essa glândula deve ter mais ou menos o tamanho de uma moeda de 25 centavos, mas em nós ela ficou do tamanho de uma ervilha porque não a usamos durante cerca de 13 mil anos.[3]

O resultado direto dessa redução da pineal é a polaridade da consciência entre bem e mal, certo e errado. Por causa de nossa forma de respirar, vemos as coisas em termos de bem e mal; mas, na verdade, a Unidade é tudo quanto existe; há apenas um Deus e um Espírito que se move através de tudo.[4]

Quando conheci Jasmuheen, há dois anos e meio, numa conferência internacional dos Trabalhadores da Respiração (GIC), as coisas ficaram realmente interessantes para mim. Nessa ocasião, ela falou sobre a possibilidade de viver sem comida, de viver de luz, de ser sustentado exclusivamente pelo prana (que era a forma como vivíamos na época em que utilizávamos o canal do prana). Tudo quanto você tem a fazer é se conectar com A Divindade Interior (DI) e permitir ser alimentado por Ela através de uma fonte alternativa de alimento, a forma de energia mais refinada e pura que existe, pela própria Divindade, pelo prana.

Isso me empolgou muitíssimo, principalmente porque minha reação interna imediata foi um enorme SIM! Na verdade, gostando muito de comer e cozinhar e com uma tendência muito grande de comer demais, fiquei surpreso por ter tido essa reação. Mas, com o passar do tempo e com meu envolvimento crescente com o exemplo dela (e de milhares de outras pessoas que, nesse meio tempo, realizaram esse processo de reprogramação de 21 dias e tiveram êxito), tornou-se muito claro para mim que viver de prana é uma realidade e uma possibilidade de expansão da mente. Ser capaz de viver exclusivamente de energia significaria para mim uma prova definitiva de que sou um ser de luz, que não sou o meu corpo, e sim algo muito mais refinado e abrangente. Sempre soube e senti isso intuitivamente, mas até o momento não tinha tido nenhuma prova. A teoria de Jasmuheen, por mais estranha que fosse, fez o maior sentido para mim. A informação do canal do prana, minha crença inabalável de que o prana está em tudo e tem uma natureza divina e minha conexão firme com a DI simplesmente intensificaram em mim a vontade de testar essa possibilidade.

A boa notícia é que, se estiver bem preparada e confiante, qualquer pessoa pode realizar o processo de 21 dias. Você não precisa ser um santo, o que certamente teria me excluído. O maior desafio para mim era dispor realmente de um mês de folga em minha agenda completamente lotada. Tive de esperar quase dois anos antes de ter uma chance. Em retrospecto, é claro que esse período de espera foi muito importante, pois me deu a oportunidade de pesquisar com mais profundidade e de conversar com montes de pessoas que já tinham passado pelo processo. Com seus relatos e experiências, cheguei ao ponto de saber, sem nenhuma sombra de dúvida, que é realmente possível viver de luz, viver de prana.

Minha companheira Yamini, que também havia conhecido Jasmuheen nessa conferência e teve a mesma reação que eu, conseguiu tempo para realizar seu processo dois meses antes de mim. Vê-la passar pelo processo com todos os seus desafios, mas sair dele renovada e transformada, com mais poder e pés no chão, inspirou-me ainda mais. E então, finalmente minha hora também chegou. Não vou entrar nos detalhes do processo aqui, pois não disponho de tempo nem de espaço para fazer isso agora, mas foi uma fase impressionante, embora comum. Senti-me totalmente mudado, mas, curiosamente, ainda era o mesmo. Uma transição clara acontecera em mim, inclusive um realinhamento completo de meu corpo e estrutura física, e, apesar disso, eu ainda sentia "que era eu mesmo", só que com uma diferença. A diferença mais óbvia é, claro está, que não preciso mais comer.

Para mim agora faz mais de 160 dias (mais de cinco meses) que parei de comer, e Yamini já passou da marca dos 200 dias a essa altura. Nosso peso se estabilizou, nossos níveis de energia são altos e participamos plenamente da vida. Yamini faz ginástica regularmente na academia, ao passo que eu, evidentemente, ainda não tenho tempo para isso – como de hábito (pois às vezes trabalho até 16 horas por dia). Agora nossas perguntas iniciais de "Será que isso funciona mesmo?" já desapareceram por completo. Ambos sabemos com certeza que estamos sendo inteiramente sustentados somente pela energia prânica – o que é surpreendente. Um milagre aconteceu de alguma forma e, mesmo assim, tudo parece muito normal e comum para nós.

Estou comparando o processo (e o fato de não precisarmos mais comer) a andar sobre brasas. Você só pode fazer isso com segurança quando tem certeza absoluta de que pode fazê-lo. Se tiver alguma dúvida, você vai queimar os pés; com esse processo, é a mesma coisa. Enquanto tiver dúvida e descrença, será impossível para você realizá-lo. Isso me parece a prova cabal de que o pensamento é criativo, que criamos conscientemente a nossa realidade em qualquer momento e que há possibilidades fantásticas lá fora que ainda não exploramos.

Como já disse antes, o prana tem uma natureza eletroma-gnética. Isso sugere que é possível carregar e programar o prana com a energia de seu pensamento intencional e que você pode usá-lo para a criação e a cura conscientes, para você e para o bem supremo deste planeta e de seus habitantes. Portanto, se você estiver interessado em questões globais e quiser fazer uma contribuição real, comece inspirando amor e luz e expirando amor, paz, compaixão e intenções positivas com vistas ao bem supremo da humanidade. Crie sua própria realidade, sua própria versão do paraíso na Terra e irradie sua carga pessoal (que espero ser) positiva. Divirta-se!

Com amor e luz,
Gerd Lange
Co-diretor do *London College of Holistic Breath Therapy*
Member of BRS
Fone: 0044-208-455 2420
e-mail: *gerdlange@cerbernet.co.uk*

Notas

1. e 4. Bob Frissel: nada que está neste livro é verdade, mas é exatamente assim que as coisas são.

2. e 3. Drunvalo Melchizede: *Flower of Life*.

24. A hipótese sobre o jejum prolongado – pesquisa do dr. Sudhir Shah sobre Hira Ratan Manek (atualização feita em março de 2002)

É um caso único. Você vai concordar que ninguém nunca ouviu falar desse jejum jainista contínuo e prolongado com objetivos religiosos (divulgação do Lama Ahimsa e outros Lamas elevados) e científicos (para criar consciência da energia do Sol), e voltado também para solucionar a quádrupla crise humana (física, mental, alimentar e neurológica) sob escrupulosa supervisão médica. É simplesmente fantástico e absolutamente impressionante, mas não é um mito. Não está acontecendo no Himalaia ou em selvas distantes. Está acontecendo em Ahmedabad, Gujarat (Índia), na presença contínua do público e sob rigoroso acompanhamento e supervisão de uma equipe médica especializada.

Não há motivos para ser cético. Qualquer um pode vir pessoalmente, olhar e averiguar. Nós, médicos, fizemos isso durante todos esses meses, e algumas pessoas ficaram com ele o tempo todo. E também vários visitantes o vigiaram durante dia e noite. O sr. Hira Ratan Manek completou 411 dias de jejum no dia 14 de fevereiro de 2001. Começou no dia 1/1/2000. Estava em jejum total por causa do jainismo. Consumia água fervida diariamente só entre as 11:00 da manhã e as 04:00 da tarde; nenhum outro líquido e nenhuma comida. Nenhum tipo de injeção. Foi mantido completamente isolado e sob observação rigorosa.

O *check-up* médico começou alguns dias antes do programa de jejum e continuou até hoje. Consiste em tomada diária do pulso, pressão sangüínea, respiração, temperatura, consumo de água, eliminação de urina, verificação do peso, etc. e exames de sangue e bioquímicos relevantes (básicos e alguns avançados) feitos periodicamente, isto é, uma vez por mês ou a cada quinze dias, tudo por escrito. Os eletrocardiogramas são feitos regularmente, ultra-sonografia, eletroencefalograma, tomografia computadorizada e ressonância magnética do cérebro foram feitos depois de um ano, e uma equipe formada por clínicos gerais, médicos especializados, cirurgiões, cardiologistas, endocrinologistas e um neurologista tem examinado regular e periodicamente o senhor Hira desde o primeiro dia de jejum. Exceto pela perda de 19 quilos (agora seu peso se estabilizou, sem que se registrasse nenhuma perda durante 3 meses), uma leve redução do número das pulsações e da pressão sangüínea e uma clara redução da freqüência respiratória (de 18 por minuto passou para 10), surpreendentemente não há nenhuma anormalidade médica. Até mesmo o cérebro e as faculdades mentais estão absolutamente normais. Não se descobriu mais nada. Ele parou de evacuar depois do 16° dia de jejum e a eliminação de urina foi mantida entre 600 e 800 ml. O nível da glicose no sangue está entre 60 e 90. Não há acetona. Todos os outros parâmetros estão normais.

É simplesmente impressionante, não é? E que hipóteses teríamos para explicar o fenômeno? Como a ciência o vê? Para a ciência, em circunstâncias normais de inanição prolongada (numa situação acidental ou extraordinária), o ser humano perde peso rapidamente. Primeiro a gordura é utilizada. As cetonas aparecem na urina na segunda semana. Depois as proteínas são queimadas. Antes disso, a pessoa fica deprimida, letárgica e irritável, o raciocínio lógico falha e seus parâmetros vitais caem; e entre 8 e 10 semanas, a existência física entra em risco, segundo a ótica da ciência. Aqui não houve esses efeitos deletérios.

Como explicar o acontecido? Como funciona a matemática de sua energia? Como ele ainda está intacto, com o intelecto normal, com a função mental normal? Embora até agora não exista uma tese sólida (pois este é o primeiro evento no mundo com supervisão médica), há uma hipótese científica com alguma lógica. Explica bastante coisas mas também deixa algumas perguntas sem resposta, para as quais todos nós podemos buscar soluções. Mas, ao mesmo tempo, também abre vários caminhos novos nos quais trabalhar nos próximos tempos (como a questão da obesidade).

A hipótese tem quatro passos básicos para explicar a matemática do metabolismo energético: (1) redução da necessidade de calorias por adaptação crônica; (2) obtenção de energia básica proveniente de fonte cósmica, principalmente a "energia solar"; (3) utilização da energia de uma forma eficiente, e reciclagem dela no corpo; (4) uma disposição corporal genética ou fenotipicamente diferente.

(1) Síndrome da Adaptação Crônica: assim como o corpo e a mente se adaptam a um estresse crônico de uma forma saudável, em comparação com um estresse agudo, a adaptação do corpo a um jejum prolongado (mais de 30 dias) também deve ser diferente em comparação à adaptação a um jejum agudo (de 3 a 15 dias, por exemplo). Ninguém sabe qual é o ponto exato em que o corpo se adapta cronicamente, mas 30 dias parece um tempo razoável, embora possa variar de um indivíduo para outro. É uma espécie de hibernação, por assim dizer. A matemática rotineira das calorias parece lógica e bastante aplicável ao jejum agudo, onde as gorduras são utilizadas primeiro, depois aparecem cetonas na urina e começa a perda de peso; a massa muscular reduz-se e as funções vitais e a capacidade mental começam a reduzir sua velocidade. Desse modo, no jejum agudo, a energia

dissipada deve vir das fontes armazenadas no corpo para haver a correspondência de 1:1 em termos de consumo de calorias e sua utilização. Na adaptação crônica, o metabolismo do corpo fica mais lento. As necessidades do corpo são reduzidas ao mínimo. Isso é possível regulando para menos a função celular e a função dos receptores. Portanto, há uma alteração do metabolismo da energia ao absolutamente mínimo possível. O oxigênio e a água são fornecidos às células como coisas básicas. Nesse estágio, o centro da fome fica deprimido e o centro da saciedade é ativado. Por isso não há qualquer sensação de fome ou desejo intenso por comida. Pode ser possível a um indivíduo assim realizar atividades rotineiras com uma quantidade muito pequena de energia ou calorias – no nível de 500-600 – para sustentar o metabolismo celular.

(2) Obtenção de Energia de uma Fonte Cósmica – Energia Solar: por menor que seja a quantidade de energia necessária, ela tem de vir de alguma fonte. Se ele está vivendo apenas com água fervida – que, segundo a perspectiva científica, não tem nenhum valor calórico –, será que a água fornece alguma energia? O mais provável é que ele esteja assimilando energia de uma fonte cósmica. Por isso a matemática da energia é uma hipótese mais plausível que a matemática das calorias, um conceito que vale a pena tentar compreender.

De todas as fontes cósmicas, o Sol é a fonte mais vigorosa e acessível, e tem sido usada como fonte de energia por sábios e *rishis* desde os tempos antigos, inclusive Mahavir, lamas tibetanos e outros *rishes*. Repetindo: a questão é como a energia do Sol é recebida. O cérebro e a mente são os receptores mais importantes do corpo humano. A retina e a glândula pineal (o terceiro olho da alma, segundo René

Descartes) são equipadas com células fotorreceptoras e podem ser considerados órgãos foto-sensíveis. Assim como o reino vegetal prospera com a clorofila e a fotossíntese, dependendo diretamente do Sol, da mesma forma algum tipo de fotossínese deve acontecer, se adotarmos a hipótese da energia do Sol.

Essa energia deve entrar no corpo por meio de formas complexas e canais distintos. Há um canal que vai das retinas até o hipotálamo, chamado trato retino-hipotalâmico. Esse complexo dá informações sobre os ciclos de claridade e escuridão ao núcleo supraquiasmático (NSQ) do hipotálamo. A partir do NSQ, os impulsos ao longo do nervo viajam através do nervo pineal (sistema nervoso simpático) até a glândula pineal. Esses impulsos inibem a produção de melatonina. Quando esses impulsos param (à noite ou no escuro, quando a luz não estimula mais o hipotálamo), a inibição da pineal cessa e a melatonina é liberada. A glândula pineal (ou terceiro olho) é, portanto, um órgão fotossensível e um relógio importante para o corpo humano. O processo inexplorado de síntese e transformação de energia a partir da energia solar talvez ocorra aqui, ao menos em parte.

Depois de estudar os detalhes da literatura científica recente e também de compará-la com os textos espirituais da Índia antiga, e também com teorias do ocultismo e da Nova Era ocidentais, certas coisas ficam evidentes. A ativação da glândula pineal é a chave dos processos de transformação psíquica, espiritual e energética. Nessa glândula é que ocorre o processamento e a redistribuição da energia. A glândula pineal é o comandante de todas as glândulas endócrinas, controlando, portanto, o sistema humeral. Também regula o ritmo circadiano, o ciclo de sono/vigília, além de retardar o processo de envelhecimento. Sua ativação pode ser conseguida com técnicas prolongadas de ioga e meditação ou pela prática da energia solar. Esta última não usa os passos clássicos da ioga. A pineal também inibe o crescimento e metástase de certos tumores. Tem um efeito estimulante sobre o sistema imunológico. Nos pássaros e outros animais, apresenta um material magnético e é, portanto, o centro de navegação das aves.

Alguns cientistas estão estudando as propriedades magnéticas – navegatórias – da glândula pineal nos seres humanos. Portanto, a ativação da pineal e seu carregamento por meio da energia solar é o passo vital, a entrada para a rodovia energética. Em outras palavras, é a ativação de Kundalini Shakti. A glândula pineal normal mede 6 X 8 mm no corpo humano. Segundo os relatórios dos exames de tomografia computadorizada e ressonância magnética de Hira Ratan Manek, a sua mede 8 X 11 (maior!). Isso pode explicar indiretamente o importante papel da glândula pineal na transformação de energia. Mas é preciso dizer que a pineal anatomicamente maior não implica necessariamente uma hiperfunção.

Desde que a humanidade passou a ignorar a glândula pineal e suas funções psíquicas e espirituais, ela caiu no plano meramente físico-material e sofrimentos intermináveis se abateram sobre ela. Agora a humanidade tem de reaprender a ativar a pineal e os outros corpos psico-espirituais, tanto através da dinâmica da energia cósmica quanto da prática de Rajyoga, das técnicas tântricas ou outras metodologias desse tipo. Dizem que a Kundalini Shakti é ativada com essas práticas, e o resultado é felicidade, bem-aventurança e paz. Essa energia luminosa pode ser transformada em energia elétrica, magnética ou química no corpo. Depois de processada, essa energia precisa ser transportada e armazenada em algum lugar. Na verdade, a forma última de toda energia é a luz. Energia e luz podem ser transformadas em matéria e voltar a ser energia e luz de novo.

O hipotálamo é o comandante do sistema nervoso autônomo e a glândula pineal está nas proximidades desse sistema; por isso é lógico que o transporte da nova energia possa ativar esse sistema ou utilizá-lo como veículo.

Os nervos parassimpáticos e seus hormônios e substâncias químicas podem ser mais úteis que o sistema simpático. Como o sistema simpático aumenta as necessidades corporais (como pensar, combater o estresse, excitação, etc.), sabemos que o sistema parassimpático reduz as necessidades de energia. Mantém a pessoa serena e em paz mental e altera as necessidades metabólicas, regulando-as num nível mais baixo e fazendo a pessoa adormecer. Talvez existam outros hormônios ou substâncias químicas. O papel do lobo temporal e do sistema límbico também pode ser importante. Talvez funcione como um regulador ou receptor, e pode estar envolvido psiquicamente no direcionamento da energia para os canais competentes. Talvez no fundo dos sistemas límbicos ou em partes da *medulla oblongata* essa energia acabe sendo armazenada de tempos em tempos, podendo ser reativada, carregada ou reciclada. A *medulla oblongata* tem todos os centros vitais e, por isso, poderia ser o celeiro da energia vital.

Portanto, existem receptores de energia, processadores, analisadores, transformadores e armazéns para explicar a logística da energia. Como essa matemática da energia é diferente da matemática dos alimentos e calorias, que usamos normalmente, vamos chamá-la de utilização de microalimentos ou utilização dos alimentos pela mente (Manobhakshi Aahar). Aqui falamos da energia solar, mas pode-se usar qualquer fonte do cosmo, como o ar, a água, as plantas, a terra, etc. Isso pode ser chamado de *Surya vigyan*, mas também existe *Chandra vigyan* e *Vanaspati vigyan*, como mencionam os textos antigos.

Além da retina e da glândula pineal, a pele e outros órgãos dos sentidos podem ser responsáveis pela obtenção de energia. Em resumo: isso abre possibilidades fantásticas. Esse microalimento pode resolver crises de fome na Terra e, na verdade, é a única comida possível no contexto presente para alguém que quer ser um viajante espacial de longo prazo, ou chegar a um outro planeta. Incrível! Está na hora de notar que nossa comida habitual não é a única fonte de sustento do corpo. O papel da mente, qualquer quer seja, nesse processo (isto é, no passo II, de assimilar a energia do Sol e transformá-la no interior do corpo), talvez seja o papel crucial. Todos sabem que a mente tem uma capacidade enorme; a alma tem mais ainda, talvez uma capacidade infinita. Por meio da energia do Sol e da meditação, faculdades fantásticas são ativadas, faculdades que trarão tranqüilidade à mente e que também vão diminuir a velocidade do metabolismo, como menciona o passo I.

A mente pode fazer tudo, inclusive o que chamamos de milagres. Pode revitalizar o corpo, curar doenças, saber de coisas futuras e manipular as leis da física. Até hoje não se sabe muito bem se a mente é uma entidade distinta ou a própria glândula pineal. A fé e as bênçãos dos iogues e gurus têm o papel de sustentá-los em situações adversas. Nos tempos religiosos, com espíritos elevados e uma atmosfera refinada, algumas pessoas faziam coisas inusitadas, como andar sobre brasas ou transpassar o corpo com espadas, sem que seu corpo nada sofresse, e até hoje alguns jejuam sem que seu corpo nada sofra; esses fenômenos talvez ajudem a pessoa a passar pelo período de problemas fisiológicos até seu corpo entrar na fase da adaptação.

(3) Economia de Energia de forma eficiente e reciclagem da energia dentro do próprio corpo: aqueles que são cronicamente

privados de energia aprendem a utilizar a energia disponível de maneiras mais eficientes – de tal modo que mesmo quando dispõem de muito pouca energia, o metabolismo e as funções vitais, entre as quais o sistema nervoso, nada sofrem. Isso tem a sua lógica e podemos imaginar isso acontecendo com indivíduos surpreendidos por calamidades naturais, ou aqueles abandonados no mar, ou sobreviventes em grandes altitudes depois da queda de um avião, etc., que conseguem sobreviver por vários dias ou semanas sem comida. Além disso, também podemos apresentar a hipótese de que essas pessoas podem estar reciclando a energia de seu próprio corpo. Isso pode ser feito através de mecanismos complexos, envolvendo órgãos nervosos e umerais. A energia solar dissipada através do corpo pode ser absorvida pela terra, e o fato de andar descalço, com os pés em contato direto com o solo, e de tomar Sol talvez ajudem na absorção dessa energia pela pele dos artelhos e pela planta dos pés, como Sri Hira Ratan Manek faz regularmente e sempre aconselha os outros a fazerem para reciclar sua energia. Esse processo pode estar relacionado aos princípios da acupuntura ou da reflexologia.

(4) Genética ou fenotipicamente, uma disposição diferente do corpo: também devemos examinar esse aspecto com o maior cuidado, pois ele abre espaço para uma discussão importante – se todo e qualquer indivíduo pode usar a energia solar e, se puder, se o grau de eficiência é sempre o mesmo. Só o tempo pode responder essa pergunta. Mas é possível que cada indivíduo tenha um código genético diferente, e também que cada corpo tenha diferentes capacidades físicas. Por isso, uma certa pessoa pode ter capacidade de receber mais facilmente essa energia solar, de transformá-la e armazená-la de forma melhor e também de utilizá-la mais eficientemente, e até de reciclá-la – embora uma outra

talvez não consiga fazer isso na mesma medida. Por isso é necessário fazer experimentos com voluntários e controle populacional, se possível numa base aleatória. Mas, deixando esse fator de lado por enquanto, é possível que muita gente possa fazer esse experimento com supervisão e ter êxito. O *check-up* do corpo antes e principalmente o *check-up* retinal-oftálmico são obrigatórios, e, com orientação médica rigorosa, um experimento com voluntários pode ser feito.

Se essa teoria puder ser generalizada, pode mudar o destino da humanidade. Antes de mais nada, a crise alimentar será resolvida. Com a ativação dessa energia suprema do corpo, a sua transformação em formas elétricas, químicas e magnéticas, a pessoa pode não só ficar livre de doenças como adquirir uma saúde positiva com uma aura vibrante. Seu brilho pode impressionar até os inimigos, e a inimizade pode dissolver-se. Com o aperfeiçoamento das faculdades mentais e intelectuais, a pessoa pode ter condições de usar o poder mental em até 90% ou 100% de sua capacidade, em contraposição aos 3% a 10% que normalmente usamos. Será o reinado da paz e da prosperidade. Como não haveria comida, os maus pensamentos e sentimentos acabariam, de modo que a paz eterna seria o resultado natural.

Essa possibilidade também vai questionar a matemática calórica dos procedimentos comuns, pois ela questiona a ciência baseada no consumo de calorias. Suas limitações serão enfatizadas, ao mesmo tempo que questões complexas como obesidade e desnutrição podem ser facilmente explicadas com o conceito de energia solar. É possível que os obesos, embora não comam em excesso, assimilem energia de fontes cósmicas, o que explicaria sua obesidade. Desse modo, o conceito de energia cósmica pode ser usado para uma elevação incrível da humanidade em termos físicos, mentais, intelectuais, supramentais e espirituais. Portanto, um trabalho extensivo de pesquisa científica deve ter início imediatamente, realizado pelas autoridades competentes, entre as quais equipes de biocientistas e médicos, que podem responder todas essas perguntas."

Referências ao estudo de caso do sr. Hira Ratan Manek: jejum de 411 dias; 375 dias de jejum completados em 9/1/2001.

O dr. Sudhir V. Shah, M.D. (Master Doctor, ou seja, tem mestrado em medicina), trabalha como neurologista no Complexo Sangini 206-8, perto da Parimal Crossing, Ellisbridge, Ahmedabad – 380 006. Fone comercial: 079-646 70 52; fone residencial: 079-662 17 42. Neurologista Honorário: Sua Excelência, o Governador de Gujarat, Índia. Presidente da Associação de Médicos de A'bad (97-98). Professor-assistente Honorário de neurologia da Sheth K. M. School of PGMR; *Smt. N.H.L.* do M.M. College. Neurologista Honorário do V. S. Hospital de Ahmedabad, Jivraj Mehta Smarak Hospital. Agradeço as sugestões e apoio a essa hipótese das seguintes pessoas:

1. Dr. Navneet Shah, M.D. (EUA), endocrinologista, telefone comercial: 642 5566.
2. Dr. Gargey Sutaria, M.D.
3. Dr. Kalpesh Shah, M.D., radiologista no Usmanpura, C.T. *Scan Centre*, médico clínico.

Assistentes:
1. Dr. Nalin Gheewala, M.D., médico.
2. Dr. K. K. Shah, M.S., cirurgião.
3. Dr. Viresh Patel, M.D., médico.
4. Dr. P. G. Shah, M.B.B.S., médico de família.
5. Dr. P. D. Doshi, M.B.B.S., médico de família.

25. Pesquisa e análise estatística

"A melhor coisa que você pode fazer por outra pessoa não é simplesmente repartir sua riqueza, mas revelar-lhe a que ela tem."

Benjamin Disraeli, estadista e escritor inglês

Durante mais um menos um ano coletamos o maior número possível de dados sobre pessoas que passaram pelo processo de 21 dias. Usando um questionário muito detalhado e criado especificamente para essa pesquisa queríamos descobrir o seguinte:

(Nota: os números apresentados dizem respeito somente às respostas "sim".)

1. **Diga, por favor, quais foram suas razões iniciais para realizar o processo de 21 dias.**
   a) 88% – simplesmente parecia a coisa certa a fazer
   b) 75% – para ter uma experiência mais intensa com A Divindade Interior (DI)
   c) 21% – por questões de saúde
   d) 11% – por questões dietéticas
   e) 3% – por razões econômicas
   f) 12% – por curiosidade

2. **Como realizou o processo?**
   a) 45% – sozinho/a
   b) 40% – com amigos
   c) 47% – com um supervisor que aparecia diariamente ou uma vez por semana

3. **Quantos quilos perdeu durante o processo?**
   a) 35% perderam menos de 2 quilos
   b) 23% perderam entre 2 e 5 quilos
   c) 27% perderam entre 5 e 10 quilos
   d) 22% perderam mais de 10 quilos

ANTES DE ENTRAR NO PROCESSO DE 21 DIAS

4. **66% disseram ter feito programações para que seu peso se estabilizasse antes ou durante o processo.**
   a) 43% afirmaram que esse procedimento funcionou bem
   b) 16% dos que disseram que não funcionou e declararam ter recorrido às crenças em torno de não comer e à perda de peso subseqüente

5. **Que outros preparativos você resolveu fazer antes do processo de 21 dias?**
   a) 58% disseram ter pesquisado tudo o que puderam sobre o tema viver de luz
   b) 66% disseram ter refinado lentamente a sua alimentação até ela se tornar muito leve e simples
   c) 37% exercitaram o corpo regularmente para torná-lo forte e saudável
   d) 18% disseram ter feito um *check-up* – com um médico ou com um terapeuta alternativo para ter certeza de estarem saudáveis
   e) 32% disseram ter aumentado seu tempo de meditação
   f) 66% disseram estar realizando outras práticas espirituais
   g) 63% disseram estar praticando controle mental
   h) 53% tinham aprendido a fazer a conexão mente/corpo
   i) 30% fizeram terapia de irrigação do cólon
   j) 40% passaram por outros programas específicos de desintoxicação

k) 67% examinaram suas crenças em torno da idéia de que "precisamos de comida para viver"

6. **Antes do processo eu estava vivendo com:**
   a) 71% – uma dieta vegetariana
   b) 13% – uma dieta *vegan*
   c) 18% – uma dieta à base de frutas
   d) 25% – alimentos crus
   e) 12% – outras

7. **Antes de passar pelo processo, era minha intenção:**
   a) 40% – nunca mais voltar a comer
   b) 17% – nunca mais comer nem beber
   c) 41% – voltar a comer somente por prazer
   d) 58% – provar a mim mesmo que não precisava de comida para viver depois de compreender o poder da DivindadeInterior em outras áreas de minha vida

8. **Antes de passar pelo processo:**
   a) 66% – eu era muito saudável
   b) 68% – meu corpo físico estava forte e em boa forma
   c) 58% – meu peso estava exatamente como eu queria
   d) 8% – eu estava abaixo do meu peso ideal
   e) 28% – eu estava acima do meu peso ideal
   f) 60% – tive uma orientação interna muito clara
   g) 83% – tinha plena consciência de que eu crio minha própria realidade
   h) 73% – eu tinha boas relações com minha família
   i) 52% – tinha explicado a meus familiares a dinâmica do processo de 21 dias e, entre essas pessoas,
   j) 51% – declarou que a família aceitava a minha opção de passar pelo processo de 21 dias

DEPOIS DO PROCESSO DE 21 DIAS

9. Desde que terminou o processo:
a) 71% – o peso estabilizou-se
b) 33% – estão dormindo menos
c) 61% – acham que seus níveis energéticos estão muito elevados
d) 58% – sentem que estão operando multidimensionalmente
e) 43% – sentem-se excluído por não se socializarem em torno da comida
f) 78% – sentem mais clareza mental a respeito de si mesmos
g) 70% – dizem que sua percepção do mundo sofreu alterações
h) 70% – estão lidando melhor com a vida
i) 75% – sentem-se mais leves, mais concentrados e, apesar disso, mais relaxados
j) 71% – sentem-se mais inspirados a servir os outros
k) 56% – percebem que a capacidade de comunicação com os outros melhorou
52% – notam que a capacidade de comunicação com A Divindade Interior (DI) melhorou
l) 52% – têm conseguido manifestar mais facilmente as mudanças pelas quais tem passado na vida
m) 61% – o servir/missão na vida tornou-se mais fácil de reconhecer
n) 67% – sentem-se mais fortes e mais confiantes

10. Em relação à sua comunicação com a DI
a) 75% – a relação melhorou em decorrência do processo
b) 72% – estão mantendo a comunicação
c) 18% – só melhoraram a comunicação numa base temporária
d) 23% – encontram dificuldade em se comunicar

11. **Você continuou se mantendo com uma "dieta só à base de líquidos"?**
    a) 31% – sim

12. **Nesse caso, já sentiu cólicas de fome?**
    a) 16% – sim
    b) 26% – sentiram e pediram à DI que os alimentasse
    c) 18% – disseram que funcionou

13. **Notou alguma mudança em seu estado emocional?**
    a) 68% estão mais fortes emocionalmente, com menos tendência a reagir de maneira exagerada

14. **Notou alguma mudança em seu corpo físico?**
    a) 43% – mudança na forma
    b) 46% – mudança da aparência

15. **Se você não está mais numa dieta "apenas à base de líquidos", faça uma lista dos motivos que o levaram a voltar a comer**
    a) 26% sentiram muito tédio pela falta de sabor ou variedade
    b) 17% sentiram-se socialmente alienados, estavam cansados de se sentir diferentes ou sentiram falta de participar da interação social em torno da comida
    c) 20% sofreram pressão da família
    d) 16% porque a família não acredita na possibilidade de viver sem comida
    e) 6% não conseguiram estabilizar o peso e se sentiam magros demais

16. **Estresse – eu ficava com vontade de "beliscar" toda vez que sentia tensão na vida**
    a) 22% – sim

17. Se está comendo agora, com que freqüência o faz?
   a) 21% – disseram comer diariamente, algumas vezes por semana, uma vez por semana, uma vez ao longo de algumas semanas

18. Você sente "fissura" por
   a) 67% – por sabores doces
   b) 50% – por sabores picantes

19. Como se sente em relação a si mesmo quando come?
   a) 11% – consideram-se fracassados
   b) 8% – sentem culpa
   c) 25% – acham que, com o tempo, vão superar o hábito e, por isso, não há com o que se preocupar
   d) 23% – acham que conseguiram o que queriam do processo e por isso não pensam mais em comida, alimentando-se somente quando têm vontade de sentir o prazer dos sabores das comidas

20. Se você ainda está passando somente a líquidos, surpreende-se pensando muito em comida?
   a) 5% – sim

21. Acha que seu corpo emocional ainda está viciado no prazer de comer?
   a) 70% – sim
   b) 55% – isso ainda é uma preocupação

22. Acha que o processo de 21 dias afetou sua energia sexual?
   a) 28% – está maior
   b) 20% – não está tão grande quanto antes
   c) 52% – não sofreu alterações
   d) 25% – eu era celibatário antes e continuo sendo

23. *Sua saúde*
   a) 50% – durante o processo eu esperava me curar de uma doença
   b) 23% – essa cura – ou outra – aconteceu
   c) 66% – a saúde melhorou desde o processo

24. *Desde que terminou o processo, já passou por longos períodos sem água e sem comida?*
   a) 28% – sim

25. *Acha que passar pelo processo de 21 dias foi benéfico para você?*
   a) 91% – sim

26. *Informações sobre o modo de vida*
   a) 85% meditam há 1 ano/+20 anos
   b) 87% têm uma boa compreensão de metafísica
   c) 55% disseram que "Minhas crenças espirituais agora me permitem levar uma vida plena e harmoniosa"
   d) 31% fazem parte de um grupo de meditação
   e) 47% vivem numa comunidade espiritual sólida ou visitam-na freqüentemente
   f) 58% comunicam-se regularmente pela Internet com gente que tem as mesmas idéias
   g) 47% freqüentam regularmente a igreja/o templo/a sinagoga
   h) 45% disseram ser uma natureza mais parecida com a de um guerreiro espiritual que prefere não viver em grupos
   i) 50% empre se interessaram pela imortalidade física
   j) 61% disseram estar servindo em regime de tempo integral para o progresso do planeta

   Resumo: à medida que meus colegas da SEA foram compilando essas estatísticas, notamos alguns pontos interessantes:

a) os alemães eram os mais bem preparados
b) 91% acharam que passar pelo processo foi benéfico
c) 71% eram vegetarianos antes do processo, entre os quais 25% só comiam alimentos crus
d) 71% estabilizaram o peso rapidamente
e) 66% consideravam-se fortes e em boa forma antes de começarem
f) 85% faziam meditação e 25% eram celibatários por opção
g) 87% tinham uma boa compreensão da metafísica
h) 61% serviam a humanidade em regime de tempo integral

Pós-processo
a) 71% sentiam estar emocionalmente viciados em comida
b) 77% passaram a ter mais clareza mental
c) 74% sentiram-se mais leves, mais concentrados e mais relaxados
d) 72% sentiram-se mais fortes emocionalmente
e) 66% sentiram que a saúde melhorou
f) 75% disseram que sua conexão com a DI melhorou

Demografia
a) 80% vieram da Austrália, Nova Zelândia, Alemanha, Suíça, França, Áustria, Suécia, Inglaterra, Estados Unidos
b) 51% eram mulheres e 49% eram homens
c) A média de idade dos participantes era 47 anos, sendo que o mais jovem tinha 18 e o mais velho até agora foi Hildegard, da Áustria, com 93.

Obviamente, são muitas as conclusões que podemos tirar à medida que continuarmos a fazer pesquisas pré e pós-processo sobre os tipos de personalidade e os modos de vida dos

Embaixadores da Luz. Não há dúvida de que, com o tempo, testes físicos mais exatos serão feitos com o corpo físico por equipes de médicos e cientistas.

Aqueles que gostariam de ter mais provas sobre isso podem pesquisar os estudos a respeito do estado de *bigu* na prática do Qigong. Embora o processo de 21 dias seja um método diferente e requeira disciplina pessoal e treinamento, talvez a razão de essas pessoas entrarem espontaneamente em estado de *bigu* seja seu nível de devoção, religiosidade e paciência, exatamente como aqueles estudados pelo dr. Karl Graninger com *inedia paradoxa* no pós-guerra.

Sim, declaramos que outros estudos serão feitos em cooperação com aqueles que vivem de luz para averiguar as mudanças ocorridas tanto no físico quanto no psicológico, mesmo sabendo que os departamentos de pesquisa não dispõem de recursos suficientes; por isso sugerimos que esses estudos também sejam feitos de maneira mais modesta, se necessário, entre os participantes e seus terapeutas alternativos ou tradicionais em seus vários países.

Quando terminarem, recomendamos que essas informações sejam divulgadas nos círculos educacionais relevantes. Sabemos que, com o tempo, o prana vai ser aceito da mesma forma que o vegetarianismo, assim como até a dieta à base de alimentos crus já é reconhecida pela sociedade como uma opção válida. Enquanto isso, vamos continuar fazendo nossas pesquisas da forma como tivermos sido orientados a fazer e vamos divulgá-las gratuitamente no mundo através de nossos fóruns na Internet e do boletim *The ELRAANIS Voice*.

Desse modo concluo a maior parte do que eu gostaria de dizer a respeito de pesquisa e da maneira pela qual o prana nos afeta pessoalmente. Agora vamos em frente para examinar os modos de vida escolhidos pelos Embaixadores da Luz e como podemos participar das soluções para os problemas de saúde e fome mundiais.

Na seção 3 vamos estudar fatos e números, assim como nossas possibilidades de redirecionar recursos.

3
A Situação Mundial
Um povo, um planeta

Fontes de pesquisa:
Órgãos das Nações Unidas
Enciclopédia Britânica
Internet

26. A situação global

"A história da Terra é a história da interação entre os seres vivos e seu meio ambiente. Em grande medida, a forma física e os hábitos da vegetação e de sua vida animal foram moldados pelo meio ambiente. Considerando toda a duração do tempo terrestre, o efeito oposto, no qual a vida modifica realmente seu meio ambiente, tem sido relativamente pequeno. Só no período de tempo repre-sentado pelo século atual é que uma espécie – o homem – adquiriu poder suficiente para alterar a natureza do mundo."

Rachel Carson, Silent Spring *(Primavera Silenciosa)*

A terceira parte deste livro diz respeito à situação global das questões de saúde, vegetarianismo, engenharia genética, susten-tabilidade dos recursos e redirecionamento efetivo dos recursos.

Ao longo de toda essa seção, divulgamos estatísticas de pesquisas compiladas por John Robbins para a obra *Nature's First Law – the Raw Food Diet* (A Primeira Lei da Natureza – a

Dieta de Alimentos Crus), publicada por Arlin – Dini – Wolfe. Essas estatísticas fornecem um argumento maravilhoso em favor da adoção do vegetarianismo como um passo no caminho que leva ao modo de vida dos Embaixadores da Luz.

A educação sobre os benefícios desse modo de vida pode exigir algum tempo, mas é um passo necessário para todos os que pensam em adotar o programa de prana dos Embaixadores da Luz e nos benefícios globais que esse programa vai acabar trazendo para todas as nossas sociedades.

As sociedades vão continuar evoluindo, não só em benefício de alguns, mas em benefício de todos. As máquinas de escrever foram superadas pelos computadores, que oferecem vantagens muito maiores; o cavalo e a charrete foram substituídos rapidamente pelos veículos motorizados e muito tempo já se passou desde que os homens viajavam a cavalo para entregar a correspondência. Agora temos e-mails.

Em termos de opções alimentares, eu pessoalmente acho que o consumo de carne – à luz do que sabemos agora – pode ser comparado à entrega de correspondência por correios a cavalo, enquanto viver de luz é equivalente aos e-mails – não há mais necessidade de intermediários, só de uma tecnologia mais avançada.

Segundo Harvey Diamond, os presidentes da *National Academy of Sciences* (Academia Nacional de Ciências), *National Academy of Engineering* (Academia Nacional de Engenharia) e do *Institute of Medicine* (Instituto de Medicina) fizeram uma declaração conjunta: "Acreditamos que as mudanças do meio ambiente global podem muito bem ser o problema internacional mais premente do próximo século".

Harvey Diamond é autor de um *best-seller* intitulado *Fit for Life* (Em Plena Forma para a Vida), e citamos algumas passagens de seu livro *Your Health, Your Planet* (Sua Saúde, Seu Planeta), pois são muito relevantes para a análise estatística que fazemos a seguir.

Portanto, vamos examinar os fatos, os números e o *feedback* que afetam nossa posição global enquanto espécie, mas vamos começar com pesquisas atuais sobre como nossa saúde e nosso planeta são afetados pelo consumo de carne. Antes de tudo, algumas citações:

- "A natureza é uma emissora ilimitada, através da qual Deus fala conosco a toda hora, basta sintonizarmos suas ondas". George Washington Carver, químico e educador norte-americano.
- "Quando o homem tem boa vontade e entusiasmo, os deuses se aproximam dele". Ésquilo, dramaturgo grego.
- "O homem pensa, Deus dirige". Alcuin, teólogo inglês.
- "Pregar tem muita valia, mas a prática é muito mais eficiente. Uma vida devota é o argumento mais convincente que você pode apresentar ao cético". Hosea Ballou, sacerdote norte-americano.

27. Saúde harmoniosa – Fatos e Números

Estatísticas de John Robbins em *Nature's First Law* (A Primeira Lei da Natureza)

"Milhares e milhares de pessoas estudaram a doença. Quase ninguém estudou a saúde."

Adelle Davis, nutricionista norte-americana

CURSO DE NUTRIÇÃO NAS FACULDADES DE MEDICINA

♣ Número de faculdades de medicina nos Estados Unidos = 125
♣ Número de faculdades de medicina com um curso obrigatório de nutrição = 30
♣ Curso de nutrição feito durante os 4 anos da faculdade de medicina pela média dos médicos norte-americanos = 2 horas e 30 minutos

"Se este país (os Estados Unidos) quiser sobreviver, o mito da nação mais bem alimentada do mundo tem de ser reconhecido pelo que é: propaganda destinada a produzir riqueza, não saúde."

Adelle Davis

ATAQUES CARDÍACOS

♣ Freqüência com que há um ataque cardíaco nos Estados Unidos = 1 a cada 25 segundos
♣ Freqüência com que um ataque cardíaco mata nos Estados Unidos = 1 morte a cada 45 segundos
♣ A causa mais comum de morte nos Estados Unidos = ataque cardíaco

♣ Risco de morte por ataque cardíaco do norte-americano médio = 50%
♣ Risco de morte por ataque cardíaco do norte-americano médio exclusivamente vegetariano = 4%
♣ Risco de morte por ataque cardíaco do norte-americano médio que só consome alimentos crus = 0%
♣ Porcentagem de redução do risco de ataque cardíaco com a diminuição do consumo de carne, laticínios e ovos = 10% e 9% respectivamente
♣ Aumento do colesterol em função do consumo de 1 ovo por dia = 12%
♣ Aumento do risco de ataque cardíaco em função da subida de 12% do colesterol na corrente sangüínea = 24%

AS INDÚSTRIAS DA CARNE, DOS LATICÍNIOS E DOS OVOS

♣ As indústrias da carne, laticínios e ovos afirmam que não há motivo para se preocupar com seu colesterol enquanto ele estiver "normal"
♣ Risco de morrer de uma doença causada pelo entupimento das artérias (arteriosclerose) quando o colesterol de seu sangue é "normal" = mais de 50%
♣ Risco de morrer de uma doença causada pelo entupimento das artérias (arteriosclerose) quando você não consome gordura saturada e colesterol = 5%
♣ As principais fontes de gordura saturada e colesterol na alimentação dos norte-americanos = carne, laticínios e ovos
♣ Populações do mundo com elevado consumo de carne e que não têm índices correspondentemente elevados de câncer do cólon = nenhuma

- Populações do mundo com baixo consumo de carne que não têm índices correspondentemente baixos de câncer do cólon = nenhuma
- Risco de câncer de mama em mulheres que comem carne diariamente comparado ao de mulheres que comem carne menos de uma vez por semana = 4 vezes maior
- Risco de câncer de mama em mulheres que comem ovos diariamente comparado a mulheres que comem ovos menos de uma vez por semana = 3 vezes maior
- Risco de câncer de mama em mulheres que consomem manteiga e queijo 3 ou mais vezes por semana comparado a mulheres que consomem esses alimentos menos de uma vez por semana = 3 vezes maior
- Parte da galinha que produz ovos = ovários
- Risco de câncer ovariano fatal em mulheres que comem ovos 3 ou mais vezes por semana comparado a mulheres que comem ovos menos de uma vez por semana = 3 vezes maior
- Risco de câncer de próstata fatal em homens que consomem carnes, queijo, leite e ovos diariamente comparado a homens que consomem muito pouco esses alimentos, ou não o consomem nunca = 3,6 vezes maior
- O leite de vaca é o mais perfeito alimento da Natureza para o bezerro, que tem quatro estômagos, que vai dobrar de peso em 47 dias e está destinado a pesar 136 quilos com 1 ano de idade.
- A enzima necessária à digestão do leite é a lactase; 20% das crianças caucasianas e 80% das crianças negras não têm lactase nos intestinos (a humanidade chegou ao ponto de criar uma pílula que ajuda a digestão dos laticínios. O que é tão insano quanto tomar uma pílula antes de tomar óleo de motor para ajudar na digestão de óleo de motor.

Se o seu corpo não foi feito para digerir naturalmente uma certa substância, talvez você não deva consumi-la).

♣ Entre as doenças que em geral são prevenidas, que sempre melhoram e até são curadas por uma alimentação vegetariana temos: doença cardíaca, derrames, osteoporose, pedras nos rins, câncer de mama, câncer de cólon, câncer de próstata, câncer pancreático, câncer ovariano, câncer cervical, câncer estomacal, câncer no endométrio, diabetes, hipoglicemia, doenças renais, úlceras pépticas, prisão de ventre, hemor-róidas, hérnias de hiato, diverticulose, obesidade, pedras na vesícula, hipertensão, asma, síndrome de irritação do cólon, salmonelose, triquinose, etc.

"Vivemos numa época alucinada, em que as pessoas que fazem opções alimentares sadias e compassivas em geral são consideradas estranhas, ao passo que são consideradas normais as pessoas cujos hábitos alimentares promovem a doença e dependem de um sofrimento enorme."

John Robbins

PESTICIDAS NO GADO

"Muitos que participam de meus seminários sobre saúde me bombardeiam invariavelmente com perguntas assus-tadas sobre o que fazer com todos os pesticidas nas frutas, legumes e verduras. Nunca – nem uma única vez – alguém levantou a questão dos pesticidas na carne de vaca, nos frangos, nos peixes, nos ovos ou nos laticínios. Impressionante!

Os produtos animais contêm 9 vezes mais pesticidas e ninguém parece saber disso. Preocupar-se com a questão dos pesticidas nos vegetais ao mesmo tempo em que consome produtos de origem animal é como preocupar-se em molhar os sapatos numa poça quando uma onda marinha monstruosa está prestes a desabar sobre você."

Harvey Diamond

* Os resíduos de pesticida com hidrocarboneto clorado na alimentação dos norte-americanos = 55%; provenientes dos laticínios = 23%; provenientes dos legumes e verduras = 6%; provenientes das frutas = 4%; provenientes dos cereais = 1%
* Porcentagem do leite materno de mulheres norte-americanas contendo níveis significativos de DDT = 99%
* Porcentagem de mães norte-americanas vegetarianas cujo leite contém níveis significativos de DDT = 8%
* Contaminação relativa por pesticidas do leite de mães que consomem carne comparada à contaminação do leite de mães vegetarianas = 35 vezes maior
* Porcentagem de estudantes universitários do sexo masculino que eram estéreis em 1950 = 5%
* Porcentagem de estudantes universitários do sexo masculino que eram estéreis em 1978 = 25%
* Contagem de esperma do norte-americano médio atual comparada com a de 30 anos atrás = 30% menos
* Principal razão da esterilidade e redução da contagem de esperma dos homens norte-americanos = pesticidas à base de hidrocarbonetos clorados (entre os quais estão a dioxina, o DDT, etc.)
* Porcentagem de resíduos de pesticida à base de hidrocarboneto na alimentação dos norte-americanos que pode ser atribuída a carnes, laticínios, peixe e ovos = 94%
* Apenas 28,4 gramas de dioxina pode matar 10 milhões de pessoas

♣ Menos de 1 em cada 250 mil animais mortos é testado para saber se tem resíduos químicos tóxicos
♣ O corante usado durante muitos anos pela USDA para carimbar suas carnes com as palavras "Choice" (escolhida), "Prime" (de primeira) ou "U.S. n° 1 USDA (n° 1 da USDA nos Estados Unidos) – corante violeta número 1
♣ Situação atual do corante violeta número 1 = proibido como carcinógeno comprovado

> "É uma desgraça alarmante que uma ciência tão primitiva se tenha armado com as mais terríveis armas modernas e que ao usá-las contra os insetos também as tenha usado contra a Terra."
>
> *Rachel Carson*

ANTIBIÓTICOS NO GADO

♣ Porcentagem total de antibióticos usados nos Estados Unidos na alimentação rotineira do gado = 55%
♣ Porcentagem de infecções por estafilococos resistentes à penicilina em 1960 = 13%
♣ Porcentagem de infecções por estafilococos resistentes à penicilina em 1988 = 91%
Razão: criação de bactérias resistentes a antibióticos em fazendas que são verdadeiras fábricas de carne devido à alimentação rotineira do gado com antibióticos
♣ Eficácia de todos os antibióticos que são "drogas milagrosas" = declina rapidamente
Razão: criação de bactérias resistentes a antibióticos em fazendas que são verdadeiras fábricas de carne devido à alimentação rotineira do gado com antibióticos

♣ Resposta de toda a Comunidade Econômica Européia à alimentação rotineira do gado com antibióticos = proibição do uso de antibióticos
♣ Resposta das indústrias norte-americanas de carne e farmacêutica à alimentação rotineira do gado com antibióticos = apoio total e completo.

Para aqueles que querem manter um nível elevado de saúde e boa forma através da alimentação vegetariana, as estatísticas que vêm a seguir são extremamente interessantes:

ATLETAS VEGETARIANOS

♣ Único homem a vencer a prova Ironman Triathlon (em que os competidores correm, nadam e percorrem longas distâncias de bicicleta) mais de duas vezes = Dave Scott (foi vencedor 6 vezes), vegetariano
♣ Homem que bateu o recorde mundial de um dia de Triathlon (natação = 7,68 km; bicicleta = 29,60 km; corrida = 8,4 km) = Sixto Lenares
♣ Atleta que dominou de maneira mais completa o esporte olímpico na história da corrida e do salto em altura: Edwin Moses (invencível durante 8 anos nos 400 metros com obstáculos)

ATLETAS QUE CONSOMEM SÓ ALIMENTOS CRUS

♣ George Allen (bateu o recorde mundial ao caminhar de Land's Ende, na Cornualha, até John O'Groats, na extremidade norte da Escócia; alimenta-se praticamente só de verduras e legumes crus)
♣ Barbara Moore (bateu o recorde de caminhada de George Allen)

- ♣ Fausto Coppi e Luiz Ocana (ciclistas de fama mundial que aprenderam a consumir alimentos crus com o herborista francês Maurice Messegue)
- ♣ Dick Gregory (em 1974, correu 1.450 quilômetros alimentando-se exclusivamente de suco de frutas; ex-comediante nos Estados Unidos, agora é nutricionista especializado em alimentos crus que trabalha freqüentemente com boxeadores – já trabalhou com lutadores como o campeão de peso-pesado Riddick Bowe)
- ♣ Joe "The Atom" Greenstein (halterofilista norte-americano que desfrutou de muita popularidade na década de 1930)

> "Nos esportes, os consumidores de alimentos crus vão bater recordes novos e sem precedentes. O sonho ancestral dos atletas pode ser realizado com uma dieta de 100% de alimentos crus."
>
> *Nature's First Law*

Embora a maioria dos fatos que acabamos de apresentar façam comparações entre uma dieta vegetariana e outra à base de produtos de origem animal, lembre-se de que as diferenças entre as duas, mesmo grandes, ficam maiores ainda quando comparamos as diferenças entre uma dieta à base de alimentos crus e uma dieta vegetariana, *vegan* ou à base de prana.

As estatísticas acima mostram um quadro muito diferente; mas, com algumas mudanças básicas em nosso modo de vida, podemos literalmente nos livrar de toda e qualquer doença, principalmente quando nossas recomendações anteriores são adotadas.

Às vezes as pessoas me perguntam se podem fazer muito exercício físico, com rotinas de ginástica e trabalho duro e ainda continuar vivendo exclusivamente de prana, pois antes acreditavam precisar de uma boa alimentação à base de proteínas e carboidratos para viver assim e ter saúde. É claro que podem, ouço freqüentemente histórias de pessoas que ficaram mais fortes, mais saudáveis e em melhor forma depois de se converterem inteiramente e passarem a viver de luz. Repito: a prática do programa do Estilo de Vida Prazeroso aumenta mais ainda essas possibilidades.

Quando escrevi o livro *Viver de Luz – A Fonte de Alimento para o Novo Milênio*, sabia que todos poderiam viver de prana se quisessem. O que eu não sabia na época era que a manutenção da capacidade de viver sem comida durante longos períodos de tempo dependia inteiramente do modo de vida que escolhemos. Com o passar do tempo, percebi que aqueles para quem isso é natural são pessoas que meditam regularmente, praticam o domínio da mente, consumiram alimentos muito refinados e simples durante muitos anos e têm grande fé nas forças superiores, nas quais confiam e cuja presença experimentam.

Como já disse muitas vezes, a capacidade de viver sem comida requer muito treino, e o primeiro passo para muitos é a adoção de um modo de vida vegetariano; por isso, vamos examinar essa opção com um pouco mais de profundidade.

28. O vegetarianismo

"A grandeza de uma nação e seu progresso moral podem ser julgados pela forma com que seus animais são tratados."

Mahatma Gandhi

Uma das coisas mais interessantes que descobri nas duas décadas em que pratiquei o vegetarianismo antes de começar a viver de luz foi a falta de informação de muitos médicos clínicos no campo da medicina holística e das dietas alternativas. A maioria delas parece ser descartada pela crença de que um indivíduo precisa de proteína para sobreviver (verdadeiro) e que ela só pode ser obtida através das carnes (falso). No início de minha pesquisa, descobri que as nozes e os legumes são uma alternativa protéica ao bife.

Nos últimos anos, nosso trabalho no campo da alimentação prânica atraiu muitos críticos, obviamente. E não só da classe médica. Os médicos têm muito a aprender em seu curso normal sem se tornarem também especialistas no campo da nutrição. Segundo estatísticas levantadas antes, contar só com o médico local para obter aconselhamento sobre nutrição talvez não seja tão recomendável quanto fazer sua própria pesquisa com terapeutas alternativos que oferecem uma abordagem mais holística às questões de saúde e bem-estar.

Isso não significa subestimar o valor de nossos clínicos tradicionais, que são muito necessários ao mundo enquanto este passa por sua transição para uma sociedade livre de doenças. Apesar disso, tenho certeza de que *todos* da área da saúde prefeririam que os indivíduos fossem mais responsáveis por sua própria saúde.

Independentemente da quantidade de estudos que a pessoa fez para compreender o corpo humano, a evidência que questiona fatos conhecidos fala por si mesma. Embora talvez ainda não a compreendamos, a alimentação prânica chegará a ser vista como uma fonte alternativa de nutrição para o novo milênio.

Nesse ínterim, uma das coisas mais eficientes que todos podemos fazer hoje é adotar uma alimentação vegetariana. As razões morais, os benefícios à saúde e os benefícios aos recursos planetários a longo prazo são inegáveis. Mas algumas pessoas se perguntam sobre o desemprego que vai ocorrer se essas indústrias que defendem a matança dos animais fecharem. Como diz Harvey Diamond, "a produção, alimentação, crescimento, matança e transporte até o mercado de 16 milhões de animais todos os dias para o consumo é uma verdadeira proeza. Os recursos necessários para realizar uma tarefa dessas são astronômicos e o resultado final sobre o meio ambiente é devastador".

Conseqüentemente, incentivamos aqueles que trabalham em indústrias que promovem a matança de animais no sentido de procurar um outro emprego. Conseguir um emprego alternativo não é difícil quando você acredita num propósito maior e em poderes superiores.

Peça ajuda para encontrar um novo emprego usando a seguinte programação:

♣ "Peço à DI que me faça chegar ao emprego perfeito, que me revele o verdadeiro sentido de minha vida e traga para mim todas as pessoas e recursos de que preciso para realizá-lo agora."

Depois faça o que for preciso para conseguir um novo emprego no plano físico. A decisão começa com você e o universo vai ajudar todos aqueles que não querem mais promover a matança de animais aqui na Terra.

Vamos em frente; vamos examinar o vegetarianismo com um pouco mais de detalhes, como os que são mostrados na seguinte pesquisa feita por Jeff:

"A primeira coisa a notar sobre o vegetarianismo é o calibre das pessoas que fizeram essa dieta e que viveram antes de nós. A lista que apresento a seguir é incompleta, mas indica que pessoas brilhantes adotaram essa perspectiva alimentar: Pitágoras, Sócrates, Platão, Leonardo da Vinci, John Milton, *sir* Isaac Newton, Voltaire, Benjamin Franklin, Percy Bysshe Shelley, Thoreau, Ralph Waldo Emerson, Leon Tolstoy, George Bernard Shaw, Mahatma Gandhi, Albert Schweitzer e Albert Einstein.

Será que uma alimentação vegetariana faz a saúde melhorar? Desde a década de 1960, os cientistas suspeitam que uma alimentação à base de carne está relacionada à doença cardíaca. Já em 1961 a revista da *American Medical Association* (Associação Médica Norte-Americana) disse o seguinte: '90% das doenças cardíacas podem ser prevenidas com uma alimentação vegetariana.' Desde essa época, vários estudos profissionais comprovaram cientificamente que, depois do tabaco e do álcool, o consumo de carne é a maior causa de mortalidade nos países desenvolvidos do Ocidente.

A razão é simplesmente o excesso de gordura e colesterol ingeridos com a carne, em contraposição aos níveis baixos de colesterol que acompanham a proteína vegetal. Em relação ao câncer, entre as 25 nações que comem muita carne, 19 têm um elevado índice de câncer, e entre as 35 nações que comem pouca ou nenhuma carne, nenhuma apresenta índices elevados.

A razão apresentada pelos biólogos e nutricionistas para esse fato é que o trato intestinal humano simplesmente não é apropriado para digerir a carne. Os animais que comem carne têm tratos intestinais pequenos, três vezes o comprimento do corpo do animal, para eliminar rapidamente do corpo os produtos tóxicos da carne em decomposição. Como a decomposição dos alimentos vegetais é mais lenta, os consumidores de plantas têm um intestino pelo menos seis vezes mais longo que o comprimento do corpo, que é o caso do homem. O segundo problema são as substâncias químicas acrescentadas à carne dos animais criados para consumo. Esse processo começa antes da morte do animal e continua depois dela e, mesmo que não constem da embalagem, certamente estão presentes na carne.

A *American Dietetic Association* (Associação Dietética Norte-Americana) diz que a maior parte da humanidade, durante a maior parte da história humana, viveu com uma alimentação exclusivamente vegetariana, ou quase. Grande parte do mundo ainda vive assim, e até nos países industrializados o consumo de carne só começou a se disseminar há cem anos, com a invenção da geladeira.

O fato é que o corpo humano não foi feito para comer carne – ou para digeri-la bem. A dosagem recomendada de 150 gramas de proteína, considerada um consumo diário ideal há vintes anos atrás, foi reduzida para 30 gramas. O excesso de proteína de uma alimentação à base de carne não é só um desperdício, como, na verdade, extraordinariamente prejudicial.

Agora está comprovado que a visão adotada há muito tempo de que os oito aminoácidos que o corpo humano não produz só podem ser obtidos com uma alimentação balanceada com carne e laticínios é incorreta e, na realidade, uma alimentação vegetariana balanceada é o ideal, nesse sentido.

A diferença entre um consumidor de carne e um consumidor de vegetais é bastante pronunciada, e uma das distinções mais óbvias entre os seres humanos e os carnívoros é que o carnívoro tem ácidos estomacais dez vezes mais fortes que os dos seres humanos para permitir a digestão da carne, e, como já dissemos, o trato intestinal dos seres humanos é duas vezes mais longo que o dos carnívoros em relação ao tamanho de seu corpo.

Outro ponto importante é o fato de que a injustiça de termos pessoas morrendo de fome pode ser resolvida facilmente: basta que os países desenvolvidos do Ocidente abandonem seus hábitos atuais de comer carne. Para cada 7,257 kg de vegetais dados ao gado, só se consegue 0,453 kg de carne, segundo os números fornecidos pelo Ministério da Agricultura dos Estados Unidos. Esse órgão diz também que 90% dos cereais produzidos neste país destinam-se a alimentar o gado – bois e vacas, porcos, ovelhas e galinhas – que terminam em cima das mesas de jantar.

Um bom exemplo é que alguém que se senta para comer um bife de 225 g equivale a 50 pessoas sentadas diante de uma tigela cheia de cereais cozidos. O fato é que o consumidor de carne europeu ou norte-americano usa cinco vezes mais recursos alimentares do que alguém de um país subdesenvolvido. Se a produção da carne fosse reduzida em apenas 10%, estima-se que isso liberaria cereais suficientes para alimentar 60 milhões de pessoas.

O consumo de água também é excessivo, pois meio quilo de trigo requer apenas 225 litros de água, ao passo que a produção de meio quilo de carne requer aproximadamente 11.250 litros de água.

A ética envolvida na criação de gado e preparo da carne é inaceitável para a maior parte das pessoas conscientes, e se elas tivessem de matar os animais que comem, então é claro que pensariam muito bem antes de persistir em sua alimentação.

Mahatma Gandhi disse: 'Sinto realmente que o progresso espiritual requer de fato que, num determinado ponto, deixemos de matar seres vivos como nós para a satisfação de nossas necessidades corporais'.

O consumo de carne é um componente de muito peso na distribuição injusta dos recursos e no uso da terra arável, pois com uma mudança dos atuais consumidores de carne para uma dieta vegetariana, o excesso automaticamente resultante de sua mudança de modo de vida resolveria os problemas apresentados hoje pela redução das terras aráveis e aumento da população".

FATOS: ESTATÍSTICAS RELATIVAS AOS SERES HUMANOS E AO GADO

- População humana dos Estados Unidos = 300 milhões
- Número de seres humanos que podem ser alimentados com os cereais e a soja consumidos pelo gado norte-americano = 1,4 bilhão
- Porcentagem do milho cultivado nos Estados Unidos e consumida pelo gado = 85%; porcentagem do milho consumida pelos seres humanos = 15%
- Porcentagem da aveia cultivada nos Estados Unidos e consumida pelo gado = 95%
- Porcentagem de proteínas desperdiçadas pela transformação dos cereais em carne = 90%
- Porcentagem de carboidratos desperdiçados pela transformação dos cereais em carne = 99%
- Porcentagem de fibras desperdiçadas pela transformação dos cereais em carne = 100%
- Com que freqüência uma criança morre de fome? = a cada 2 segundos
- Quantidade de batatas que podem ser cultivadas em um acre (4.047 m^2) de terra = 9.072 quilos
- Quantidade de carne que pode ser conseguida com o cultivo de um acre (4.047 m^2) = 75 quilos

- Porcentagem das terras cultiváveis dos Estados Unidos usadas para produzir carne = 56%
- Quantidade de cereais e soja necessários para produzir 1 quilo de carne = 7,3 quilos
- Quantidade de proteína dada a galinhas para produzir 1 quilo de proteína derivada de sua carne = 2,3 quilos
- Quantidade de proteína dada aos porcos para produzir 1 quilo de proteína derivada de sua carne = 3,4 quilos
- Número de crianças que morrem de fome todos os dias = 40.000
- Número de vegetarianos puros que podem ser alimentados com a quantidade de terra necessária para alimentar uma pessoa com dieta à base de carne = 20 (esse número chegaria perto de 150 se você considerasse só os vegetarianos que consomem apenas alimentos crus)
- Número de pessoas que vão morrer de fome este ano = 60 milhões
- Número de pessoas que poderiam ser alimentadas de forma adequada com o cereal poupado se os norte-americanos reduzissem seu consumo de carne em 10% = 60 milhões

Segundo Harvey Diamond, "doze milhões de toneladas de cereais seriam liberados todo ano" com a adoção de um modo de vida vegetariano. "Existem os que dizem que mesmo que os alimentos fossem liberados e ficassem à disposição, ainda teriam de ser transportados até seus consumidores. Certo. Mas ao menos eles teriam a chance de recebê-lo. Não há chance alguma se todos comerem carne."

Por isso os Embaixadores de Luz que optaram por viver de prana recomendam que, se você quiser ficar muito mais saudável e até mesmo se livrar da necessidade de consumir comida, primeiro você tem de:

- tornar-se vegetariano
- depois tornar-se *vegan* e deixar de consumir todos os produtos de origem animal
- depois passar a viver de alimentos crus, depois de frutas
- depois de líquidos, depois de prana

Quanto mais gradual for essa transição alimentar, tanto mais fácil será abandonar o vício do corpo emocional no prazer obtido com o consumo de uma grande variedade de alimentos.

Se tudo quanto os Embaixadores da Luz conseguirem nas próximas décadas for acabar com a matança desnecessária de animais, já teremos feito bastante. Pois, como discutimos nos capítulos anteriores, a capacidade de viver de luz vem com o refinamento gradativo de nossos pensamentos, sentimentos e opções de combustível para o nosso corpo.

Um professor belga de ioga, que é meu amigo, estava me contando como era grande o grau de resistência de seus novos alunos em se tornarem vegetarianos até que ele começou a falar sobre um estado de tal refinamento que você não precisa comer. A isso eles responderam: "Não comer – você deve estar brincando!" Ao que ele retrucou: "Bem, em vez disso, será que vocês não preferem uma alimentação vegetariana?" E eles: "Perfeito! Sem problemas!" Tudo é relativo.

Agora também estão pesquisando o campo da manipulação genética dos alimentos – alguns dizem que com o objetivo de reduzir o custo da produção de alimentos; outros dizem que essa é uma "comida Frankenstein" e que não vão tocar nela. Aqui estão alguns fatos e mitos.

29. A evolução humana, a engenharia genética e a clonagem

Incluímos os dados que se seguem aqui porque a engenharia genética tornou-se uma preocupação para muitos que estão comprometidos com o progresso positivo do planeta. Neste capítulo, examinamos duas questões: primeiro a engenharia genética e suas relações com a produção de alimentos; em segundo lugar, a engenharia genética e suas relações com a clonagem, pois esses dois tópicos andam realmente de mãos dadas.

1. ENGENHARIA GENÉTICA: MITOS E FATOS

Stewart Carolan

"*Mito nº 1: A engenharia genética é um desdobramento natural dos métodos tradicionais de reprodução.*

Fato: A engenharia genética pega pedaços de DNA de uma espécie e os insere no DNA de outra a fim de obter certas características desejadas, como por exemplo, características de um peixe para introduzir no tomate, ou do ser humano num porco. Onde na natureza temos o DNA de um peixe, um escorpião, uma aranha, um vírus ou bactéria, um animal ou até o DNA de um *ser humano* introduzindo-se no DNA de um vegetal? Esses são todos exemplos do tipo de transplantes que a engenharia genética já fez.

Mito nº 2: É seguro ingerir os alimentos geneticamente modificados.

Fato: Em 1989, 37 pessoas morreram nos Estados Unidos e 1.500 ficaram permanentemente incapacitadas depois de ingerir um suplemento alimentar alterado geneticamente. Um feijão-soja que recebeu um gene da castanha-do-pará foi retirado do mercado depois que se descobriu que provocou reações alérgicas. Os regulamentos atuais relativos à segurança são desesperadora-mente inadequados e não foi feito nenhum teste de longo prazo sobre os efeitos da ingestão de alimentos geneticamente alterados. O que se sabe é que esses efeitos são imprevisíveis e potencial-mente *fatais*. A maior parte dos alimentos processados agora contém um ou mais ingredientes alterados geneticamente. Como esses ingredientes não precisam constar do rótulo, a única forma segura de evitá-los é consumir alimentos produzidos organicamente.

Mito nº 3: A engenharia genética é uma ciência exata.

Fato: No momento, a ciência só compreende a função de cerca de 3% do DNA. As relações que governam a expressão dos genes são menos conhecidas ainda. Qualquer mudança no DNA em qualquer ponto provoca mudanças que os cientistas não têm como prever. A afirmação de alguns de que podem prever as mudanças é arrogante e falsa.

Mito nº 4: A engenharia genética das safras é feito em benefício do meio ambiente.

Fato: Os próprios órgãos de vigilância ambiental do governo (*English Nature, English Heritage*, etc.), bem como todas as grandes associações ambientais e um número crescente de cientistas estão pedindo uma proibição imediata das safras geneticamente alteradas até que se realizem mais pesquisas, por causa da evidência crescente de que podem ter um impacto devastador sobre a vida selvagem e o meio ambiente.

Mito nº 5: A engenharia genética das safras está sendo feita para reduzir o uso de herbicidas e pesticidas.

Fato: As grandes empresas estão alterando geneticamente as safras para que estas adquiram resistência às substâncias químicas que elas mesmas produzem. Isso significa num campo coberto com herbicidas, tudo vai morrer, menos a safra resistente. Suas sementes e suas químicas são vendidas juntas como um pacote, o que aumenta dramaticamente os seus lucros. A *British Agrochemical Association* (Associação Agroquímica Inglesa) prevê que as vendas de herbicidas no mundo inteiro vão aumentar em decorrência da engenharia genética. Por exemplo: espera-se que o mercado de glifosinato, uma das substâncias químicas utilizadas, aumente em US$ 200 milhões por ano.

Mito n° 6: A engenharia genética beneficia o produtor.

Fato: A instabilidade inerente às safras geneticamente alteradas já levou a grandes perdas agrícolas. A Monsanto teve de pagar milhões de dólares recentemente em compensação por sua safra de algodão geneticamente alterada. O tomate "Flavor Savor", da Calgene, alterado geneticamente para ter uma vida mais longa nas prateleiras dos supermercados, enfrentou problemas inesperados e foi um desastre financeiro. A resistência a herbicidas já se propagou das safras geneticamente alteradas para as ervas-daninhas.

Mito n° 7: A engenharia genética vai alimentar o mundo em desenvolvimento.

Fato: As práticas de agricultura intensiva são impróprias para os países onde as pessoas dependem de uma grande variedade de safras locais. Os contratos restritivos e dispendiosos que os agricultores têm de assinar ao usar safras geneticamente alteradas vão continuar obrigando os agricultores pobres a vender suas terras. Sugerir que o mundo em desenvolvimento vai se beneficiar em decorrência da engenharia genética é manipular o público e esconder a verdade de que essa tecnologia está sendo desenvolvida de acordo com o bolso das multinacionais.

Agradeço à *Genetic Engineering Network* (Rede de Engenharia Genética) do Reino Unido por essas informações. Para comentários, *feedback* e/ou contato: *sthpc@hotmail.com*
Com amor, luz e risos, Stewart Carolan"

Depois de assistir a um programa de televisão exatamente sobre este último tópico no *60 Minutes* (Sessenta Minutos), ficamos com a impressão de que a Monsanto está gastando bilhões com engenharia genética de plantas e o desejo de açambarcar o poder da Mãe Natureza e alimentar uma população cada vez maior. A pesquisa afirma também que a manipulação genética no campo farmacêutico pode ajudar na eliminação dos cânceres. Isso é muito estranho, pois, para começo de conversa, muitos cânceres parecem resultar da alimentação e do modo de vida.

Desviar os recursos para nos concentramos numa alimentação vegetariana em nível global também vai ser muito mais saudável e resolverá não só os problemas das populações humanas, mas também questões ambientais prementes das quais já falamos antes.

O assustador é que as pessoas não têm idéia da extensão das modificações genéticas. Um exemplo: metade de todos os produtos da soja foram manipulados geneticamente, e muita gente sabe que a soja é um substituto da carne em termos protéicos, por isso é consumida por muitos vegetarianos que prefeririam uma comida orgânica a uma comida alterada geneticamente.

Os oponentes da engenharia genética também estão preocupados com a maneira pela qual essa pesquisa tem sido aplicada, e por quem. Como nem todas as grandes potências atuam com integridade, como seres divinos agindo impecavelmente ao servir a humanidade, para alguns essa é de fato uma questão preocupante. O vínculo entre a Monsanto e aqueles que estabeleceram as diretrizes originais da FDA (*Food and Drug Administration*) também é digno de nota.

Repetimos: temos o direito de saber que tipo de alimento estamos consumindo; temos a opção de só comer alimentos crus ou até mesmo de viver sem comida, o que vai eliminar muitos desses problemas.

2. EVOLUÇÃO E CLONAGEM

Pesquisa de Jeff na Enciclopédia Britânica

"O fundadador da moderna teoria da evolução foi Charles Darwin. Em 1859, ele publicou *On the Origin of Species by Means of Natural Selection* (A Origem das Espécies por Meio da Seleção Natural), criando a teoria da evolução; o mais importante aqui foi o papel da seleção natural na determinação do curso da evolução. Em 1871, ele publicou *The Descent of Man and Selection in Relation to Sex* (A Ascendência do Homem e a Seleção em Relação ao Sexo), que estende a teoria da seleção natural à evolução humana. Darwin é considerado possuidor de uma inteligência extraordinária e introduziu uma nova era na história cultural da humanidade, em seguida à revolução coper-nicana que teve início no século XVI.

A importância dessas descobertas foi que levaram à concepção do universo como um sistema de matéria em movimento governada pelas leis da natureza.

Em poucas palavras, a teoria de Darwin apresentada em *A Origem das Espécies* é a seguinte: como são produzidos muito mais invidíduos do que aqueles que têm condições de sobreviver, deve haver em cada caso uma luta pela existência, tanto de um indivíduo com outro na mesma espécie quanto com indivíduos de uma espécie diferente, ou com as condições físicas da vida. Os indivíduos que têm uma vantagem, por menor que seja, sobre os outros, têm mais chances de sobreviver e de procriar. Por outro lado, qualquer variação prejudicial, por menor que seja, para a continuidade da linhagem desse indivíduo é rigidamente destruída. Essa preservação das variações naturais e a rejeição das variações prejudiciais é a seleção natural. O argumento central da teoria da evolução de Darwin começa com a existência da variação hereditária. A experiência com a reprodução de animais e plantas demonstra que podem ser desenvolvidas variações benéficas ao homem.

A seleção natural é definida por uma medida chamada 'aptidão darwiniana' ou 'aptidão relativa'. Nesse sentido, aptidão é a probabilidade relativa que uma característica tem de ser reproduzida, isto é, o grau de aptidão é a medida da eficiência reprodutiva de uma característica.

Os ataques motivados por questões religiosas começaram durante a vida de Darwin, feitos principalmente pelos cristãos fundamentalistas. Mas, em 1950, o papa publicou um comentário escrito, *Sobre a Raça Humana*, aceitando a teoria da evolução como a forma de desenvolvimento da humanidade, reforçando ainda mais a prova da existência de Deus. O que o papa quis dizer foi que seria um erro crasso tomar a Bíblia como um livro didático sobre astronomia, geologia e biologia. Seus argumentos dirigiam-se claramente contra os cristãos fundamentalistas que vêem no Gênesis uma descrição literal de como o mundo foi criado por Deus.

Embora os fundamentalistas sejam uma pequena minoria de cristãos, de vez em quando conseguem obter influência política nos Estados Unidos. Quatro estados norte-americanos proibiram o ensino da evolução em suas escolas públicas. O evento mais recente a ter importância no processo evolutivo foi o desenvolvimento da clonagem, usando a engenharia genética. Nesse sentido, um clone pode ser definido como um organismo individual que se desenvolveu a partir de uma única célula de sua mãe ou pai e que é geneticamente igual a ela ou a ele.

A clonagem é lugar-comum na horticultura desde a Antigüidade. Muitas variações de plantas são clonadas para obter pedaços de folhas, caules e raízes, que depois são replantadas. Um grande número de árvores frutíferas e que produzem nozes ou castanhas são clones.

As células adultas de animais e seres humanos podem ser clonadas em laboratório. As células adultas de vários tecidos, como as células musculares que são removidas de um doador e mantidas vivas, pois continuam recebendo os nutrientes necessários, conseguem não só sobreviver, mas continuar se dividindo e produzindo colônias de descendentes idênticos.

Na década de 1950, os cientistas conseguiram clonar rãs, produzindo indivíduos idênticos que têm as características genéticas só do pai ou da mãe. A técnica usada na clonagem de rãs consiste em transplantar o DNA da rã contido no núcleo de uma célula para um óvulo, cujo material genético foi removido. Depois algumas células começam a se desenvolver e a se dividir exatamente como num ovo normal fertilizado para formar um embrião.

Na década de 1980, os ratos foram clonados com sucesso. O embrião é artificialmente implantado no útero de uma rata que consegue levar a gravidez a termo.

Clonar um novo animal a partir das células de um adulto, em contraposição a um embrião, é consideravelmente mais difícil. Quase todas as células animais contêm as informações genéticas necessárias para reproduzir uma cópia do organismo, mas à medida que as células se diferenciam nos vários órgãos do animal em desenvolvi-mento, elas expressam somente as informações genéticas necessárias para produzir seu próprio tipo de célula.

O primeiro sucesso na clonagem de um mamífero adulto foi de uma equipe de pesquisadores britânicos na Escócia, em 1996. Conseguiram produzir uma ovelha usando o DNA de uma ovelha adulta.

As aplicações físicas da clonagem são economicamente promissoras, mas filosoficamente incômodas. A clonagem de seres humanos está cercada de perigos éticos e morais. Se a clonagem pode assegurar a duplicação infinita de determinados traços genéticos, a questão é quais traços genéticos, e quem deve tomar essa decisão."

Acho que a minha descoberta mais interessante no campo da metafísica é que nós, como seres humanos, somos clones de Deus e, como tais, temos um poder impressionante – quando usamos o amor e a sabedoria – para criar qualquer coisa que nosso coração deseje. A única exigência que nos cabe fazer é criar de uma maneira que beneficie a totalidade da raça humana, e não apenas alguns. Criar um mundo livre da fome e da doença parece uma aventura que merece ser vivida e que requer a utilização de nossa capacidade criadora.

A unificação religiosa mediante o foco numa visão comum parece ser um passo lógico para qualquer pessoa compassiva e inteligente – principalmente nesse momento. O separatismo mediante o foco nas diferenças entre nossas ideologias promove a guerra, o medo e o caos. Juntar forças para resolver problemas como a pobreza, a fome e o redirecionamento dos recursos é muito mais benéfico para todos nós do que a promoção de sistemas de crenças que levam ao caos.

A combinação dos recursos pessoais com os recursos financeiros para resolver problemas comuns agora é imperativa, mas só pode acontecer se pusermos de lado nossas diferenças e nos concentrarmos nas coisas que afetam todos nós, independentemente de raça ou religião.

30. Pobreza, fome, inanição e desnutrição

"Deus me dê serenidade para aceitar as coisas que não posso mudar, a coragem de mudar as coisas que posso mudar e sabedoria para saber a diferença entre as duas."

Reinhold Niebhur, *religioso e sociólogo norte-americano*

Pobreza, fome, inanição e desnutrição decorrentes da guerra são problemas muito reais que ameaçam a sobrevivência de muitos à medida que entramos num novo milênio. Também são sintomas de um desequilíbrio social. Ganância, falta de compaixão, egoísmo, apatia e ódio são todos fatores subjacentes que determinam a forma pela qual os recursos são distribuídos em nosso planeta, e também a nossa harmonia social.

Dos atuais 5,7 bilhões de pessoas vivendo no planeta, estima-se que 1,3 bilhão vivam na pobreza. A pobreza afeta os indivíduos e as famílias no mundo inteiro, embora a maior parte das pessoas mais pobres vivam nos países em desenvolvimento, onde representam um terço da população.

Cerca de metade das pessoas muito pobres vive no sul da Ásia. Outros 25% do total vivem no sudeste da Ásia. A pobreza extrema está concentrada na África, principalmente nos países ao sul do deserto do Saara. A África tem cerca de 16% do total de pobres do mundo. Mas quase metade de todos os africanos é pobre. Em geral, é justo dizer que a pobreza é uma questão rural, com 80% dos pobres do mundo vivendo nas áreas rurais. Os pobres rurais são indivíduos sem-terra, ou com propriedades pequenas demais para lhes proporcionar uma renda adequada.

Mas a distribuição dos pobres está mudando rapidamente. Atraídos por empregos e qualidade de vida nas cidades, um número crescente deles gravita em torno das cidades grandes e pequenas. A maioria dos migrantes é constituída de homens, que deixam as mulheres para trás cuidando das famílias. Cerca de 300 milhões de habitantes das cidades dos países em desenvolvimento vivem atualmente na pobreza, sem renda suficiente para conseguir comida, nem teto. Evidentemente, isso também está tendo um efeito negativo no ambiente urbano.

Aproximadamente 600 milhões de habitantes das áreas urbanas de países em desenvolvimento vivem em condições de vida e saúde precaríssimas. Em algumas cidades, mais da metade da população vive em favelas e cortiços. Segundo o *New York Times*, mais de 20% da população da área metropolitana da Grande Nova Yorque vive abaixo da linha da pobreza. Mais de 250 mil habitantes da cidade ficaram em abrigos para moradores de rua nos últimos cinco anos. Londres tem cerca de 400 mil moradores de rua registrados, e a situação é pior ainda nas cidades dos países em desenvolvimento.

A pobreza é, evidentemente, um pré-requisito geral da fome.

A inanição é o exemplo mais dramático da fome e, embora historicamente as mortes coletivas por inanição tenham sido resultado da inclemência do tempo, de secas, etc., *a guerra tem sido a sua causa mais comum*. Além da destruição das safras e dos alimentos, a guerra também prejudica a distribuição de comida. Embora a morte por inanição ainda exista no mundo inteiro, agora a capacidade do sistema moderno de distribuição tornou essa situação iníqua, o que é totalmente inaceitável. Hoje temos tanto a possibilidade quanto a capacidade de garantir que todos sejam bem alimentados. Só é necessário ter responsabilidade política para que isso aconteça.

Alimentar os pobres nunca foi politicamente popular, principalmente alimentar os pobres estrangeiros; mas, à medida que as pessoas conscientes do planeta se unem e as fronteiras nacionais tendem a evaporar, como estamos vendo atualmente na Europa, esse problema tem de ser resolvido. O diretor geral da Organização para a Alimentação e Agricultura (FAO) da ONU disse recentemente: "Globalmente há comida suficiente para alimentar o mundo, mas ela não é distribuida eqüitativamente e muita gente não tem os meios para comprá-la."

Viver de luz – uma solução para épocas de fome aguda
Independentemente de uma distribuição global melhor de comida e da reeducação relativa à nutrição, o que nós que estamos aqui para servir podemos fazer é pensar seriamente nos benefícios da alimentação prânica em um nível global. Agora que literalmente milhares já provaram a si mesmos que a nutrição pode vir de uma fonte alternativa à comida, isto é, o prana, quanto mais rapidamente essa informação se tornar parte do palco global com cada um de nós "trilhando o seu caminho", tanto mais depressa os problemas relativos à fome podem ser resolvidos de forma positiva.

Sim, alguns membros tanto do Conselho Geral da ONU quanto da Unicef sabem de nosso trabalho, mas, nesse momento, talvez não o vejam como uma solução viável. O sucesso da alimentação prânica no combate à fome global depende de um programa maciço de reeducação em termos de responsabilidade por si mesmo e auto-refinamento que leve em conta todos os nossos corpos, do físico ao espiritual.

Os Mestres Ascensos dizem que nossa exposição na mídia agora já atingiu mais de 500 milhões de pessoas e que, embora poucos acreditem em nossa capacidade de nos alimentarmos de prana, como St. Germain me disse tantas vezes, "as sementes estão sendo plantadas". A idéia de que existem pessoas livres da necessidade de comida agora já está se enraizando e já faz parte da consciência humana.

Quanto tempo será preciso até que comer por prazer e não por necessidade se torne uma possibilidade cotidiana depende de cada um dos Embaixadores da Luz. Quanto maior o número de pessoas que permitirem à Força Divina dentro de nós nos sustentar – se formos orientados nesse sentido e nos sentirmos felizes com isso – e quanto maior o número de pessoas que falarem sobre essa possibilidade, tanto mais depressa a idéia de não precisar de comida vai sair do plano dos milagres e entrar na vida cotidiana.

Um jornalista disse-me certa vez que crianças pequenas morrem de fome e desnutrição de 1 em 1 minuto, e que mudar nossas crenças e mentalidade sobre a necessidade de comida não as salvaria. Quando compreendemos a dinâmica da energia, compreendemos que as crianças estão ligadas ao campo energético de seus pais, e principalmente da mãe, até chegarem a um ano e meio, dois anos. A partir daí, começa o processo de separação que algumas escolas filosóficas dizem que se completa entre 14 e 21 anos, dependendo da pessoa. Mude o modo de vida e as crenças da mãe e da comunidade que a criança mudará.

Essa mudança é necessária, pois a verdade é que a desnutrição contribui para quase 7 milhões de mortes infantis por ano – mais que de doenças infecciosas, guerra ou desastre natural, segundo o *1998 State of the World's Children Report* (Relatório da Situação Mundial das Crianças de 1998), publicado pela Unicef, o Fundo das Nações Unidas dedicado às crianças.

Nada menos de metade de todas as crianças com menos de 5 anos de idade no sul da Ásia e um terço daquelas da África subsaariana, assim como milhões de outras nos países industrializados, estão desnutridas.

Três quartos das crianças que morrem no mundo inteiro de causas relacionadas à desnutrição são aquilo que os nutricionistas descrevem como "de leve a moderadamente desnutridas" e não têm sinais externos que indiquem problemas.

Quando os adultos são expostos à realidade de que muitos indivíduos no mundo inteiro são capazes de viver de luz, eles perdem o medo e mudam de mentalidade. Isso vai levar a uma modificação na freqüência e qualidade da energia que emitem, e seus filhos vão reagir de acordo com isso. Tudo está interligado. O segredo está em compreender o poder da mente sobre nossa estrutura molecular. Aqueles que não sentiram o poder da DI talvez não entendam a experiência de se sentir ligado a tudo.

Também é importante manter o foco bem nítido. A solução da alimentação prânica é uma ponte para a liberdade somente porque é uma forma de liberar o poder fantástico da DI. A questão não é comer ou não comer, mas precisarmos ou não comer. A questão é libertarmo-nos de nosso medo errôneo que diz que se não comermos alimentos físicos, vamos morrer. E também é um recurso maravilhoso em épocas de epidemias de fome provocadas pela guerra ou por mudanças na Terra. Como disse certa vez o guru Maharaji, quanto menos dependermos das coisas externas a nós para nossa felicidade, tanto mais rápido perceberemos que a felicidade está dentro de nós.

Se o modo de vida dos Embaixadores da Luz for adotado por mais gente, vai provocar uma mudança dramática. Quando esse modo de vida é aplicado no Ocidente, muitas pessoas tornam-se naturalmente mais voltadas para o servir e passam a ser mais ativas na resolução compassiva dos problemas dos outros. Muita coisa pode ser ensinada gratuitamente para mudar o que está acontecendo. Por exemplo: sabemos que o prana entra no corpo com a respiração. Na verdade, alguns dizem que recebemos

70% de nossa nutrição independentemente da comida, pois ela chega através da respiração. O prana é um campo de força invisível que impregna todos os átomos, e podemos fabricar mais em todo o corpo a nosso bel-prazer. A meditação faz com que a energia kundalini suba e aumente o fluxo e a potência do prana em nossas células. Quando praticamos exercícios de respiração profunda, imaginamos que toda respiração está enchendo nossos pulmões e células com uma dose muito potente de vitaminas e minerais que são contidos no prana invisível.

Como todos sabem respirar e como a respiração é gratuita, esse é o primeiro recurso para ensinar as pessoas, independentemente de sua maneira de viver. Fazer pranayama significa fazer determinados exercícios de respiração que alimentam e nutrem os campos de energia de todos os seres humanos.

Como parte do programa de redistribuição de recursos que discutimos mais adiante, os exercícios de respiração pranayama e até o Qigong podem ser facilmente ensinados a sociedades inteiras – a todos, inclusive jovens e velhos, e melhorar sua saúde e vitalidade. Esses exercícios, combinados às técnicas de programação e poder mental, permitem que transformações radicais sejam feitas independentemente das circunstâncias. Use diariamente as técnicas de respiração da seção 2 e sinta a diferença.

Outras coisas também podem ser ensinadas imediatamente a respeito das capacidades impressionantes dos biocampos humanos, entre as quais a conexão mente/corpo e formas de nos reprogramarmos efetivamente para nos liberarmos de crenças limitadoras. O corpo humano morre de falta de nutrição, mas não de falta de comida. O prana através do poder da DI é, na verdade, nutrição de luz para o novo milênio, e é uma fonte alternativa viável de nutrição futura para nossa espécie em evolução, à disposição de todos gratuitamente e agora.

As pessoas morrem de inanição porque ainda não conhecem essa fonte alternativa de nutrição nem o controle da mente e ainda não sabem que o poder de seu pensamento concentrado pode criar uma outra realidade. Muitos ainda não descobriram o verdadeiro poder da Divindade Interior. Nem que as técnicas de respiração podem alimentá-las em todos os planos. Ser capaz de viver sem alimento dos reinos físicos torna-se bem simples depois que entendemos como se faz isso.

Para os "desprivilegiados", a respiração é gratuita e as técnicas de respiração podem ser ensinadas para eles conseguirem mais nutrição, saúde e longevidade. Pensar é gratuito e, por isso, as técnicas de controle da mente também podem ser ensinadas imediatamente. O poder da oração e a capacidade de curar da música e do canto também podem ser ensinados como uma compreensão básica da lei universal.

Nos círculos esotéricos, todos sabem que as pessoas escolhem, a cada nova vida, a cultura, os pais, a raça e o local de sua encarnação. Sim, muitos sabem que as pessoas entraram num ambiente de pobreza e sofrimento para resolver problemas cármicos, relações afetivas e capítulos que não se completaram em outras vidas.

Independentemente disso, a Embaixada do MSPD tem muita consciência da apatia que pode sobrevir quando uma pessoa reflete sobre o jogo do carma. É mais fácil ignorá-lo e ficar inativo dizendo: "É opção deles – não tem nada a ver conosco". A apatia separa, a compaixão une.

Entretanto, a guerra tem sido a causa humana mais comum de fome. Além de destruir as safras e as reservas de alimento, a guerra também desorganiza a distribuição de comida com o uso do estado de sítio e de táticas de bloqueio.

A proposta de desarmamento global feita pela Embaixada da Luz vai eliminar esse problema da guerra, e muitos de nós agora estão servindo a humanidade, cumprindo seus contratos divinos no sentido de criar mudanças pragmáticas em prol da civilidade planetária. Com o alimento prânico, não precisamos cultivar a terra, de modo que uma epidemia de fome por causa de secas deixa de ser problema. Com o alimento prânico, não precisamos matar animais e nem mesmo de uma "dieta equilibrada"; e não vamos ter desnutrição, pois tudo de quanto o nosso corpo precisa vem do prana.

Sim, há vários Embaixadores da Luz que estão começando a divulgar por todo o globo, e também nos países do Terceiro Mundo, a capacidade de viver de luz, sendo um exemplo no meio daqueles que têm tão pouco. Embora os indivíduos dos países do Terceiro Mundo talvez não tenham muito no plano material, têm todo o poder de que precisam dentro de si – o poder da DI – para mudar completamente sua experiência de vida.

Para os Embaixadores da Luz, tudo está interligado. Embora Gandhi tenha dito que "não é sábio ter certeza demais de nossa sabedoria. É bom lembrar que os mais fortes enfraquecem e que os mais sábios erram", para aqueles que vivenciaram o poder da DI, as palavras de Ésquilo, o dramaturgo grego, sempre vão soar como verdade: "Os deuses gostam muito de ajudar aquele que se ajuda", assim como a frase de Karl Barth, teólogo suíço: "A consciência é o intérprete perfeito da vida".

31. População, escassez de terra e desenvolvimento sustentável

"Ignorância não é inocência, é a raiz da corrupção."
Carrie Nation

Outra causa de preocupação para muitas pessoas é a escassez de terra e a falta de desenvolvimento sustentável. Quando Bill Moyers perguntou a Isaac Asimov numa entrevista o que ele considerava os problemas mais urgentes a serem enfrentados pela sociedade, ele respondeu: "População e florestas tropicais".

Atualmente, a população mundial está crescendo oito vezes mais depressa do que o aumento das terras cultiváveis, e embora o índice de fertilidade tenha caído pela metade desde a década de 1950 e a estabilização da população do mundo agora já seja prevista, o bem-estar de centenas de milhões de pessoas está ameaçado devido à escassez de terra, igualmente prevista. No início da década de 1960, somente quatro países não tinham terras cultiváveis suficientes para alimentar sua população sem uma agricultura intensiva. Mas eram ricos o bastante para importar aquilo de que precisavam.

Em 2025, a projeção é de que 29 países terão escassez de terras. Uma medida de referência internacional de menos de 1/7 do tamanho de um campo de futebol americano foi estabelecida como a quantidade de terra *per capita* necessária. Abaixo dessa quantidade de terra cultivável por pessoa, métodos dispendiosos de agricultura intensiva, usando fertilizantes inorgânicos à base de nitrogênio, por exemplo, passam a ser necessários.

No século XXI, será preciso cultivar comida suficiente para mais três bilhões de pessoas. As projeções são de que, em 2025, aproximadamente oito bilhões de pessoas estarão vivendo no planeta. A China tem uma população prevista para essa data de 1,5 bilhão de pessoas e vai representar mais da metade daqueles que serão afetados pela escassez de terras cultiváveis em 2025.

O problema da escassez de terras cultiváveis é que muitas vezes os agricultores não podem se dar ao luxo de comprar fertilizantes e adquirir outros meios para aumentar a produção agrícola. Na África, por exemplo, um em cada três habitantes é desnutrido, e embora os agricultores africanos tenham aumentado sua produção anual, esse aumento não foi suficiente para acompanhar o crescimento atual da população.

Um problema adicional é que, em 2025, 12 dos 29 países que as previsões indicam que terão falta de terras cultiváveis também terão escassez de água, com menos de 1.000 m³ anuais *per capita* de água potável renovável disponíveis para uso agrícola, industrial e doméstico.

A escassez de alimento que vai resultar daí pode ser indicada pela existência de reservas de cereais para emergências, que é a medida internacional de segurança alimentar. As reservas tiveram seu ponto culminante em 1986, quando havia cereais suficientes para 14 semanas de consumo mundial. Em 1994, havia reservas suficientes para menos de nove semanas. Numa base *per capita*, a produção de cereais vem declinando desde 1984.

Em 1990, 1,4 bilhões de hectares de terra estavam sendo cultivados no mundo inteiro, o que representa um aumento de cinco vezes nas terras cultiváveis desde 1700. O índice de expansão das terras aráveis é atuamente inferior a 0,2% ao ano, e está diminuindo.

Todo ano, 25 bilhões de toneladas de nutrientes enriquecidos com as camadas superiores do solo são desalojadas pelo vento e pela chuva, e sua maior parte entra nos rios. O solo que resta tem menos capacidade de reter a água e acaba ficando denso demais em função da salinização. O acúmulo de sais e outros minerais no solo é um problema para 1/6 das terras cultiváveis do mundo que são irrigadas e que produzem mais de 1/3 de todas as safras e metade de todos os cereais.

Os métodos modernos de agricultura têm sido os responsáveis pelo aumento dramático na produção de alimento das últimas décadas, mas requerem fertilizantes e pesticidas fabricados pelo homem que têm efeitos ambientais terríveis. A agricultura também absorve grandes quantidades de água: cerca de 2/3 da água potável usada no mundo inteiro destina-se ao cultivo de alimentos. Portanto, temos o problema de que, no futuro, embora a população atualmente em crescimento se estabilize, haverá menos terras cultiváveis e, em conseqüência, menos comida será produzida em relação ao crescimento atual da população.

A resposta imediata ao problema é simples: os países do hemisfério norte, que são os países desenvolvidos, têm de consumir menos. É essencialmente o consumo das economias desenvolvidas do hemisfério norte que cria o problema, no sentido de que seu consumo *per capita* corresponde a um múltiplo colossal de habitantes dos países subdesenvolvidos.

Não é preciso ter muita imaginação para ver os benefícios de um modo de vida relativamente austero comparado a um modo de vida exageradamente consumista, principalmente daqueles com renda e crédito substanciais, pois é evidente que os países subdesenvolvidos não têm condições de competir quando a questão é a capacidade de pagar. Por isso, o problema da escassez de terras e da sustentabilidade do desenvolvimento e dos recursos é, na verdade, uma discussão esotérica. O fato é que há abundância para todos, agora, e é apenas uma questão de vontade política – que é controlada pela demonstração da força eleitoral popular – pôr em prática uma distribuição mais equilibrada e justa.

> "Examine o sucesso e o fracasso com um olho justo."
> *Bhagavad-Gita*

Estatísticas

Como já dissemos, uma das maiores preocupações de muitos em relação ao futuro de nosso planeta é a superpopulação e como alimentar o número crescente de habitantes que estão vivendo abaixo da linha da pobreza no mundo inteiro. Mesmo assim, as estatísticas sobre população que apresentamos a seguir são muito animadoras:

ESTATÍSTICAS RELATIVAS À POPULAÇÃO

Situação atual: 6 bilhões com 1,3% de crescimento anual = aumento anual de 78 milhões de pessoas

Projeção: em 2025 haverá de 7 a 11 bilhões de pessoas = uma média de 9 bilhões

Fatores que afetam o crescimento da população

1. Fertilidade: na década de 1950 – 5 partos por mulher
   em 1999 – 2,7 partos por mulher

A taxa de natalidade diminuiu em todas as regiões:
   a) de 6,5 para 5 na África
   b) de 5 para 2,5 na Ásia
   c) de 5 para 2,5 na América Latina e no Caribe

2. A AIDS e a população
   Fato: em Botsuana, 25% dos adultos estão infectados pelo HIV

Números: expectativa de vida agora: 1990-5 – 60 anos
2000-5 – 40 anos

3. A idade e a população
   Fato: as pessoas estão vivendo mais
   Números: 1998 – 66 milhões de pessoas com mais de 80 anos
   – 1% da população
   2050 – 370 milhões terão mais 80 anos
   1998 – 135 mil tinham mais de 100 anos
   2050 – 2,2 milhões terão mais de 100 anos

4. Composição da população em termos de gênero:
   Fato: as mulheres vivem mais que os homens
   Números: em 1998
   190 mulheres para 100 homens com mais de 80 anos
   287 mulheres para 100 homens com mais de 90 anos
   396 mulheres para 100 homens com mais de 100 anos

5. Os países com maior longevidade (baseado em números totais):
   1. China; 2. Estados Unidos; 3. Índia;
   4. Japão; 5. Alemanha; 6. Rússia

6. Redução do crescimento populacional
   Desenvolvimento econômico: num certo estágio do desenvolvimento, o imperativo de ter um grande número de filhos que sustentem os pais na velhice é eliminado e, à medida que a internacionalização e globalização da economia continuam seguindo em frente, o padrão universal de uma família menor parece consolidar-se. O desenvolvimento de um anticoncepcional feminino eficaz, usado por via oral, alterou o papel social das mulheres, com famílias menores permitindo outras atividades, como uma carreira profissional. A redução da taxa de crescimento da população significa que a sustentabilidade da

vida vai ser mais fácil e, ao mesmo tempo, a qualidade de vida será melhor e a longevidade maior. O padrão de moralidade e comportamento dos indivíduos passou a ter um modelo com a Declaração dos Direitos Humanos, em relação ao qual esperamos que todos acabem por se pautar.

Reações à questão da superpopulação
Muita gente se preocupou durante algum tempo sobre as conseqüências que um aumento crescente da população pode ter sobre o futuro da Terra; no entanto, os fatos e números extraídos da página das Nações Unidas na Internet que apresentamos aqui mostram que, na verdade, não temos motivos para nos preocuparmos. Desde que aprendamos a redistribuir efetivamente os recursos de nosso planeta e a assumir responsabilidade pessoal por nosso modo de vida trabalhando de maneira holística, a superpopulação não deve ser um fator de risco.

Agora vamos examinar as estatísticas relativas à produção de alimentos e seu custo em termos de recursos e meio ambiente.

SOLO

- Causa histórica do fim de muitas grandes civilizações: esgotamento das camadas superiores
- Porcentagem das camadas superiores do solo perdidas nos EUA: 75%
- Quantidade de terra cultivável nos EUA perdida todo ano com a erosão do solo: 4 milhões de acres (16.187 km^2) – correspondente do estado de Connecticut
- Quantidade de terra cultivável perdida diretamente associada à criação de gado: 85%

Segundo Harvey Diamond, um modo de vida vegetariano economizaria 7 milhões de toneladas das camadas superiores do solo por ano e "120 milhões de acres de terra, terra fértil, podem ficar à disposição para um uso mais inteligente".

ÁRVORES

* Quantidade de florestas cortadas para criar terras cultiváveis com a finalidade de produzir uma alimentação que gira em torno da carne: 260 milhões de acres (1,05 milhões de km^2)
* Velocidade com que um acre (4.047 m^2) de árvores norte-americanas desaparece: 1 a cada 8 segundos
* Quantidade de árvores poupadas anualmente por cada indivíduo que adota uma dieta puramente vegetariana: 1 acre (4.047 m^2)

FLORESTAS TROPICAIS

* Uma força propulsora por trás da destruição das florestas tropicais pluviais: o hábito dos norte-americanos de comer carne
* Índice atual de extinção das espécies devida à destruição das florestas tropicais pluviais e os habitats relacionados a elas: 1000 por ano

"As florestas tropicais do mundo talvez sejam o recurso mais precioso da Terra, oferecendo refúgio a três quartos de todos os seres vivos do planeta. Esse exuberante cinturão verde de floresta que circunda o equador é chamado freqüentemente de Pulmão da Terra."

ÁGUA

- ♣ Usuário de mais da metade de toda a água consumida nos Estados Unidos: a criação de gado
- ♣ Quantidade de água usada na criação de uma vaca: suficiente para fazer um destróier flutuar
- ♣ Água necessária para produzir 0,45 kg de trigo: 95 litros
- ♣ Água necessária para produzir 0,45 kg de carne: 9.465 litros
- ♣ Custo da carne de um hambúrguer comum se a água usada pela indústria da carne não fosse subsidiada pelos contribuintes norte-americanos: US$ 77 por kg
- ♣ Custo atual de 0,45 kg de proteína derivada da carne de vaca: US$15,40
- ♣ Custo atual de 0,45 kg de proteína derivada do trigo: US$ 1,50
- ♣ Custo atual de 0,45 kg de proteína derivada da carne de vaca se os contribuintes norte-americanos deixassem de subsidiar o uso da água pela indústria da carne: US$ 89 (Harvey Diamond diz que o custo é de US$ 77 o quilo e que "só na Califórnia o custo dos subsídios à indústria da carne é de US$ 24 bilhões por ano!")

PETRÓLEO E ENERGIA

- ♣ Tempo que as reservas de petróleo do mundo durariam (com as tecnologias atuais) se todos os seres humanos consumissem uma alimentação que gira em torno da carne: 13 anos
- ♣ Tempo que as reservas de petróleo do mundo durariam (com as tecnologias atuais) se todos os seres humanos consumissem uma alimentação vegetariana: 260 anos
- ♣ Principal motivo da intervenção norte-americana no Golfo Pérsico: dependência do petróleo estrangeiro

* Barris de petróleo importados diariamente pelos Estados Unidos: 6,8 milhões
* Porcentagem do retorno de energia (proporção de energia do alimento em relação à energia fóssil dispendida) da criação de gado mais eficiente que há em termos de energia: 34,5%
* Porcentagem do retorno de energia (proporção de energia do alimento em relação à energia fóssil dispendida) com os métodos menos eficientes que existem em termos de energia: 32,8%
* Quantidade de soja produzida pela quantidade de combustível fóssil necessária para produzir 0,45 kg de carne derivada de gado estabulado: 18,1 kg
* Porcentagem de matérias-primas consumidas nos Estados Unidos hoje para produzir a alimentação atual que gira em torno da carne: 33%
* Porcentagem de matérias-primas consumidas nos Estados Unidos produzir uma alimentação puramente vegetariana: 2%

SISTEMAS DE ESGOTO

* Produção de fezes da população total dos Estados Unidos: 5.443 kg por segundo
* Produção de excremento do gado norte-americano: 113.400 kg por segundo
* Sistemas de esgotos nas cidades norte-americanas: comum
* Sistema de esgotos nas instalações do gado estabulado: inexistente
* Quantidade de detritos produzidos anualmente pelo gado norte-americano estabulado e que não são reciclados: 1 bilhão de toneladas (907 bilhões de quilos)

293

* Concentração relativa de detritos produzidos pelo gado estabulado comparada ao esgoto doméstico sem tratamento: de dez a várias centenas de vezes mais
* concentrados
Onde os detritos do gado estabulado acabam mais freqüentemente: nas reservas de água destinada aos seres humanos

Obviamente, a partir das estatísticas que acabamos de citar, qualquer um pode ver o impacto positivo e radical que viver de luz terá em nosso planeta a longo prazo. Nenhuma necessidade de sistemas de esgotos, fim da matança de animais, nenhuma necessidade desses grandes sistemas de eliminação de água, nenhuma necessidade de reservas de petróleo tão colossais, nenhuma necessidade de desflorestamento... a lista é infindável.

32. Nosso planeta, nossa descendência: redirecionamento dos recursos

"Não herdamos essa terra de nossos pais; foi um empréstimo que fizemos a nossos filhos."

Autor anônimo

Num discurso recente sobre os Direitos Humanos e a Paz, o Dalai Lama disse:

"Se formos sérios em nosso compromisso com os princípios fundamentais de igualdade que, a meu ver, estão no cerne do conceito dos direitos humanos, a disparidade econômica de hoje não pode mais ser ignorada. Não basta apenas afirmar que todos os seres humanos devem desfrutar da mesma dignidade. Esse conceito tem de ser traduzido em ação. Temos a responsabilidade de descobrir formas de chegar a uma distribuição mais eqüitativa dos recursos do mundo.

Estamos testemunhando um movimento popular incrível pelo respeito aos direitos humanos e à liberdade democrática no mundo. Esse movimento deve se tornar uma força moral mais poderosa ainda, tanto que nem os governos e exércitos mais obstrutivos possam suprimi-lo.

É natural e justo que as nações, os povos e os indivíduos exijam respeito a seus direitos e liberdades e lutem para acabar com a repressão, o racismo, a exploração econômica, a ocupação militar e as várias formas de colonialismo e dominação estrangeira. Os governos devem apoiar ativamente essas exigências em vez de só tratarem da questão teoricamente.

À medida que nos aproximamos do fim do século XX, descobrimos que o mundo está se tornando uma única comunidade. Estamos sendo reunidos pelos graves problemas de superpopulação, recursos naturais decrescentes e uma crise ambiental que ameaça os próprios alicerces de nossa existência nesse planeta. Os direitos humanos, a proteção ambiental, a igualdade social e econômica e a paz agora estão todos inter-relacionados. Se quiserem enfrentar os desafios de nosso tempo, os seres humanos terão de desenvolver um senso mais profundo de responsabilidade universal.

Temos todos de trabalhar não só para nós mesmos, para nossa família ou para nosso país, mas em benefício de toda a humanidade. A responsabilidade universal é a chave da sobrevivência humana e a melhor garantia dos direitos humanos e da paz mundial".

Muitos de nós estão concentrados em criar um progresso positivo em nível pessoal e planetário não só para nós, mas também para nossos filhos. A idéia de que podemos viver em harmonia e unidade como povos sadios que se respeitam e honram uns aos outros não é um sonho irrealizável. Mas, para termos adultos saudáveis, felizes e produtivos na sociedade, precisamos ter crianças saudáveis, felizes e produtivas.

Isso pode ser conseguido de três formas: educação no lar, educação na escola e educação na vida. Antes de discutirmos a questão da educação, vamos ver a quantas andamos hoje.

NOSSO PLANETA – FATOS, VISÕES POSITIVAS E OUTRAS

Como responsáveis pelo mundo de amanhã, está na hora de criar um futuro sustentável agindo com sabedoria hoje.

FATOS

Segundo a versão recentemente atualizada de *The Gaia Atlas of Planet Management* (O Atlas Gaia da Administração do

Planeta), essa foi uma década de recordes – de sucessos e de fracassos. Tivemos:
- As maiores temperaturas já registradas do aquecimento global.
- Quedas recordes nos níveis de ozônio na camada superior da atmosfera.
- Fome e a seca maltratando muitas regiões do mundo em desenvolvimento.
- Altas recordes da destruição desenfreada de espécies e habitats – da dizimação das florestas tropicais à matança de elefantes africanos por causa do marfim.
- As piores notícias são que o número de seres humanos e o consumo excessivo dos recursos da Terra ainda estão aumentando. As previsões são de que sejamos 11 bilhões em 2050.
- O fosso entre os ricos e os pobres, entre o norte de recursos intensivos e o sul de baixa renda, ainda está aumentando.
- Arrasar com a terra, poluir e destruir espécies e hábitats são problemas impossíveis de resolver com essa pressão impiedosa.
- Mas muitas nações agora estão fazendo um grande esforço para preservar as florestas e a terra, melhorar a saúde humana e oferecer acesso ao controle de natalidade, conservar e reciclar seus recursos.
- Nossos problemas econômicos levaram à recessão mundial, à pobreza, às dívidas e à fome, e todos esses problemas estão afetando um número maior do que nunca de pessoas.

Mas exatamente esses problemas estão fazendo surgir novas abordagens econômicas, educacionais, ambientais e políticas.

VISÕES POSITIVAS
- O movimento ambiental cresceu no mundo inteiro, com indivíduos e governos reconhecendo o conceito de sustentabilidade. Com a visão de Gaia como um planeta vivo,

muitos estão tomando consciência com um novo nível de respeito e amor por nosso lar terreno.

♣ Tem havido um aumento enorme de atividade e interesse por parte dos cidadãos individuais enquanto consumidores, enquanto eleitores, enquanto participantes de campanhas, enquanto responsáveis pela Terra.

♣ Novos partidos políticos estão sendo formados com o foco na unidade e na sustentabilidade.

♣ Estamos tendo progressos colossais no sentido de usar a energia com mais eficiência, e as nações juntaram-se para proibir os CFCs (Cloro, Flúor, Carbono) num espetáculo sem paralelos de cooperação global.

♣ Atividades sem precedentes no sentido de minorar a fome têm acompanhado o despertar da consciência mundial para as causas essenciais da fome.

♣ Em muitos países, os indivíduos agora estão divulgando a idéia radical (para a cultura ocidental) de viver de luz e ser sustentado pelo prana, o que tem ramificações globais como uma solução viável para a fome mundial.

♣ Têm sido feitos esforços globais para limpar a água potável para todos, o que está ajudando centenas de milhões de pessoas do mundo em desenvolvimento.

♣ Fizemos um acordo notável para conservar o ambiente puro da Antártida protegido da exploração e negociamos tratados internacionais para preservar a biodiversidade.

♣ As melhores notícias foram o fim da Guerra Fria, súbito e inspirador, e o surgimento de preocupações globais com a democracia, o internacionalismo e a paz.

♣ As despesas militares globais atingiram uma alta recorde de US$ 1 trilhão anual, mas o ponto culminante já foi superado e agora vivemos num mundo com menos receio de um conflito nuclear e com um número recorde de países desfrutando de democracias liberais. Esse espetáculo de unidade veio à luz contra os testes nucleares da França no Pacífico, manifestações populares pacíficas mais recentes na China, ajuda a Kosovo – todas essas mudanças são prova de que uma grande revolução na consciência humana é possível e está em curso nesse momento!

A partir disso, parece que temos uma grande necessidade de reeducação constante no planeta para que os recursos possam ser divididos de forma mais justa. O caos no planeta não se deve à falta de recursos ou serviços, e nem mesmo de distribuição igualitária de ambos. O caos entre a humanidade deriva da falta de um objetivo comum que una a diversidade de todas as culturas e sociedades existentes hoje.

O caos que vemos em nível planetário decorre simplesmente de:
♣ falta de respeito e tolerância entre as raças e culturas
♣ falta de visão clara em nível pessoal e global
♣ falta de visão de que somos um só povo partilhando um só planeta
  falta de sentido e motivação em nossa vida pessoal
♣ falta de consciência da verdadeira razão de estarmos aqui
♣ e do que podemos conseguir enquanto espécie
  falta de conhecimento da natureza superior de nosso ser e
♣ da lei universal que governa as forças da criação.

Não é possível criar uma mudança global permanente para o bem da totalidade a não ser olhando de forma imparcial e lógica para o indivíduo como um todo. Os seres em sua totalidade são os pioneiros da capacidade de mudança global. Como disse certa vez o escritor inglês Aldous Huxley, "experiência não é o que acontece a uma pessoa. É o que essa pessoa faz com aquilo que lhe acontece".

As informações que se seguem giram em torno do que vemos como as mais poderosas forças à disposição da humanidade nos dias de hoje – o fator recurso humano. Agora, mais do que nunca nessa era de tecnologia, a reeducação pode ser o instrumento mais eficiente que temos para gerar e manter uma transformação global – principalmente se for conjugada ao redirecionamento de nossos recursos.

Sabemos que a eliminação da fome e a conquista da saúde em nível global não acontecem da noite para o dia, mas vão acontecer à medida que o Estilo de Vida Prazeroso e os programas de conexão com a DI nos inspirarem a entrarmos em forma em todos os níveis.

Os Embaixadores da Luz também desejam inspirar as pessoas no sentido de criar um paraíso pessoal – que inclui uma saúde excelente – que depois vai se transformar num paraíso global. Sim, esse é um programa colossal de reeducação que vai dar resultado, mas que precisa começar com cada um de nós pessoalmente.

Para muitos Embaixadores da Luz, não há necessidade de nosso povo viver na pobreza, na inanição e sem um teto decente ou uma boa educação holística. Todas as sociedades podem se livrar de todas as doenças e todas as pessoas podem ter saúde física, emocional, mental e espiritual.

Para conseguir isso, incentivamos as pessoas a aproveitar a quantidade imensa de informações oferecidas pela fraternidade médica e também pelos terapeutas alternativos, educadores holísticos e mestres espirituais na Terra. Essas são pessoas dispostas a ajudar os outros a sentir um bem-estar completo em muitos aspectos de sua vida.

Os Embaixadores do MSPD não querem reinventar a roda. O que queremos é incentivar as pessoas a assumirem responsabilidade por sua vida. O indivíduo que procura melhorar sua vida e a vida de todos no planeta vai precisar exercer o senso comum e a disciplina no modo de vida que escolheu e, mesmo assim, as recompensas por fazer isso serão incalculáveis.

Cada um de nós, através do modo de vida que escolheu, tem o poder de redirecionar os recursos nesse planeta, unificando-nos por meio de uma visão comum e uma plataforma clara.

Embora reconheçamos a necessidade de refinamento de muitos sistemas da terra, nessa seção queremos discutir os seguintes:

♣ a) o fator recurso humano
♣ b) a educação no novo milênio
♣ c) o pagamento de dízimos e instituições de assistência social
♣ d) os benefícios do fim das proibições
♣ e) os benefícios do desarmamento global
♣ f) o perdão da dívida do Terceiro Mundo
♣ g) o levantamento de fundos para programas de bem-estar social

Sim, representamos a voz de Gaia com nossos interesses ambientais. Os Embaixadores da Luz também representam a voz dos povos nativos e nossos antepassados em termos de sabedoria. Estamos todos ligados aos canais cósmicos ou religiosos, cada um à sua maneira. Afinal de contas, a realidade pessoal é apenas um filme, e estamos sugerindo que todos ponham de lado as práticas que criam separação e finalmente olhem para os benefícios de estarmos unificados numa visão comum.

a) O fator recurso humano

Antes de podermos discutir efetivamente a redistribuição dos recursos, temos de avaliar os tipos de recursos à nossa disposição – humanos e outros. Os mais preciosos de todos são os nossos recursos humanos. Sem bons companheiros e camaradagem, a vida tal como a conhecemos pode perder o sentido. Nisso incluímos nossa relação conosco mesmos e o respeito suficiente por nós mesmos para vivenciarmos a pessoa que realmente somos – além de nossa mente, corpo e emoções.

Desde o momento em que os Embaixadores da Luz entraram no palco global, falamos sobre o poder da DI. A DI é onipotente, onisciente e vive em tudo, inclusive em nós. Quando nos concentramos Nela, a magia entra em nossa vida – nossos medos se dissolvem, nossa vida parece ter sentido, a saúde e a felicidade chegam quando ouvimos Suas diretrizes. Nosso mundo é um espelho de nossas crenças sobre quem somos, e agora já são muitos os que questionam suas crenças.

Sim, os Embaixadores da Luz incentivam as pessoas a vivenciarem o poder da DI e irem além do pensamento limitado. Todo mundo sabe que o fator recurso humano é maior quando as pessoas se unem. Como disse Edward Abbey, um escritor norte-americano: "Nas instituições sociais, o todo sempre é menor que a soma das partes. Nunca vai haver um Estado tão bom quanto seu povo, nem uma Igreja digna de sua congregação, nem uma universidade à altura de seus professores e alunos".

Sabemos que com a comunicação franca e a discussão inteligente os recursos podem ser efetivamente redistribuídos e os sistemas podem ser refinados de tal maneira que todos venham a prosperar em unidade na Terra. Mas antes de conseguirmos criar e vivenciar uma unidade global, temos de conquistar a unidade pessoal, o que significa que os problemas com nossa saúde, riqueza, modo de vida, vida amorosa, amigos, família, passatempos, paixão e sentido de vida precisam ser resolvidos de maneira satisfatória.

Isso só pode ser feito efetivamente quando entendemos que somos mais que nossa mente, nosso corpo e nossas emoções. É por isso que os Embaixadores da Luz acham que a chave para a evolução humana positiva está na educação holística.

6) *A educação no novo milênio*

"Nossa educação escolar ignora, de mil formas diferentes, as regras do desenvolvimento sadio."

Elizabeth Blackwell, médica e escrita norte-americana

"Se você acha que a educação é cara, experimente a ignorância."

Derek Bok

Muitos dos Embaixadores da Luz sentiram o poder de uma força cósmica que é inegável em Sua sabedoria. Ela nos deu algumas alternativas inteligentes básicas ao mesmo tempo que lembrava que não somos obrigados a ter todas as respostas – só precisamos saber aquilo que nos cabe saber. Se fizermos a parte que nos cabe com respeito e reverência por todos os seres vivos, haverá uma grande mudança e a educação vai oferecer o caminho para essa mudança continuar sem caos.

Para definir o que queremos dizer com educação, incluímos a seguinte passagem extraída de *Education in the New Age* (Educação na Nova Era), de um mestre tibetano e Alice A. Bailey.

"A educação tem três objetivos principais segundo a perspectiva do desenvolvimento humano:

PRIMEIRO, como muitos já entenderam, deve fazer de um indivíduo um cidadão ou cidadã inteligente, mãe ou pai sábio e uma personalidade controlada; deve possibilitar-lhe desempenhar seu papel no trabalho e no mundo e torná-lo adequado para viver em paz, solidariedade e harmonia com seus vizinhos.

SEGUNDO, deve possibilitar-lhe construir uma ponte sobre os fossos que existem entre os vários aspectos de sua própria natureza mental e aqui está a maior ênfase das instruções que agora me proponho a lhes apresentar.

A filosofia esotérica ensina, como vocês sabem muito bem, que existem três aspectos no plano mental, ou na criatura mental que chamamos de ser humano. Esses três aspectos constituem a parte mais importante de sua natureza:

- 1. Sua mente concreta inferior, o princípio do raciocínio. É com esse aspecto do ser humano que nossos processos educacionais se propõem a trabalhar.
- 2. O filho da mente, que chamamos de Ego ou Alma. Esse é o princípio da inteligência e é chamado por muitos nomes na literatura esotérica, como Anjo Solar, o Agnishvattas, o princípio crístico, etc. Com esse aspecto, a religião do passado se propôs a trabalhar.
- 3. A mente superior abstrata, o guardião das idéias, aquela que transmite luz à mente inferior quando essa mente inferior está em harmonia com a Alma e ligada a esta última. Com esse mundo de idéias a filosofia se propôs a trabalhar.

Podemos chamar esses três aspectos de:

- a mente receptiva, a mente com que os psicólogos trabalham
- a mente individualizada, o filho da mente

♣ a mente esclarecedora ou iluminadora, a mente superior TERCEIRO, o fosso entre a mente superior e a alma tem de ser transposto e, curiosamente, a humanidade já percebeu isso e por isso fala em termos de "obter unidade", "entrar em sintonia" ou "conseguir entrar em alinhamento". Todos esses conceitos são tentativas de expressar essa verdade percebida intuitivamente."

Depois de assumido o compromisso de ser responsável por si mesmo e de estabelecer uma comunicação com a "mente iluminadora" da DI, a pessoa começa então a receber informações muito específicas sobre o verdadeiro sentido de sua vida. Muitos Embaixadores da Luz estão agora ativamente envolvidos com programas holísticos e globais de reeducação.

A jornalista norte-americana Susan L. Taylor disse que "tudo gira em torno da educação. Sem ela, você não tem como lutar por um tratamento médico adequado, por moradia, por uma declaração de direitos civis que garanta os seus direitos".

A educação do novo milênio tem de ser holística, tem de discutir todas as questões que nos preocupam como seres espirituais que estão aqui para ter uma experiência humana. Todos sabemos que adultos saudáveis e felizes tendem a ter filhos igualmente saudáveis e felizes.

Para conseguir isso, os Embaixadores da Luz do MSPD recomendam alguns passos:

♣ 1. Que as crianças sejam educadas sobre os benefícios pessoais e de longo prazo, tanto em nível pessoal quanto global, de uma alimentação vegetariana.

♣ 2. Que todas as crianças sejam incentivadas a se envolver em exercícios regulares, se possível diários, não-competitivos, somente por prazer – dança, ioga, natação, alongamento, atletismo, etc.

♣ 3. Que todas as crianças aprendam técnicas de visualização criativa para saberem curar seus próprios corpos, se houver necessidade.

♣ 4. Que todas as crianças recebam doses diárias de amor e afeto e aprendam o valor de amarem a si mesmas.

♣ 5. Que todas as crianças sejam educadas sobre a influência da conexão mente/corpo no surgimento das doenças.

♣ 6. Que todas as crianças sejam incentivadas a passar algum tempo todos os dias em silêncio, conversando com Deus (ou qualquer poder superior que seus pais entendam ser a Força por trás da Criação).

♣ 7. Que todas as crianças sejam encorajadas a descobrir e interagir com os reinos angélicos. "Os anjos (ou seres espirituais) são reais" deve ser o seu lema.

♣ 8. Que todas as crianças sejam encorajadas a expressar sua criatividade de uma maneira que encha seu coração de felicidade.

♣ 9. Que todas as crianças sejam incentivadas a desenvolver outras atividades recreativas na vida além de ver televisão. Que assistir televisão se restrinja aos programas que têm uma influência positiva nas mentes em desenvolvimento.

♣ 10. Que todas as crianças sejam incentivadas a reverenciar todo o seu ser como um templo, para que a Divindade se irradie através delas.

♣ 11. Que todos os *pais* e *mães* façam um curso voluntário sobre paternidade/maternidade antes de se proporem a ter crianças. Todos fazemos um curso para tirar a carta de motorista, e também freqüentamos instituições educacionais para nos habilitarmos profissionalmente. Muitos Embaixadores do MSPD consideram a paternidade e a maternidade uma das carreiras mais importantes do planeta. Recomendamos que o "Curso de Paternidade/Maternidade" e as atitudes citadas acima, mais uma educação holística, tornem-se uma presença constante em todos os currículos escolares.

A educação holística deve começar em casa, ter continuidade na escola e ser incentivada pela sociedade como um estilo de vida. Quanto antes começarmos a assumir a responsabilidade pelo fato de sermos parte de um todo, a qual afeta e é afetada pelo todo, tanto antes podemos cooperar na construção de sistemas construtivos para resolver os problemas da saúde e da fome no mundo. Esse é o próprio cerne da física quântica de hoje no sentido de que o todo pode ser afetado por nossa observação dele. Isso é também muito taoísta. O MSPD não é um movimento de anarquia, é um movimento voltado para o refinamento dos sistemas existentes de modo a poderem trabalhar para todos. Isso pode ser conseguido com o acréscimo de uma abordagem metafísica aos problemas de nossos dias. O medo da mudança vem da falta de educação.

Em seguida ao desarmamento, a educação holística é vital para nosso progresso enquanto espécie. A ciência e a religião são apenas dois aros diferentes da mesma roda – assim como a medicina tradicional e a alternativa – e não precisam estar em conflito, pois ambas têm papéis válidos. As pessoas têm de aprender na escola, em casa e em sua comunidade sobre:
- a) o poder das Leis Universais – o que são, como operam e como todos podemos nos beneficiar com o seu uso
- b) como nos sintonizarmos como um sistema de energia e ter uma vida cheia de sentido, saúde e felicidade através de algo como o programa do Estilo de Vida Prazeroso.

Como as sociedades são constituídas de indivíduos, pessoas fortes, em boa forma e felizes criam sociedades fortes e felizes.

Um dos objetivos de nosso Projeto Saúde Mundial, Fome Mundial é a eliminação, no futuro, da necessidade de ter hospitais – além dos pronto-socorros – e outros sistemas de saúde à medida que passamos a ter uma sociedade de indivíduos que não ficam doentes e que podem se curar sozinhos, se for necessário.

Os Embaixadores da Luz tomam essa iniciativa num momento em que os sistemas de nosso planeta precisam ser avaliados de forma honesta e depois refinados à medida que novos programas são adotados para se adequar a um mundo em transformação. Em geral investimos nosso tempo e/ou dinheiro e servimos simplesmente porque podemos.

c) *Dízimos e instituições de assistência social*

"As boas ações são dobradiças invisíveis nas portas do céu."

Victor Hugo, poeta e romancista francês

A adoção de um modo de vida vegetariano, principalmente nos países industrializados, vai liberar recursos imediatamente. Outra forma de ajudar na redistribuição dos recursos é pagar dízimos. Há muitas formas de pagar dízimos. Podemos investir nosso tempo e energia para apoiar projetos importantes e ver nossos sonhos realizados no plano coletivo. Podemos investir uma parte de nossa renda numa causa meritória, sabendo que quando abrimos a porta para dar, também atraímos e recebemos o que damos.

Os governos, as comunidades e os indivíduos podem todos promover a saúde incentivando a adoção de uma alimentação vegetariana e a idéia de que isso também é muito benéfico para a sustentabilidade dos recursos e de nosso meio ambiente. Não precisamos ser gênios para imaginar o impacto que viver puramente de prana vai acabar tendo em nosso planeta em termos ambientais.

E, sim, é verdade que embora as pessoas riam quando digo isso, podemos doar às instituições de caridade o dinheiro que economizamos por viver com uma alimentação mais leve e por não precisarmos de tratamentos de saúde e assim ajudar a promover o bem-estar social. Pagar dízimos é um gesto maravilhoso em diversos níveis e muitos dizem que, no Ocidente, eles devem corresponder realmente a 10% de nossa renda.

Com o dinheiro que todos economizamos ao comer menos e não precisarmos pagar os serviços médicos, podemos:
- sustentar uma ou duas crianças que participam dos programas da *World Vision* (Visão Mundial)
- doá-lo para o *Save the Children Fund* (Fundo Salve as Crianças)
- dá-lo para os moradores de rua que vivem perto de nós
- dá-lo a qualquer outra instituição de caridade cujo trabalho respeitemos particularmente
- dá-lo para um amigo ou familiar que esteja precisando

O importante aqui é dar sem expectativas de recompensa.

Se os australianos gastaram 11 bilhões de dólares em jogos e apostas em 1998, certamente podemos nos dar ao luxo de pagar um dizimozinho. O dízimo pode ser uma parte de nosso tempo, de nosso dinheiro e de bens doados a uma instituição já existente de assistência social que esteja procurando resolver os problemas da fome mundial no presente momento. Depois de acessar o *American News Service* (Serviço Norte-Americano de Informações) para obter informações sobre os Programas de Eliminação da Fome existentes nos Estados Unidos, Paul Bush, do estado de Nova York, nos disse que "os programas de alimentação das instituições de caridade de todo o país estão enfrentando dificuldades cada vez maiores para obter comida suficiente para alimentar os cerca de 26 milhões de pobres que dependem dos bancos de alimentação".

Parece que nos últimos quatro anos essa situação se agravou, pois os bancos de alimentação ensinaram as grandes cadeias (sua fonte usual de sobras de comida) a serem mais eficientes. A nova precisão de seus programas de pedidos, controle de estoque e prevenção de perdas levou os grandes doadores a fazerem menos doações.

Embora a fome ainda exista no mundo inteiro, a capacidade dos países de importar comida e as atividades de instituições internacionais de assistência social diminuíram os efeitos da fome moderna. Nações européias, os Estados Unidos e outros países desenvolvidos não registraram casos de epidemia de fome durante o século XX. Outras nações, como a União Soviética, evitaram taxas elevadas de mortalidade com sua capacidade de importar comida e distribuí-la rápida e eficientemente. Mas a fome continua sendo um problema em partes da América Latina, África Central e sudeste da Ásia.

A redistribuição de recursos por meio das instituições de assistência social também precisa de apoio e aperfeiçoamento. Há uma miríade de histórias a respeito de suprimentos que nunca chegam a seu destino devido à incompetência burocrática, sistemas corruptos e ineficiência pura e simples. As instituições de assistência social têm plena consciência desses problemas e estão fazendo tudo o que podem para retificar a situação. O pagamento de dízimos é uma forma maravilhosa de dar apoio a essas instituições, pois elas trabalham em prol dos povos do Terceiro Mundo. Nesse ínterim, vamos continuar nossa pesquisa e divulgar nossas descobertas como um auxílio adicional para a solução desses problemas.

A melhor maneira de ajudar individualmente é entrar em plena forma comendo menos e consumindo alimentos mais leves, fazendo exercício e meditação, descobrindo o sentido de nossa existência, cultivando nossa paixão pela vida e fazendo uma boa faxina em nossa bagagem emocional com mudanças em nossas atitudes perante a vida.

Depois que as pessoas encontram o poço inesgotável da verdadeira felicidade, que independe da riqueza e das influências culturais, elas se tornam naturalmente mais altruístas, mais voltadas para o servir, e podem começar a redistribuir os recursos de nosso planeta para que toda a humanidade tenha suas necessidades básicas satisfeitas.

Sai Baba diz que as pesssoas servem pelo simples fato de poderem servir. Nós, no Ocidente, estamos em condições de cuidar de pessoas que têm menos do que nós. Mas não temos, na corrente dominante de nossa sociedade, uma mentalidade que se proponha dividir riqueza e recursos; na verdade, a influência social incentiva o oposto.

Os Embaixadores da Luz recomendam às pessoas que transformem seu modo de vida, deixando de precisar das enormes quantidades de dinheiro para gastar em comida, ou álcool, ou nas coisas que desejam por achar que vão lhes dar a felicidade que podem conseguir com a meditação e outras práticas espirituais – recomendamos que parte desse dinheiro seja doado a instituições de caridade para que possamos não só tirar coisas desse planeta, mas também dar. Quanto mais nos abrimos com o processo de pagar dízimos e fazer outros tipos de doação, a lei universal dita que tanto mais receberemos.

Agora vamos dar informações sobre instituições com as quais você pode entrar em contato para participar da redução da fome nesse mundo. Os dados foram extraídos do seguinte endereço na Internet:

http://www.thehungersite.com/hungerresources.html

The Hunger Site (O "Site" da Fome)

Como todos os bancos de alimentação, o *site* da Hunger foi criado para ajudar na distribuição de comida no mundo inteiro. Você pode perguntar... *Como a comida doada através do site da Hunger é distribuída?*

A comida doada é distribuída por meio de grandes instituições internacionais de assistência social. O *site* da Hunger não tem afiliações políticas, religiosas ou outras; selecionamos essas instituições baseados na eficiência com que distribuem comida às pessoas que mais precisam.

O *site* da Hunger pôs em funcionamento uma forma muito simples de distribuir comida. Também tem uma lista de muitas instituições com as quais podemos entrar em contato para dar nosso apoio.

Outras informações dadas pelo *site* da Hunger:
- Cerca de 24 mil pessoas morrem todos os dias de fome ou de causas relacionadas à fome. Já houve uma redução das 35 mil de dez anos atrás, e das 41 mil de vinte anos atrás. Três quartos das mortes são de crianças com menos de 5 anos.
- Hoje em dia, 10% das crianças dos países em desenvolvimento morrem antes dos 5 anos, o que já é uma redução dos 28% de cinqüenta anos atrás.
- A fome e as guerras provocam somente 10% das mortes por inanição, embora elas tendam a ser aquelas sobre as quais mais temos notícias. A maioria das mortes por inanição é causada por desnutrição crônica. As famílias

simplesmente não têm o suficiente para comer. Essa situação, por sua vez, é causada pela pobreza extrema.

♣ A desnutrição crônica também gera problemas de visão e audição, compromete o desenvolvimento e aumenta enorme-mente a suscetibilidade às doenças. Pessoas com desnutrição grave são incapazes de ter um bom desempenho até num nível básico.

♣ Estima-se que cerca de 800 milhões de pessoas no mundo inteiro sofrem de fome e desnutrição, cerca de 100 vezes mais que aquelas que morrem efetivamente de fome todos os anos.

♣ Em geral só são necessários uns poucos recursos simples para as pessoas empobrecidas conseguirem cultivar alimentos na quantidade mínima para se tornarem auto-suficientes. Esses recursos incluem sementes de boa qualidade, instrumentos adequados e acesso à água. Pequenas melhorias nas técnicas agrícolas e nos métodos de armazenamento da comida também ajudam.

♣ Muitos especialistas em fome acreditam que, em última instância, a melhor maneira de reduzir a fome é por meio da educação. Pessoas instruídas têm mais capacidade de romper o ciclo da pobreza que leva à fome.

Agradecemos as informações cedidas pelo *site* da Hunger; recomendamos que você se familiarize com o trabalho das instituições apresentadas nos apêndices do final deste livro; dê-lhes apoio sempre que possível e depois também considere a possibilidade de dar a si mesmo a verdadeira liberdade de escolha procurando descobrir como A Divindade Interior pode alimentá-lo.

Outra forma de levantar fundos efetivamente para programas de assistência social e para nosso Projeto de Saúde Mundial, Fome Mundial é com a dissolução das proibições.

d) Proibição

O trecho que se segue é uma citação do terceiro livro da Trilogia de Camelot intitulado *Our Progeny – the X-Re-Generation* (Nossos Descendentes – A Nova Geração X). Nele examinamos a questão do suicídio entre os jovens, o uso de drogas e a proibição, a paixão e o sentido da vida, o vegetarianismo e os Vedas, e muito mais. A pesquisa que fizemos sobre os efeitos da proibição é apresentada a seguir e foi extraída do capítulo sobre vícios intitulado "A Senhora do Nirvana – Os Senhores da Droga e os Senhores da Guerra".

> "A proibição fez surgirem os Senhores das Drogas e os Senhores da Guerra, pois a busca por êxtase e iluminação continuava. Tendo criado uma empresa de 1 bilhão de dólares, que muitos lutam exaustivamente para manter viva, para eles as recompensas eram grandes demais para pensarem nos danos. Na verdade, a morte decorrente do uso de drogas que levam à expansão da mente não era uma estatística de crises – mas, para aqueles que amam as crianças das ruas, toda morte é desnecessária.
> Segundo a Organização das Nações Unidas, ao final do velho milênio a produção global de drogas por ano era de 5 mil toneladas de ópio, 500 toneladas de heroína depois de refinada; a produção de cocaína acrescentava mais 500 toneladas para estimular as pessoas a entrarem em estados de consciência alterada.
> Aqueles que querem a abolição da proibição afirmaram que a proibição do passado só aumentou a riqueza dos fornecedores de álcool. Agora as drogas na rua fazem o mesmo. Os senhores das drogas eram senhores da guerra que não hesitavam diante de nada para proteger sua

indústria de 1 bilhão de dólares e, sem consciência, ignoravam a destruição das famílias.

Nas nações subdesenvolvidas, 40% das crianças de rua estavam cheirando cola, com efeitos desastrosos. Mesmo assim, esses números parecem insignificantes quando comparados aos milhões que morrem todo ano devido ao consumo de tabaco e álcool. À medida que a renda aumentava, aumentavam também as quantias gastas com drogas recreativas e farmacêuticas.

Entre os cinco milhões de pessoas que injetam drogas no corpo no mundo inteiro, morrem 200 mil todo ano. Acrescente o HIV e a AIDS às mortes relacionadas com o consumo de drogas e você verá o quanto os vícios são dispendiosos. A reeducação era imperativa e, apesar disso, enquanto a proibição persistia, os fundos necessários para combater o crime subiram vertiginosamente, a ponto de ficarem descontrolados. Para os cartéis de drogas, a proibição é exatamente como um dia na Disneylândia.

Os descendentes de OH-OM na Europa e na América estavam gastando 120 bilhões de dólares por ano. Para os reformistas, a proibição era ineficaz e o problema continua crescendo. Os lucros derivados da venda de drogas ilícitas continuavam sem pagar impostos, enquanto os viciados lutavam em busca de paixões e realidades alternativas que expandiriam sua mente e não destruiriam seu corpo.

Quando E (*uma das personagens principais do livro – Jasmuheen*) estava se preparando para fundar a Aliança, percebeu que logo estaria indo para uma Europa em guerra. Senhores das drogas ou senhores da guerra – a diferença parecia tão pequena, a existência de ambas propagava a morte.

Ao ver David Suzuki no programa de televisão *The Nature of Things* (A Natureza das Coisas), ela percebeu o quanto as reformas que estavam sendo feitas eram eficientes. O índice de mortalidade de usuários de drogas intravenosas por AIDS em Amsterdã era metade do de Nova York. A proibição governava os Estados Unidos e as estatísticas gritavam o quanto essa estrada se tornara inútil em comparação com os países onde o uso de drogas era tratado como doença e não como crime. Na cidade de Nova York, 80% dos usuários de drogas intravenosas eram HIV-positivos, em comparação com menos de 1% na Holanda, onde havia financiamento para programas de agulhas descartáveis.

A evidência era clara e, para muitos que levaram essas informações a sério, as leis eram arcaicas e draconianas. Os Estados Unidos detinham o número mais elevado de usuários de drogas *per capita*, enquanto países como o Reino Unido criavam programas de redução dos danos que ajudavam esses viciados na Senhora do Nirvana a obter controle sobre sua vida. Em vez de trabalhar para levantar números, estavam trabalhando para viver.

As nações estavam virando as costas tanto para a guerra quanto para a proibição, numa tentativa desesperada de encontrar a civilidade em outros modos de vida e na paz. No mundo em transição, novas soluções químicas produziam drogas com menos efeitos colaterais e com a capacidade de cancelar a experiência do efeito do ópio. Até encontrarem uma nova paixão, essa era uma promessa para aqueles que já estavam nas garras do vício."

e) *Desarmamento global*

A questão do desarmamento global é complexa e tem muitos aspectos que requerem discussão. Como no caso da proibição, há muitas nuances nesse argumento que nos impedem de tomar decisões e assumir uma posição. Mas o fato básico é que a única razão pela qual gastamos dinheiro com questões de "segurança nacional" é o medo; e a ameaça de guerra, e até a proibição, mantém os negociantes de armas envolvidos num negócio que vale bilhões de dólares. Muita gente inteligente está querendo saber quem é que mais se beneficia com a produção de armamentos e por que se permite que essa situação continue. Criar um inimigo é uma forma maravilhosa de perpetuar a vida de uma indústria que, por razões financeiras, muitos querem manter em funcionamento. Medo de alienígenas, medo de déspotas, medo dos senhores das drogas e dos senhores da guerra.

Quando escolhemos não ter inimigos e quando permitimos que a DI dissolva nossos medos, conseguimos finalmente nos desarmar uns diante dos outros. Um vislumbre da Divindade Interior é suficiente para dissolver muitos medos. O medo nasce de nosso sentimento de estarmos desconectados do divino, nasce de nossa ignorância em relação a quem somos realmente. O medo nasce do sentimento de estarmos separados uns dos outros e da falta de fé na existência da verdadeira santidade.

Muitos dos Embaixadores da Luz acreditam hoje que o desarmamento global é vital para um início próspero de novo milênio. Por quê? Obviamente porque não é necessário passar a vida com medo e porque travar uma guerra é um desperdício de recursos humanos e financeiros – basta pensar em Kosovo. Joguem bombas neles e depois reconstruam suas cidades. Nossos governos gastam 868 bilhões de dólares por ano em armas, quantia que poderia ser realocada para programas de assistência social. Como John F. Kennedy disse certa vez: "A maior oração não é pela vitória, e sim pela paz. Uma guerra que pode ser ganha é uma coisa que não existe".

Sim, é verdade que nossos governos estão discutindo a questão das cifras gastas com armas e também o que exatamente significa nossa necessidade de segurança. A pesquisa feita por Jeff fornece dados adicionais:

> "Harry Truman, presidente dos Estados Unidos, disse certa vez, em relação à segurança nacional: 'Fale calmamente e ande com um porrete bem grande'. É óbvio que há sabedoria nessas palavras, uma vez que países célebres por sua neutralidade efetiva e constante, como a Suíça, têm, apesar disso, um exército permanente substancial. Em outras palavras, você tem de estar preparado para se defender e assim ter condições de ser deixado em paz.
> Desde que a Guerra Fria terminou, os gastos propostos em 1999 pelos Estados Unidos são de 232 bilhões de dólares – uma redução de somente 7% dos níveis de paz relativa da época da Guerra Fria. O plano do governo norte-americano é continuar fazendo reduções de modo a chegar a cortes importantes. O problema é que em qualquer reestruturação de uma estrutura já existente, os deputados e senadores dos Estados Unidos que têm de aprovar as reduções têm interesses ocultos a defender, como bases militares e fábricas de armamentos em seus distritos. A outra discussão importante é o custo de armas de tecnologia avançada, como o custo de 134 milhões de dólares dos caças F22 – os F16s que estão sendo substituídos custam 17 milhões de dólares. Os custos da defesa para o governo federal norte-americano, apesar das reduções, ainda respondem por quase 70% do orçamento total do governo federal.
> Embora o mundo livre certamente aprecie as atividades policiais que os Estados Unidos promovem, as despesas de capital e os custos recorrentes do exército norte-americano são uma parcela muito grande do orçamento deste país. As conseqüências são sentidas em todos os

países do Terceiro Mundo no nível dos fundos absorvidos por esse setor.

A questão é saber qual o nível de defesa que é apropriado. Não seria absurdo dizer, a essa altura, que o nível da capacidade de defesa dos Estados Unidos é exagerado e com certeza pode ser reduzido substancialmente sem perda de segurança para este país, nem para o resto do mundo. É claro que conseguir isso é uma questão de habilidade política. Mas o poder pessoal, a capacidade de escrever, mandar e-mails e faxes aos deputados e senadores, telefonar-lhes, nunca deve ser subestimado. Lembre-se de que os políticos respondem de maneira incrivelmente rápida a um grande número de eleitores descontentes.

Sim, o desarmamento continua no mundo inteiro, mesmo que a tendência seja diminuir a sua velocidade. Por outro lado, um efeito colateral negativo do desarmamento está se tornando mais evidente: excesso de armas. Cerca de 165 mil armas pesadas convencionais, 5 mil disparadores de armas nucleares e 18 mil ogivas nucleares, bem como milhares de toneladas de armas químicas, tornaram-se um excedente em decorrência do desarmamento. Muitos governos foram pegos de surpresa pelas enormes quanti-dades desses 'subprodutos' e não parecem capazes de lidar com os aspectos políticos, práticos e de segurança do desarmamento".

Pesquisa de Conversão de 1997: Desarmamento Global e Controle do Excedente de Armas, BICC (Bonn International Centre for Conversion – Centro Internacional de Bonn para a Conversão)

Segundo o relatório citado acima, há uma tendência contraditória: o desarmamento e o armamento agora estão lado a lado, pois 86 dos 156 países estudados reduziram suas despesas militares em 1995, mas em 60 países o setor militar se expandiu. Esse relatório também combina dados sobre gastos militares, manutenção de armas, do pessoal das Forças Armadas e emprego na produção de armamentos, e mostra que houve uma redução de 3% no ano passado e que o setor militar foi reduzido no mundo inteiro numa média de 21%.

Um outro estudo intitulado *Disarmament and Development - A Global Perspective* (Desarmamento e Desenvolvimento - Uma Perspectiva Global), preparado sob os auspícios do *Center for International Development* (Centro de Desenvolvimento Internacional), da Universidade de Maryland, do College Park e da *World Academy of Development and Cooperation* (Academia Mundial de Desenvolvimento e Cooperação), Washington, Distrito Federal, diz o seguinte: "A escalada da corrida armamentista e pressão crescente para o desenvolvimento do Terceiro Mundo levaram à intensificação da competição por recursos escassos. A escalada da corrida armamentista resultou em crescimento e desenvolvimento mais lentos e mais desiguais. A história decepcionante das atividades de desarmamento e os resultados insatisfatórios da proposta de criar uma nova ordem econômica internacional estão por baixo da relutância em perceber uma relação viável entre desenvolvimento e desarmamento".

Embora fosse ingenuidade sugerir que o desarmamento global pode ser feito imediatamente devido aos fatos citados, trata-se de um programa que precisa ser divulgado e apoiado internacionalmente em todos os níveis. Mas enquanto não nos desarmarmos no plano pessoal, não vamos conseguir desarmar as nações. Desarmarmo-nos e livrarmo-nos do medo é o maior desafio que a humanidade está enfrentando hoje e a única força grande o bastante para nos libertar dos medos mais profundos é o poder da DI.

f) A dívida do Terceiro Mundo

Uma das coisas que muitos Embaixadores da Luz estão defendendo agora é o perdão das dívidas de todo o Terceiro Mundo. Esse deve ser o primeiro ato de compaixão global dos povos do planeta.

Os Embaixadores da Luz percebam que devido ao próprio ato de perdão dessa dívida, as forças universais serão ativadas e apoiarão essa iniciativa em todos os níveis por causa do espírito com que será tomada. O "Ocidente rico" não vai sentir falta desse pagamento.

Num artigo intitulado *Release from Unpayable Debt* (Liberação de uma Dívida Impossível de Quitar), a Unicef estima que 500 mil crianças morrem toda semana por causa da crise gerada pela dívida do Terceiro Mundo. Jubilee 2000 (veja mais abaixo) diz que o cancelamento da dívida é a melhor via para o progresso. "Vamos apagar o quadro-negro e deixar os países mais pobres recomeçarem." É uma visão radical, embora tenha alguns defensores poderosos, como o arcebispo Desmond Tutu, da África do Sul.

"Ficamos chocados ao saber que por cada libra que esses países recebem a título de ajuda, pagam três de juros. Como poderão sair algum dia de sua crise financeira?", pergunta um membro da igreja de St. Michael, Paul Gruzalski.

Uma resposta é a instituição chamada Jubilee 2000, que fez uma campanha para celebrar o novo milênio com o cancelamento das dívidas dos países pobres. No dia 16 de maio de 2000, políticos das sete nações mais poderosas economi-camente encontraram-se em Birmingham para discutir a crise dessa dívida.

Há um artigo datado de 27 de setembro de 1998 no seguinte endereço eletrônico: *http://www.igs.net/~tonyc/3rddebt.html* que diz o seguinte:

"Especialistas estimam que os países do Terceiro Mundo já pagaram duas vezes mais às nações industrializadas o US$ 1,5 trilhão original que tomaram emprestado, e dizem que muitos dos países devedores estão efetivamente falidos. Como as primeiras dívidas foram feitas nas décadas de 1960 e 1970, as economias de muitos países do Terceiro Mundo foram devastadas por uma queda dramática nos preços pagos por suas mercadorias e pelo preço vertiginosamente alto do petróleo. A campanha de cancelamento das dívidas de cerca de 45 países agora já atingiu o plano mundial e não inclui somente as Igrejas, mas também instituições de assistência social como a Oxfam."

Essa campanha está sendo proposta pelas igrejas do Canadá, e o bispo anglicano de Ottawa, John Baycroft, disse que o cancelamento dessas dívidas possibilitariam salvar a vida de milhões de crianças do Terceiro Mundo.

A Inglaterra parece ser um dos países mais inovadores em relação ao enfrentamento de problemas como a proibição e o cancelamento das dívidas do Terceiro Mundo. Embora as campanhas globais pelo cancelamento das dívidas do Terceiro Mundo ainda não tenham tido muito sucesso, no dia 3 de março de 1999, Gordon Brown, o Ministro das Finanças da Inglaterra, falou a respeito de propostas de reduzir a dívida do Terceiro Mundo em US$ 50 bilhões em 2000 através de reformas nos sistemas de pagamento de dívidas do Banco Mundial e do Fundo Monetário Internacional.

De acordo com essa notícia, Brown disse também que o FMI deve vender o equivalente a 1 bilhão de dólares de suas reservas em ouro como parte da iniciativa de aliviar a carga mutiladora da dívida dos países mais pobres. Ao falar sobre seu plano de aliviar a carga da dívida, Brown declarou:

"Isso vai exigir uma mobilização da comunidade mundial, de instituições internacionais, de governos do mundo desenvolvido e em desenvolvimento, de instituições de caridade e de indivíduos."

Os planos incluem pedidos aos países desenvolvidos para que aumentem seus programas de auxílio para US$ 60 bilhões. Esse dinheiro deve ser gasto principalmente com programas de saúde e educação, disse Brown. Ao falar de seus planos para líderes religiosos ingleses, ele acrescentou:

"O Reino Unido vai entrar no novo milênio com o objetivo de aumentar as facilidades para a quitação da dívida, a assistência internacional ao desenvolvimento e instituições de caridade trabalhando em favor dos países mais pobres do mundo."

O ministro disse que ofereceria vantagens tributárias às instituições de caridade como parte de um projeto de conseguir um grande aumento no orçamento das instituições de caridade que atuam no mundo em desenvolvimento. Espera que esse auxílio chegue a US$ 1 bilhão no final de 2000.

O perdão da dívida do Terceiro Mundo requer um ato unificado de compaixão.

"A compaixão pode ser aproximadamente definida em termos de um estado mental em que não há violência, danos ou agressividade. É uma atitude mental baseada no desejo de que os outros se livrem de seu sofrimento e está associada a uma sensação de envolvimento, responsabilidade e respeito pelos outros."

Dalai Lama

g) Levantamento de fundos para o bem-estar social

Mesmo com o perdão eventual de todas as dívidas do Terceiro Mundo, muitos sabem que o espírito humano precisa de mais que apenas comida e um teto decente para sobreviver com saúde e felicidade. Como disse o ministro Brown, programas de saúde, educação e assistência social também precisam ser implementados.

Nos países do Terceiro Mundo, os sistemas de previdência social, quando existem, são sobrecarregados e seus fundos são seriamente insuficientes. Como nossas estatísticas mostraram, a pobreza não está aumentando só nos países do Terceiro Mundo, e os programas de assistência social de muitas nações precisam de um aperfeiçoamento imediato.

Depois que as dívidas do Terceiro Mundo forem perdoadas, esses países vão ter condições de se concentrar em programas de educação e assistência social de uma maneira mais efetiva. Muitos concordam com o argumento ético e social para essa iniciativa, porém há uma preocupação: quando as dívidas forem perdoadas, o dinheiro poupado talvez não retorne para os programas locais de assistência social.

Mas é muito fácil fazer uma estipulação nesse sentido em troca do perdão dessas dívidas. Os juros e o pagamento do principal cobrados ao Terceiro Mundo estão mutilando sua economia e mantendo-o imobilizado na pobreza. Por favor, leia as estatísticas sobre pobreza, fome, inanição e desnutrição para ver que recursos precisam de fato ser redirecionados para essas áreas.

Muitos Embaixadores da Luz acham que o perdão da dívida do Terceiro Mundo deve andar de mãos dadas com as seguintes propostas para ser realmente efetivo:

1. Desarmamento global, pois as pessoas passam do medo para o amor através da conexão com a DI. Já gastamos quase US$ 1 trilhão anualmente porque optamos por viver com medo – a meu ver, uma medida ilógica e uma má administração dos recursos.

2. Fim da proibição que tira o lucro dos cartéis das drogas e o coloca nas mãos do governo através de impostos, a fim de que possa ser usado para causas mais nobres. As drogas recreativas não são como o álcool e o cigarro. Matam menos, mas o modo de vida e a natureza ilícita dos canais de oferta e procura precisam de avaliação e redirecionamento. *O dinheiro nas mãos dos governos ou dos senhores das drogas é que é o problema, não o seu uso.* O uso continua, independentemente das facções morais de nossas comunidades gostarem disso ou não. A educação holística dos jovens vai ajudar a evitar o problema, pois as drogas recreativas são usadas por um grande número de pessoas e por muitas razões.

3. O apoio à educação holística, que inclui programas individuais de saúde para ensinar às pessoas como viver livre das doenças. O que também vai liberar bilhões de dólares que gastamos anualmente com remédios, tratamentos médicos e suple-mentos alimentares para ficarmos mais saudáveis e em boa forma. As drogas tratam dos sintomas, não das causas. A alimentação vegetariana, a meditação, a ginástica, as técnicas de respiração e o controle da mente vão eliminar as doenças. Adoeça e tome comprimidos, ou não fique doente, para começo de conversa. A medicina preventiva deve ser incentivada.

4. A implementação global de uma dieta vegetariana que libere recursos a longo prazo, diminua a incidência de enfermidades como as doenças cardíacas e também crie uma base moral mais sólida na sociedade à medida que eliminamos a matança de todos os seres vivos da Terra.

5. Unificação religiosa e pagamento de dízimos.

Conclusão

Como atualmente existem grupos que podem trabalhar com nossos governos e aqueles cujo servir é nesse campo, propondo-se concretizar as medidas que acabamos de citar, não vemos motivo para entrar numa longa discussão filosófica sobre essas idéias, que já têm bastante apoio em nível global. Uma pesquisa na Internet vai mostrar um número mais que suficiente de instituições que estão muito avançadas nesses campos de pesquisa e implementação

Sim, é verdade que o perdão da dívida do Terceiro Mundo vai ser uma atitude dispendiosa para os países ocidentais. Mas precisamos avaliar o custo humano contra o pano de fundo do custo monetário da situação atual, e se as cinco propostas apresentadas acima forem implementadas, os problemas serão minimizados.

Imagine o que poderíamos fazer em termos de solução de problemas de assistência social, desemprego, fome e saúde se conseguíssemos redirecionar esses recursos. Bilhões do desar-mamento mundial, bilhões poupados com remédios, pois as pessoas deixariam de ficar doentes, bilhões economizados das guerras contra as drogas e a proibição. Só os recursos provenientes dessas três áreas poderiam corresponder a fundos suficientes para acabar com todas as dívidas dos países do Terceiro Mundo e criar programas muito eficientes de assistência social.

Por isso recomendamos que todos os países criem um programa que redirecione os recursos das áreas supracitadas e depois cheguem a um acordo para introduzir os vários projetos mencionados neste livro. Os recursos redirecionados e poupados poderão ser canalizados então para seus próprios programas de assistência social. Também recomendamos que a educação holística seja implementada em todos os países através de seus estabelecimentos de ensino. Parte do foco dos Embaixadores da Luz é a implementação, através da reeducação, de modos de vida sensatos como medicina preventiva e o tratamento da causa da doença na sociedade, e não apenas dos sintomas. Não estamos mais na época de culpar os governos, ou nossos pais, ou nossas culturas, pelas limitações que nos são impostas pela vida. Temos o potencial de aprender coisas muito importantes com elas. As pessoas podem vencer a adversidade, podem ficar mais fortes e melhores com ela, e nossa atitude determina a qualidade da existência aqui – nada mais.

Milhões estão se unificando agora – budistas, cristãos e judeus; e também muçulmanos, músicos, magos e mestres de todos os tipos. Todas são pessoas comprometidas com questões ambientais, ou com questões como a guerra às drogas e a repressão, ou com os direitos humanos básicos e coisas como alimentação saudável, moradia adequada, água limpa e fim do trabalho infantil, além de uma educação holística decente para todos. São pessoas comuns que acham que certamente todos podem ter essas coisas, pois todos querem amor, todos querem saúde, todos querem abundância, amizade e mais. Também sabem que os melhores mestres são aqueles que ensinam pelo exemplo.

Implementar efetivamente esses programas é algo que vai exigir pessoas comprometidas com o servir, com a civilidade e com a ação, unidas pela mesma visão comum, cuja base é paz e prosperidade para todos.

33. A dança da democracia – Declaração de Interdependência

"Se fôssemos anjos, não haveria necessidade de governo. Se os anjos governassem os homens, não haveria necessidade de controlar o governo externa nem internamente."

James Madison, 4° Presidente dos Estados Unidos
e teórico da ciência política
Federalist Papers (Papéis Federalistas), n° 47, 1788

Como alguém que trabalha conscientemente com os seres angélicos quase todos os dias, gosto realmente da citação acima. Sem contato e sem experiência com as forças superiores, a natureza divina no homem parece murchar e morrer, ou é vencida pelas questões de nossa natureza inferior – ego, ganância, desconfiança, medo, insegurança e outras.

Essa falta de experiência de nossa natureza divina ou angelical é evidente de muitas formas na Terra. Por exemplo: durante o último século, milhões de vidas foram ceifadas pela guerra – travadas por causa da ganância, travadas para libertar as pessoas da opressão ou travadas por questões religiosas ou de "limpeza étnica" –, milhões sofreram e perderam muito. Para muitos Embaixadores da Luz, a guerra é o maior exemplo de agressão aos direitos humanos.

A democracia tem três significados básicos, tal como é praticada em nossos dias. O primeiro é uma forma de governo em que o direito de tomar decisões políticas é exercido diretamente pelo corpo inteiro dos cidadãos de acordo com o procedimento do governo da maioria. O segundo é uma forma de governo na qual os cidadãos exercem o mesmo direito, não pessoalmente, mas através de representantes escolhidos por eles; o terceiro é uma forma de governo que é uma democracia representativa na qual os poderes da maioria são exercidos para garantir a todos os cidadãos um certo desfrute dos direitos individuais.

Ao longo dos milênios, os sistemas sociais mudaram de modo a refletir a consciência dos indivíduos que são ativos nas arenas educacional e política. Não vamos subestimar o poder de visão e ação de uma pessoa isoladamente, nem o poder que todos temos individualmente de nos unificarmos por meio de uma visão comum e de promover modos de vida que demonstram que somos uma única espécie chamada "espécie humana", vivendo num único planeta chamado Terra – felizes e em harmonia.

Como disse o Dalai Lama em seu discurso sobre os direitos humanos e a paz:

> "A preocupação geral com a violação dos direitos humanos é muito animadora. Não só oferece a perspectiva de aliviar o sofrimento de muitas pessoas como também é um indício do progresso e desenvolvimento da humanidade.
> Internacionalmente, nossa rica diversidade de culturas e religiões deve ajudar a consolidar direitos humanos fundamentais em todas as comunidades. Sob essa diversidade estão os princípios humanos básicos que nos mantêm todos juntos como membros da mesma família humana.
> Mas a simples manutenção das tradições nunca deve justificar violações aos direitos humanos. Assim, a discriminação contra pessoas de raças diferentes, contra as mulheres e contra as partes mais fracas da sociedade pode ser tradicional em alguns lugares, mas se forem incoerentes com os direitos humanos reconhecidos universalmente, essas formas de comportamento devem

mudar. O princípio universal da igualdade de todos os seres humanos deve ter prioridade.

O mundo está se tornando cada vez mais interdependente e é por isso que acredito firmemente na necessidade de desenvolver um senso de responsabilidade universal. Precisamos pensar em termos globais porque os efeitos dos atos de uma nação são sentidos muito além de suas fronteiras. A adoção de padrões universalmente aceitos dos direitos humanos tal como enunciados pela Declaração Universal dos Direitos Humanos e nos Acordos Internacionais sobre Direitos Humanos é essencial no mundo de hoje, que está encolhendo. O respeito pelos direitos humanos fundamentais não deve continuar sendo um ideal a ser atingido, mas uma base indispensável de toda sociedade humana."

Neste início de milênio, vemos quanto poder está em mãos de tão poucos. Alguns agem com compaixão e respeito, outros não. Muitos conseguiram proeminência no palco global e a eles foram atribuídos valor e crédito. Alguns descobriram como fazer uma diferença positiva, outros já estavam dando a sua contribuição.

Outros ainda foram motivados por interesses pessoais que criaram separação e sofrimento. Sob seu poder, muitos sofreram, enquanto outros cresceram e se tornaram mais fortes exatamente por isso. Alguns lideraram rebeliões, trazendo a anarquia ou a guerra – tal é o poder de nossas crenças.

À medida que entramos em um novo milênio, é necessário fazer acordos, pois somos *um único povo vivendo num único planeta*, e enquanto esses acordos não forem feitos, a unidade vai continuar nos escapando. Resumindo: alguns dos acordos que os Embaixadores da Luz fizeram foram feitos para servir e dar apoio:

- Ao fim da matança de todos os seres vivos.
- Ao desarmamento global.
- Há programas de educação holística em todos os estabelecimentos de ensino – os quais devem se concentrar em boa forma física, emocional, mental e espiritual e em faculdades vitais que combinem o poder da DI e os instrumentos para fazer a conexão com Ela.
- Ao fim da destruição das florestas tropicais à medida que a necessidade de desflorestamento muda em função de nosso novo modo de vida vegetariano.
- À unificação religiosa de acordo com visões comuns de *um único povo vivendo num único planeta.*
- Ao redirecionamento dos recursos.

Embora os pontos acima sejam a base de um paraíso global, para a criação de um paraíso pessoal os Embaixadores da Luz:

- Convidam os povos da Terra a adotar imediatamente um modo de vida vegetariano.
- Convidam os povos a formular a prática de seu próprio Programa de Estilo de Vida Prazeroso com base em nossas recomendações.
- Convidam todos a se responsabilizarem pela própria saúde e felicidade.
- Convidam todos a descobrir o verdadeiro sentido de nossa existência, que está começando a florescer, e não apenas sobreviver aqui – convidam a dar e receber.

Fazemos os convites acima como um ponto de partida de um acordo à medida que entramos juntos nessa nova era. Depois de assumir internamente esse compromisso de vivenciar o poder da DI, vão acontecer mudanças em nossa vida, mudanças que trarão magia e harmonia para todos. Após assumir esse compromisso uns diante dos outros, essas mudanças serão aceleradas.

Além disso, os Embaixadores da Luz convidam a humanidade a:

1. **Liberar-se do passado.** Deixemos o passado para trás, mas vamos também respeitá-lo, pois sem o passado não estaríamos onde estamos hoje. Como disse Jesus, vamos todos oferecer a outra face. Com isso, pedimos o perdão imediato das dívidas de todo o Terceiro Mundo com todos os países.

    Libertemo-nos dos pensamentos, palavras e atos que criaram originalmente a separação entre os árabes e os judeus do Oriente Médio; entre os muçulmanos e os hinduístas no Paquistão e na Índia; entre os católicos e os protestantes do norte da Irlanda; entre os albaneses e os sérvios em Kosovo: que sejam todos perdoados agora. Peça à DI que a compreensão desses conflitos seja completa, peça também que soluções perfeitas sejam encontradas e tome a decisão de agora seguir em frente e em paz.

2. **Os Embaixadores da Luz pedem que**
    a) todos os povos abaixem as armas de guerra numa atitude de perdão
    b) todos os povos desarmem seus lares e suas vidas agora
    c) que todos os países parem com a criação, fabricação, comércio ou venda de armas neste início de novo milênio
    d) que todos os povos respeitem o mandamento de que as pessoas civilizadas não matam e reprogramem imedia-tamente suas mentes para não verem mais a guerra e a matança dos seres vivos como uma opção viável para mudanças futuras.

De acordo com tudo isso, os Embaixadores da Luz recomendam que a matança dos seres vivos cesse imediatamente com a adoção de um vegetarianismo global.

3. Os Embaixadores da Luz pedem a adoção imediata do modelo teosófico de fraternidade

Esse é nosso Projeto Um Povo, Um Planeta. O MSPD reformulou esse projeto para ser a Declaração de Interdependência (ver o final do capítulo). Esse modelo tem por objetivo unir-nos numa visão comum que podemos usar como uma matriz positiva de mudança.

4. Os Embaixadores da Luz pedem o apoio global ao Programa de Estilo de Vida Prazeroso

Pedimos esse apoio para que todos possam desfrutar a felicidade e a saúde e possam entrar no novo milênio em paz e prosperidade. O Programa de Estilo de Vida Prazeroso é muito flexível: já foi experimentado com sucesso por milhões e pode ser modificado de maneira a se adequar a cada indivíduo, com a condição de que qualquer programa criado *tem* de respeitar todos os seres vivos.

5. Os Embaixadores da Luz pedem o comprometimento de todos com a criação de um paraíso pessoal e planetário

Com a reeducação, todos seremos incentivados a respeitar os modelos que são benéficos para todos. Todos os modelos que produzem danos e promovem o medo e o caos devem ser refinados por aqueles que os propuserem. O Programa de Estilo de Vida Prazeroso vai mudar a consciência dos criadores desses modelos, permitindo-lhes ficar mais alinhados com o Programa dos cinco Ps: Progresso Positivo e Paraíso Pessoal e Planetário.

Esse é nosso convite ao mundo ao entrarmos neste novo milênio. Com uma visão comum e acordos implementados que nascem do coração e do desejo de servir, podemos começar um novo capítulo na Terra orgulhando-nos das pessoas que nos tornamos. Está na hora de aprender com o passado e seguir em frente, sabendo que somos muito mais que apenas nossa mente, emoções e corpo.

A líder religiosa Mary Baker Eddy disse certa vez: "Abandone a crença de que a mente está, mesmo temporariamente, comprimida dentro do cérebro e você logo se torna mais homem ou mais mulher. Vai entender a si mesmo e seu Criador melhor do que antes".

Aprender a se sintonizar com A Divindade Interior e a confiar Nela alinha-nos automaticamente, por meio da ressonância, com um mundo que muitos ousariam chamar de paraíso. Essa é a essência do fenômeno de viver de luz – o poder da DI e Sua capacidade de nos guiar para novas realidades da existência.

Declaração de Interdependência Global do MSPD

"Os maiores presentes que você pode dar a seus filhos são as raízes da responsabilidade e as asas da independência."
Denis Waitley

De acordo com as diretrizes do MSPD – o Movimento por uma Sociedade Positiva e Desperta – e de seus Embaixadores, apresentamos a seguinte Declaração Global de Interdependência que é uma versão revista da atual Declaração de Independência.

Quando, no curso dos eventos humanos, torna-se necessário que os indivíduos revejam e aperfeiçoem as estruturas sociais, educacionais, econômicas, políticas e espirituais existentes, que floresceram antes na Terra, e que assumam a posição distinta e igualitária à qual as Leis da Natureza e a natureza de Deus lhes dá direito, o respeito pelas opiniões da humanidade requer que eles declarem abertamente seu desejo de um novo estado de ser e modo de vida cooperativo para a humanidade.

Nós – os indivíduos que fazem parte do MSPD – fazemos agora essa declaração e afirmamos que essas verdades são evidentes por si mesmas:

♣ que toda a humanidade foi, em essência, criada igual. Isto é, todos têm os mesmos direitos de explorar seu verdadeiro potencial humano. Esse potencial é o conhecimento e a experiência de nosso Criador e de nós mesmos como seres espirituais que estão tendo uma experiência humana

♣ que toda a vida na Terra foi dotada por seu Criador de certos direitos inalienáveis

♣ que, independentemente de raça, religião, gênero, idade ou cultura, todos os seres humanos têm um direito inegável à vida, à felicidade e à busca de felicidade

♣ nesse sentido, seus direitos abrangem um padrão de vida decente que inclui:

a) moradia adequada, alimento nutritivo, educação holística, liberdade de expressão, liberdade em relação à opressão, liberdade de escolha para o culto espiritual

b) o direito de entender perfeitamente a Lei Universal

Sobre as instituições governamentais

Os Embaixadores do MSPD reconhecem que:

para assegurar esses direitos humanitários básicos, instituições governamentais e estabelecimentos de ensino sejam criados entre a humanidade, derivando seus justos poderes do consentimento dos governados. Desse modo encorajamos todos os indivíduos a assumir seu direito de dar ativamente seu voto para apoiar os indivíduos nessas áreas de governo e educação que melhor puderem facilitar a manifestação desses direitos

♣ sempre que qualquer instituição governamental ou estabelecimento de ensino se tornar negligente ou incapaz de atingir essas metas, é Direito do Povo alterá-los ou aboli-los e criar novas instituições, construindo seus alicerces sobre esses princípios e organizando seus poderes de tal forma que todos venham a trabalhar por sua segurança e felicidade. A prudência deve ditar que os governos estabelecidos há muito tempo não devem ser alterados por causas levianas e transitórias

♣ nesse sentido, esperamos que o povo eleja indivíduos que o representem nas instituições de assistência social e que:
a) sejam ativos na prestação de serviços à sua comunidade imediata
b) antes de qualquer envolvimento sério com a comunidade, todo indivíduo aprenda a utilizar a Lei Universal e crie sua própria saúde e riqueza e seja responsável pela própria felicidade

Sobre as questões sociais

Os Embaixadores do MSPD acham que todos os indivíduos também têm direito a:

♣ ter acesso a informações sobre as Leis Universais para que possam começar a entender o poder superior ou a alquimia divina e, desse modo, através da aplicação diária e conscienciosa dessas Leis, possam vivenciar seu verdadeiro potencial humano

♣ ser encorajados e inspirados a criar um modelo individual de realidade que lhes permita encher o coração de felicidade

e também respeitar *todas* as formas de vida de uma forma que gere a cooperação da comunidade global, e não a separação
- ♣ tornar-se uma comunidade global eficiente e efetiva, livre da manipulação – declarada ou dissimulada – da mídia, dos governos e de todas as forças econômicas que levem à desigualdade
- ♣ sentir-se seguros em seu país e viver num ambiente que não tenha armas – o MSPD defende o desarmamento global
- ♣ respirar ar puro e tomar água limpa e, nesse sentido, que todas as patentes e dispositivos que promovem a saúde pessoal e ambiental sejam reconhecidos e divididos gratuitamente.

A Embaixada do MSPD também acha que a paz e a harmonia planetária, governos competentes, cooperação global e desenvolvimento sustentável virão automaticamente a toda a humanidade quando seus membros compreenderem o poder do Criador que reside dentro deles. Por isso defendemos a promoção ativa e a educação do Autoconhecimento, que é o conhecimento pessoal e empírico dessa Divindade Interior que muitos chamam de Deus ou poder da DI.

– Fim da declaração –

34. Servir, civilidade e ação – dançar para melhorar

"Ele deve ser independente e corajoso, seguro de si mesmo e da importância em seu trabalho, porque se não for, nunca vai sobreviver às rajadas abrasadoras do escárnio que provavelmente vão saudar seus primeiros esforços."

Robert E. Sherwood

Servir é ter compaixão. É estender uma mão amiga porque ela é necessária e porque podemos estendê-la. Servir não tem nada a ver com recompensa, e sim com a disposição de fazer apenas a pequena parte que nos pediram para fazer, e fazê-la de maneira impecável.

Quando perguntaram recentemente ao Dalai Lama qual é a melhor coisa que alguém pode fazer, ele respondeu que é servir; e, se a pessoa não puder servir, então a melhor coisa que ela pode fazer é não prejudicar.

Quando alguém é chamado a servir ou deseja isso, tem início um novo estágio de mudança pessoal. A DI começa a desenvolver dentro dessa pessoa as qualidades de coragem, sabedoria, dedicação, disciplina, amor incondicional, força e visão. Isso é necessário porque, muitas vezes, quando alguém começa a servir, servir significa ajudar a estimular a mudança. Às vezes isso significa até desafiar o *status quo* de uma forma que cria resistência.

Gandhi, Martin Luther King, o Dalai Lama, Madre Teresa e incontáveis outros são exemplos de pessoas que ousaram desafiar o *status quo* com seu servir, que estava voltado para a realização de visões superiores.

- Gandhi questionou princípios morais e raciais
- Martin Luther King questionou o *status quo* sobre a igualdade dos homens e questões de segregação racial
- O Dalai Lama está promovendo o direito à preservação da pátria e da cultura, e a mudança sem violência
- Madre Teresa desafiou o *status quo* com sua doação natural de bondade e compaixão

A lista é infindável. Ao longo dos séculos, sempre houve grupos que desafiaram o *status quo*, pois é isso que mantém o jogo em evolução. E agora, à medida que entramos num novo milênio, milhões levantam-se para apoiar a necessidade de mudança. São pessoas que perceberam que um único indivíduo pode fazer diferença e têm um desejo intenso de servir.

As razões que levam as pessoas a desejarem servir são multifacetadas. Algumas servem porque podem servir. Algumas servem porque é uma vocação. Algumas servem em busca de respostas e para dar sentido e propósito à sua vida.

Muitos intelectuais, filósofos e pessoas de visão nascem para desafiar o *status quo*. Nietzsche, escritor e filósofo alemão, fez as pessoas pensarem. Poderíamos dizer que ele deu informações baseado em anos de experiência de busca de evidência de coisas superiores. Quando a encontrou, expressou-a em termos de "Ilhas Abençoadas" em seu livro *Assim Falou Zaratustra*. Chamo essas "ilhas abençoadas" de Zona do Paraíso e seu "superhomem" é o ser originado da comunhão com a DI.

Nietzsche fala da capacidade que o homem tem de criar um mundo melhor para si, o que nós, do MSPD, chamamos de criação do paraíso pessoal. E quando nos entregamos à idéia de que podemos viver em ilhas abençoadas, como diria Nietzsche, muitos resolvem servir para que todos possam desfrutar também desse mundo diferente.

Mas, mesmo que tenha sido escrito no roteiro do destino humano que teríamos de suportar um novo milênio de guerra, caos, pobreza, destruição e medo, os Embaixadores da Luz continuam todos a servir. Servir não significa realizar nossas ambições pessoais. Significa estar disposto a colocá-las de lado sabendo que, quando servimos o Criador Divino realizando Sua Vontade na Terra – *Seja feita a Sua vontade* –, então todos os seres vivos viverão em harmonia. Reunimo-nos agora agradecidos para servir e ajudar no processo de criação de um projeto de paraíso.

No filme cósmico de nosso Deus, é isso que atualmente estamos sendo levados a fazer. Servir e ajudar na revelação do paraíso. Servir de tal modo que todos possam ter a experiência do paraíso. Servir como discípulos e mestres, e como filhos do Divino. Sim, se as coisas ficarem difíceis, vai ser com dificuldade que caminharemos. Afinal de contas, é um jogo em que há liberdade.

Frederick Buechner, sacerdote e romancista norte-americano, disse: "Preste atenção à sua vida, à sua saúde, à totalidade. Um coração partido não ajuda ninguém se seu sofrimento levar à morte". Mas, quando nos conectamos ao poder da DI, temos um suprimento ilimitado de inspiração, energia e sabedoria à nossa disposição; sem essa conexão, podemos nos consumir com a exigência constante da opção por um modo de vida concentrado no servir.

No processo de auto-refinamento e responsabilidade por nós mesmos, tomamos consciência das miríades de escolhas que todos temos de fazer todos os dias da vida. O primeiro passo para a criação de um progresso positivo e permanente nesse planeta é para dentro, rumo à conexão com o poder da DI; o passo seguinte é nossa capacidade de nos comunicarmos uns com os outros.

Denise Breton e Chris Largent, autoras dos livros *The Paradigm Consipiracy* (A Conspiração do Paradigma), *Soul of Economies* (A Alma das Economias) e *Love, Soul and Freedom* (Amor, Alma e Liberdade) dizem o seguinte:

"O diálogo é a verdadeira fonte da ordem nas sociedades humanas... juntos investigamos quem somos, o que está acontecendo e que paradigmas queremos que modelem os sistemas sociais. A ordem não é imposta de fora: ela se desenvolve quando partilhamos nossa jornada interior. O diálogo nos dá a consciência do que precisamos para fazer os sistemas sociais apoiarem a nós e a nossa evolução.
O diálogo leva-nos além de sistemas fechados. Abre o campo e convida à investigação direta. Nada tem limites. Uma das principais tarefas do diálogo é nos ajudar a identificar limites inconscientes e estruturas sacrossantas, para que possamos refletir conscientemente sobre eles. A resposta automática, programada – o papel rígido –, é exatamente isso que o diálogo questiona. O diálogo questiona os papéis fixos para que possamos reestruturá-los."

Hoje em dia muita gente já percebeu o corpo humano como um sistema complexo de energias que podem ser sintonizadas ou dessintonizadas, como um instrumento. A sintonização consciente por meio da reprogramação e das opções por modos de vida são algumas das primeiras decisões que podemos tomar como adultos, e que vão servir de base a nosso desejo de estar em plena forma para servir livremente. Está na hora de perguntar se nossos pensamentos, palavras e atos são lógicos e civilizados, e se eles fazem uma diferença positiva para todos. Está na hora de pôr de lado todas as idéias que nos separam e nos impedem de sermos Um Povo em Um Planeta.

A vida é tão vasta e complexa... Será que existem mesmo tantos que *sabem* o que vai acontecer? Em que nível? – poderíamos perguntar. Nas culturas industrializadas, muitos sabem o que está acontecendo e têm visões e objetivos tanto pessoais quanto globais. Quando chegar a hora de sua morte, podem ter alcançado esses objetivos com graus variados de satisfação. Alguns partem desse mundo lamentando-se, desejando voltar no tempo. Alguns superam todas as suas expectativas e, mesmo assim, aproximam-se da hora da partida com medo e trepidação, sem saber o que esperar. Outros, como os budistas, aprendem a partir com elegância. Pessoalmente, prefiro ver a morte física como o momento escolhido pela DI para sair das limitações do veículo atual. Mesmo assim, é tempo de se concentrar no aqui e no agora.

A compreensão de que a base de toda vida é energia e que a qualidade de nossa vida depende da faixa de freqüência que cada um de nós atrai automaticamente – aleatória ou conscientemente – pode ajudar muito. Alguns chamam de Deus a freqüência mais elevada que podemos atrair e irradiar, outros lhe dão o nome de A Divindade Interior, Alá, Jeová, Vishnu, Krishna, consciência crística, Buda, Inteligência Suprema e Infinita e outras formas de invocar a Força Criadora e dar-lhe uma forma mais personalizada e definida.

Quanto àqueles que não se interessam por teologia e religião, perguntem-se se há algo que pode ser melhorado em sua vida física, emocional, mental ou mesmo espiritual e, se a resposta for "sim", façam um pouco de pesquisa experimental. Trabalhem com inteligência e usem o discernimento, pois há uma miríade de respostas da nova era, dos nativos, da sabedoria e das religiões antigas às questões da vida.

Depois que nos sintonizamos, exatamente como fazemos com um aparelho de rádio, muitas vezes nos surpreendemos mais altruístas. Isso se expressa em atitudes mais voltadas para a caridade, para o sentido da vida, para o servir, numa atitude de "Eu gostaria que minha vida aqui fizesse diferença".

Quando pedimos, recebemos e, como as respostas vêm, somos liberados para nos transformarmos em pensadores, visionários, co-criadores, marionetes, cultuadores e às vezes até em alguém que é cultuado. Cultuado por causa de uma energia de tal intensidade, propósito e sabedoria que tem o potencial de se irradiar de nós a tal ponto que as pessoas se apaixonam pelas emanações do poder da DI. Quando vamos além da beleza superficial ou da simples inteligência voltada para a sobrevivência, o Eu Supremo ou a DI revela-se para aqueles que têm olhos para ver e coração para sentir.

Quanto àqueles que já têm consciência e experiência dos benefícios evidentes do auto-refinamento e da responsabilidade por si mesmos, será que tem realmente alguma importância o nome que damos a nosso Deus? Com certeza todos podemos nos comprometer em sermos civilizados o bastante para perceber os pontos comuns que nos ligam, em vez de nos fixarmos na obsessão pelas diferenças – um foco que continua nos separando.

Jeff descobriu certas coisas significativas em sua pesquisa para o MSPD e nosso capítulo sobre a importância da unificação religiosa:

> "Todas as religiões e cultos derivam de outros mais antigos. As grandes religiões atuais, de acordo com sua ordem de nascimento, são as seguintes: hinduísmo, budismo, cristianismo, islamismo. Um estudo teológico vai confirmar 50 grandes semelhanças entre a fé budista e cristã e, para os interessados, somente quatro diferenças substanciais sobre questões de peso."

Continuar enfocando nossas diferenças é um hábito limitador, como pegar um trem que não leva a parte alguma – um trem num trajeto circular com passageiros subindo e descendo de acordo com seu currículo preestablecido e a evolução de seus sistemas de crenças.

Há muitos trajetos desse tipo na vida. Os muitos trajetos, "politicamente corretos" ou não, são sintomas de uma sociedade em transição. A questão é que estamos sendo convidados a examinar cuidadosamente os trajetos que estamos querendo percorrer, tanto em nível pessoal quanto da aldeia global.

Muito do que dizemos e fazemos é autoderrotista – solapando sistemas que refletem o nível de consciência de seu criador – ou edificante, contribuindo neste último caso para estarmos em sintonia positiva com nossos pais, nosso par amoroso, nossos filhos, nossas comunidades, nosso país e nosso planeta.

Eu mesma passei décadas atraindo conscientemente, encontrando e recebendo informações e experiências que ocupam os espaços em branco que nossos pais e os sistemas de ensino deixaram em branco, pois muitas vezes não têm os conhecimentos necessários para nos educar da forma mais apropriada. São os espaços do sentido de vida, da paixão, do prazer e do poder. Motivada pelo desejo de ir além da mediocridade, fui inspirada a viver aqui e agora de modo a fazer uma diferença positiva. Um pouco altruísta, sim, mas também um chamado extremamente civilizado, em que civilizado significa tratar todos os seres vivos com amor e respeito.

Agora que nosso trabalho conseguiu um certo grau de reconhecimento mundial, estamos expostos às críticas da mídia, muitas vezes injustificadas. O *Sunday Mail* de Brisbane, depois de ficar sabendo que estávamos fazendo um Retiro do

MSPD em Noosa, também não se conteve e publicou uma manchete com os seguintes dizeres: "Seita Sem Comida vê a Luz". Embora o artigo tivesse um bom número de informações e uma boa cobertura de nossas idéias, não conseguiu resistir e usou as palavras "o controvertido culto respiratoriano", o que é engraçado se considerarmos o calibre das pessoas que constituem a Embaixada da Luz e os milhões de praticantes de qi no mundo.

Os dicionários dizem que seita é uma doutrina ou sistema que diverge da opinião geral; comunidade fechada de cunho radical ou conjunto de indivíduos reunidos num culto. Os mestres de qi concentram-se principalmente num estilo de vida que melhoram a vida do planeta e a sua própria. Não se trata de um sistema de cunho religioso, embora os mestres costumem ser respeitados por sua sabedoria. Hoje em dia, muitos preferem seguir A Divindade Interior em vez de ter um mestre externo, e esse é o caso da maioria dos Embaixadores da Luz.

Será que as pessoas voltadas para o espiritual se beneficiam com os ensinamentos daqueles que viveram antes delas? Seriam estúpidas se não se beneficiassem. A ciência e a medicina sempre avançam com base nas teorias e hipóteses de "inteligências brilhantes" nesses campos.

Por isso, o temor parece ser de que as pessoas passem por uma "lavagem cerebral" ou sejam "hipnotizadas" por um líder carismático de uma forma nociva a elas, à sua família ou à sociedade, como no caso dos massacres de Jonestown e Waco. Alguns dizem que as pessoas atraídas por esses "líderes carismáticos" estão reequilibrando relações cármicas de outros tempos e passando por uma iniciação, a fim de desenvolver a confiança no poder da DI e aprender a usar o discernimento pessoal. Enfrentar as questões de desvalorização pessoal e as conseqüências de renunciar ao poder pessoal é uma lição de vida muito importante para todos os seres espirituais que estão tendo uma experiência humana.

Sim, é triste que esses suicídios e esses massacres tenham acontecido, mas será que isso significa que devemos tratar todas as pessoas como indivíduos crédulos e fáceis de enganar? Será que as grandes potências de hoje não empregam a tática da intimidação e proíbem informações "pelo bem do povo"? Será que as grandes potências não agem de uma forma tal que rotulam qualquer um que desafie o *status quo* ou que procure aperfeiçoar os sistemas existentes hoje como "membros de uma seita" porque sua mensagem não é compreendida? Ou será que fazem isso porque compreendem perfeitamente a mensagem e acham que ela ameaça a base de seu poder?

Deveríamos supor que nenhum habitante da Terra tem discernimento e por isso temos de proibir e/ou desacreditar todos os mestres ou líderes "carismáticos" que ousam desafiar o *status quo*? Ou devemos incentivar o uso da lógica e da inteligência e lembrar as pessoas da importância de usar o discernimento pessoal para poderem ouvir as mensagens mais profundas que muitos estão trazendo agora para o palco global?

Talvez também tenhamos de prestar atenção em quem espalha esses boatos e o que têm a ganhar com isso. De acordo com minha experiência, quase todo medo resulta da ignorância, e a educação holística é a chave para o progresso positivo e de longo prazo em nosso planeta.

Servir também significa realizar atos específicos para nos conectarmos com a DI, integrarmos nossas diversas partes, lembrarmos nossa educação, desempenharmos nossos papéis e optarmos por agir de uma forma que faça uma diferença positiva. A isso dou o nome de dançar para melhorar. Como disse Hilarion – um Mestre Ascenso – no livro A *New Heaven, A New Earth* (Um Novo Céu, Uma Nova Terra):

"Enfatizamos que não existe só uma receita de sucesso e que o homem na Terra não deve esperar que outros lhe dêem uma fórmula pronta que assegure que sua civilização nunca vai se dissolver outra vez no caos. A salvação do homem deve vir de *dentro*, e isso significa que cabe à humanidade, como grupo, decidir seu curso futuro. Nenhum guia, nem anjo ou conselho extraterrestre quer interferir com aquilo que será um dos atos mais grandiosos de criação que a humanidade já realizou – a gênese de uma nova sociedade baseada no Amor a Deus que se manifesta nos corações humanos."

35. Pérolas e programas para nossos descendentes

"As pessoas desse mundo tendem a ser egoístas e hostis, não sabem amar e respeitar umas às outras. Discutem e brigam por ninharias, o que só lhes traz sofrimento e dor, e a vida se torna uma seqüência sombria de infelicidades".

Ensinamentos do Buda

Eu gostaria de pensar que a citação acima em geral não se aplica. Gostaria de pensar que somos uma espécie inteligente e amorosa que age com compaixão e respeito. Sim, talvez precisemos de uma sintonia melhor; sim, precisamos ser responsáveis por nossa própria saúde e felicidade, mas apontem-nos a direção certa, dêem-nos algumas boas receitas de mudança que tudo pode acontecer! A combinação do projeto de Estilo de Vida Prazeroso com a reprogramação pode nos levar a entrar no novo milênio com capacidades valiosas. Como disse certa vez o escritor indiano A. Parthasarathy: "Os homens modernos e civilizados sem autodesenvolvimento são apenas selvagens inteligentes vivendo em favelas espirituais".

O PODER DO PENSAMENTO, DA PALAVRA E DA AÇÃO

A pesquisa da neurologia definiu um estado que recebeu o nome de plasticidade, que é a capacidade inerente de mudar que o nosso cérebro tem. É, na verdade, um reflexo da lei universal de mudança e adaptação. O cérebro humano cria constantemente novos desenhos, novas combinações de células nervosas e neurotransmissores em reação a novas informações e estímulos.

Todo indivíduo tem o potencial de refazer o mapa neurológico do cérebro e reconfigurá-lo de maneira a se tornar mais capaz de produzir a vida que ele quer ter. Utilize os programas apresentados abaixo e lembre-se de que, quando pedimos, recebemos. Essa é uma lei universal.

A programação utiliza pensamentos, palavras e orações, e tem a capacidade de criar novos *softwares* para nosso corpo – o *hardware* – funcionar de maneira mais eficiente na vida. Aqui estão alguns pensamentos, citações e programas interessantes que todos podem aplicar na vida para ajudar no processo de criação, revelação e experiência do paraíso pessoal e global.

Resolvemos começar com o amor, pois:
- ♣ "O amor é uma tela fornecida pela Natureza e bordada pela imaginação". Voltaire
- ♣ "O amor é amizade com música". E. Joseph Cossman
- ♣ "O amor é um mestre mais eficiente que o dever". Albert Einstein
- ♣ "O amor é uma fruta que dá em todas as estações e está ao alcance de todas as mãos". Madre Teresa
- ♣ "O amor é tudo o que temos, a única forma de nos ajudarmos uns aos outros". Eurípedes

1. *Amor prazeroso*

"O verdadeiro amor sussurra impecável
ao despertar delicadamente o sentido do tato
com a flexibilidade ágil do ginasta;
da dúvida e do caos nasce a estabilidade".
J. C.

⇨ O amor vem para todos nós de muitas formas – através da família e dos amigos, e também de nossos amantes, às vezes até de estranhos. O amor vem para aqueles que sabem recebê-lo e sabem dá-lo.

⇨ Para dar e receber amor, é bom conhecer e amar a nós mesmos.

⇨ Quando não nos consideramos dignos de amor, será que permitimos que os outros nos amem realmente?

⇨ Reze por si – e por todos os que você ama – todas as manhãs, pelas boas qualidades que são parte de todos.

⇨ Agradeça à DI por todo o bem que há em sua vida, concentre-se naquilo que funciona no seu mundo e opte por ser sinceramente grato.

⇨ Reserve cinco minutos toda manhã e/ou noite para encher o coração e a mente com as coisas pelas quais se sente grato – mesmo que seja apenas pelo fato de ter um amigo ou uma cama quente. Quanto mais grato você se sentir pelo que tem na vida, tanto mais a DI nos dará motivos para sermos gratos. Essa é uma lei universal.

⇨ Assuma o compromisso de criar relações afetivas mutuamente fortalecedoras e prazerosas com todos os que conhecer na Terra.

⇨ Perdoe todos os que você acha que o magoaram, traíram ou enfureceram e perdoe a si mesmo por todos os que você magoou, traiu ou enfureceu.

Programa da DI:
- Peço à DI que me traga todos aqueles com quem eu tenho uma relação afetiva mutuamente benéfica.
- Peço à DI que me ajude a completar todo o aprendizado resultante dos laços cármicos com alegria, desembaraço e graça de modo que eu possa ser livre para dar e receber e desfrutar o amor em todas as áreas de minha vida.

- Aceito agora e dou graças pela abundância de amor que tenho. *Visualize-se de olhos fechados, de pé no meio do universo. Seus braços estão abertos, numa postura de receptividade. Imagine toda a abundância de amor, saúde e riqueza que está fluindo para dentro de você.*
- Dou e recebo o amor facilmente em minha vida.

2. Saúde perfeita

"O inimigo da saúde é a ansiedade;
hábitos saudáveis incluem sobriedade;
senso de direção intensificado com variedade
leva a um tipo apropriado de sociedade".
J. C.

⇨ Saúde de nosso Eu total – corpo, mente, espírito e coração – vem para todos os que estão preparados para ter um pouco de cuidado consigo mesmos e capacidade de se alimentar, somados a um pouco de disciplina diária em relação ao modo de vida escolhido.
⇨ A meditação cria um espírito, uma mente e um coração saudáveis.
⇨ Ginástica e uma alimentação leve criam um veículo saudável para vivermos cheios de energia.
⇨ A saúde perfeita deriva da opção por um modo de vida apropriado para nós.
⇨ Experimente e veja a diferença!
⇨ Para ter uma saúde perfeita, ria muito e faça aquilo que enche o seu coração de felicidade!

Programa da DI:
- Ordeno agora que meus corpos físico, emocional, mental e espiritual entrem em alinhamento perfeito com o ritmo da DI para que eu possa desfrutar e manifestar plenamente a Sua presença.

A saúde dos outros e a saúde de nosso planeta – a poluição externa é um indício de poluição interna.

"Quando você estiver velho, é provável que duas coisas sejam mais importantes para você do que quaisquer outras: saúde e riqueza".
Helen Gurley Brown

"... e paixão e sentido na vida..."
Jasmuheen

3. *Riqueza e sabedoria*

"Ser frugal gera liquidez,
mas a fortuna evita a timidez;
o calor da cozinha é bom, fez
primeiro névoa, depois solidez".
J. C.

⇨ Procure tomar consciência da abundância de oportunidades – quando procuramos a abundância, ela vem.
⇨ Abra-se para receber a abundância de fontes conhecidas e desconhecidas.
⇨ Utilize o Banco Cósmico de Abundância – espere que todas as suas necessidades sejam satisfeitas pela DI.

⇨ Saiba que OH-OM (seu Deus) é o seu verdadeiro patrão.
⇨ Espere ser pago se optar por realizar a vontade de OH-OM na Terra.
⇨ Crie seu próprio Cartão de Crédito Cósmico e ponha-o na carteira.
⇨ Coloque também um cristalzinho ali, que você programou para sempre manter a carteira cheia de dinheiro mais que suficiente para as suas necessidades.
⇨ E também faça o que é prático no plano terrestre para pagar suas contas – seja responsável, mas também espere poder se manifestar e fazer um trabalho que você adore e que também seja benéfico a Gaia de alguma forma.

Programa da DI:
- Peço agora para completar todo o meu aprendizado de vidas passadas, presente e futuras em relação à abundância. Peço à DI para eliminar todo e qualquer bloqueio em meus campos energéticos que estão me impedindo de receber toda a abundância que é minha.
- Ordeno agora que todos os recursos de que preciso para florescer na Terra e concretizar o sentido de minha vida e minha paixão, em alinhamento com a Vontade Divina, cheguem a mim no Tempo Divino.
- Depois relaxe completamente e toda vez que se preocupar com dinheiro, reprograme-se com a seguinte afirmação: "Aceito e agradeço por toda a abundância que é minha e recebo-a de fontes conhecidas e desconhecidas".
- Finalmente, procure tomar consciência de seus tipos de pensamento em relação à abundância. Reprograme-os, substituindo os pensamentos limitadores por outros ilimitados.

4. Paixão e sentido na vida

"Um molde produzindo paixão viável,
voltado para o sentido da vida, inegável;
realização, proezas, tudo verificável,
e um caráter que é confiável".
J. C.

Para se sentirem apaixonados pela vida, muitos precisam sentir que ela tem um sentido.

Programa da DI:
- Ordeno agora que o sentido de vida pelo qual sou apaixonado me seja revelado claramente.
- Agora tenho um sentido e paixão na vida, e tenho toda a abundância de que preciso.

5. Criação consciente

"Mude de bárbaro para refinado,
de consumidor negligente para muito cuidado,
de desinformado a bibliotecário,
o eu pisciano agora é Aquário".
J. C.

⇨ Procure tomar consciência de que seus pensamentos criam sua realidade. Perceba isso e depois aceite.
⇨ Encontre a maneira de se conectar à DI, depois relaxe completamente e opte por descobrir a alegria de cada momento.

⇨ Seja consciencioso com aquilo que põe na boca todos os dias. Pensamentos de qualidade, sentimentos de qualidade e alimentação de qualidade levam a uma vida de qualidade.

Programa da DI:
- Peço à DI que me guie em todos os momentos, todos os dias, de modo que minha vida melhore o planeta e que eu me sinta melhor por estar aqui.
- Peço à DI que arranje todas as circunstâncias à minha volta de modo que eu possa me livrar das dúvidas para sempre.
- Peço que meus olhos sejam mantidos bem abertos para os ritmos cósmicos e que meu coração sinta o Seu amor. Peço que meus ouvidos sempre ouçam vozes angelicais, inclusive a da DI. Peço a honra de servir e participar desse jogo magnífico. Essa vida eu dou de boa vontade e livremente. Danço para melhorar a partir de agora!

"Que assim seja! Que assim seja!"

6. Sexo – febre de feromônios

"Entre os lençóis não há formalidade,
aliada da sedução é a mentalidade,
uma tela de sua personalidade,
o impulso primal da sexualidade".
J. C.

⇨ A paixão começa na mente, pratique o tantra do Tao.
⇨ O sentido da vida nasce quando coração e mente estão em harmonia.
⇨ A potência nasce do Tao – aprenda a direcionar sua energia.

⇨ A proteção faz parte da vida – pense em "sexo seguro".
⇨ Faça uma lista do que gostaria num amante e guarde-a numa gaveta.
⇨ Escolha um amante-anjo – dê-lhe a lista e diga-lhe que é isso o que você gostaria de ter – ou algo melhor ainda.
⇨ Procure tomar consciência de que as relações afetivas importantes são cármicas.
⇨ Compreenda que seus pares amorosos são muitas vezes um espelho seu.

Programa da DI:
- Entrego todas as minhas relações afetivas a OH-OM com a intenção de que elas sejam levadas a seu nível de expressão perfeita, de tal modo que possamos nos liberar para viver nossa vida de acordo com nosso mais elevado potencial.

7. Vícios e escapes

"Em paisagens áridas choro a destituição
provocada pelo vício, terrível instituição;
mas, às vezes, acontece uma revolução,
a luz das plantas faz mística contribuição".
J.C.

Os vícios derivam de nossas percepções e preconceitos em relação à vida. As resoluções preparam o caminho da mudança que não virá enquanto não soubermos o que queremos de fato. Quando nos viciamos na conexão com a DI, todos os outros vícios perdem automaticamente o sentido e nós os vemos em sua devida perspectiva.

Programa da DI:
- Peço para completar meu aprendizado em torno das questões dos vícios de tal modo que eu seja livre para seguir em frente e realizar com alegria o sentido de minha vida nesse plano.
- *Peço orientações claras e fáceis* da DI em todas as áreas de minha vida para que eu possa viver cada dia com paixão e sentido.

8. *Frases positivas para o planeta*

"Politicamente correto é inclusão,
os fanáticos não sabem de sua ilusão;
tipos de comportamento não têm exclusão,
com todo o planeta é verdadeira a ligação".
J. C.

O futuro será tão cor-de-rosa quanto quisermos!
As propostas sociais, educacionais, econômicas, ambientais e políticas afetam a todos.
⇨ Compreenda o poder do povo – vote. Escreva cartas para pessoas influentes.
⇨ Lembre-se do poder da DI e que nenhum homem é uma ilha. Tudo o que fazemos e deixamos de fazer afeta todos.
⇨ Eleja os políticos que representem melhor seus ideais e visões para uma Terra unida.
⇨ Dê um décimo de sua renda para os menos privilegiados – aquilo que damos volta para nós.

Programa da DI:
- Peço que o próximo trecho de meu papel no filme de OH-OM (a Matriz Divina na Terra) seja claramente revelado a mim; peço que todas as pessoas e todos os recursos de que preciso para desempenhar esse papel venham para mim *agora*.

9. Harmonia e humanidade

"Dizem que o místico é egoísta, idealista,
não é realista, mesmo assim simples é o artista,
cheio de luz e ritualista".
J. C.

Viva em sinergia e experimente a Unidade.
Seja mentalmente livre de limites e fronteiras auto-impostos.
Imagine um mundo em paz e harmonia, onde todos têm alimentação decente, moradia e educação holística, onde todos estão em plena forma em todos os níveis.
Lembre-se: primeiro na imaginação, depois na vontade e finalmente na realidade.
Recrute os anjos – eles são obrigados a obedecer à DI.

Programa da DI:
- Peço que todos os dias eu me desenvolva em alinhamento perfeito com a Vontade Divina, que tudo quanto eu compartilhar a cada momento seja para o bem supremo de todos.
- Peço que cada célula de meu corpo e cada plano de meu ser seja um espelho perfeito da perfeição divina da DI.

"Que assim seja! Que assim seja!"

Você pode fazer as programações num tom de pedido educado, ou como se fossem ordens, e são dirigidas tanto à DI quanto a Deus (a Única Fonte – ou Um Coração, Uma Mente a que chamo de OH-OM). Ninguém conhece você melhor do que a DI; converse com Ela, programe-A, peça orientação, aprenda a confiar Nela e desfrute cada passo de seu caminho!

Sobre a unificação religiosa

Apenas seu compromisso e desejo de encontrar e usufruir a evidência da Santidade vão mudar realmente nosso mundo, independentemente do nome dado a nosso Deus. A evidência da Santidade nos vem automaticamente quando usamos a seguinte programação:

- Entrego-me agora à experiência da revelação do paraíso no plano pessoal e global. Peço ao universo para me dar provas da Santidade e da Divindade, da graça e da sacralidade de tal maneira que eu fique permanentemente livre de qualquer dúvida.
- Opto agora por perdoar todos aqueles que algum dia fizeram mal a mim ou a meus antepassados. Peço perdão por tudo quanto já fiz que tenha gerado o mal.
- Entro agora no novo milênio com o amor de meu Deus no coração, aceitando e respeitando todos os que respeitam a vida.

Que assim seja, que assim seja, que assim seja.

Quando o poder da DI despertar em massa, as mudanças vão acontecer automaticamente. A Terra não é o primeiro planeta a passar por isso. Alguns cruzaram o limiar do novo milênio sentindo-se seguros de todas as formas, outros se arrastaram sentindo todos os graus do sofrimento.

- ♣ Ao meio ambiente, queremos oferecer o fim da poluição.
- ♣ Aos animais, oferecemos compaixão e fim da matança.
- ♣ A nós mesmos, convidamos a experimentar o poder da DI.
- ♣ Quanto às provas da Santidade, dizemos obrigado.
- ♣ Aos anjos, dizemos: sejam bem-vindos.

♣ E uns aos outros dizemos o mesmo: bem-vindo ao movimento por uma sociedade positiva e desperta.

Esperamos que você tenha gostado da pesquisa deste livro e de se familiarizar com a minha viagem pessoal – o que mais poderia dizer, exceto que nosso amor, nossa luz e nossos risos estão com a humanidade, uma vez que todos escolhemos fazer a transição para esse novo milênio com elegância.

Sim, vou continuar a minha viagem e a fazer palestras e conferências sobre essa pesquisa e novos projetos. Também vamos continuar fazendo os Retiros de sete dias dos Embaixadores da Luz em todo o mundo – para dispor de detalhes, acesse nossa página na Internet.

Eu gostaria de agradecer a todos os que apoiaram nosso trabalho nesse campo nos últimos anos. Sei que para muitos Embaixadores da Luz essa tem sido uma viagem absolutamente fascinante, e a idéia de que podemos realizar uma ação positiva hoje para criar um planeta no qual tenhamos orgulho de viver é, para mim, uma grande dádiva.

Namaste,
Jasmuheen

4
Apêndices

- *Órgãos de apoio aos projetos de combate à fome mundial*
- *Visões e propostas do MSPD*
- *Sobre Jasmuheen e seu trabalho como Embaixadora do MSPD*
- *Livros sobre Respiratorianismo*
- *Livros de Jasmuheen*

Órgãos de apoio aos projetos de combate à fome mundial

Se você acessar *www.thehungersite.com*, pode clicar diretamente nos seguintes *sites*, que contêm informações gerais sobre a fome mundial. Informações adicionais podem ser encontradas nos *sites* das instituições de assistência social apresentadas abaixo:

Food and Agriculture Organization of the United Nations (FAO) (Organização de Alimentos e Agricultura das Nações Unidas); *United Nations Development Programme* (Programa de Desenvolvimento das Nações Unidas); *US Agency for International Development* (USAID) [Agência Norte-Americana para o Desenvolvimento Internacional]; *World Bank* (Banco Mundial); *World Hunger Program at Brown University* (Programa de Combate à Fome da Brown Univeristy), *Hunger and Relief Organizations* (Organizações de Assistência Social e Combate à Fome).

A seguir estão algumas das maiores instituições de assistência social e combate à fome. Há muitas outras espalhadas pelo mundo inteiro que também fazem um trabalho importantíssimo para acabar com a fome.

Africare; *American Red Cross* (Cruz Vermelha Norte-Americana); *AmeriCares Foundation*; *Bread for the World* (Pão para o Mundo); *CARE*; *Catholic Relief Services* (Serviços de Assistência Social dos Católicos); *Congressional Hunger Center* (Centro de Combate à Fome do Congresso); *Educational Concerns for Hunger Organizations* (Organizações de Foco Educacional no Combate à Fome). *Food First* (Comida em Primeiro Lugar); *The Institute for Food and Development Policy* (O Instituto de Política Voltada para a Comida e o Desenvol-vimento); *Freedom From Hunger* (Livres da Fome); *Heifer Project International* (Projeto Internacional Heifer); *Inter-Action* (InterAção); *International Rescue Committee* (Comitê de Assistência Internacional); *International Service Agencies* (Órgãos de Assistência Internacional); *Lutheran World Relief* (Assistência Mundial Luterana); *MAZON*; *Oxfam International*; *RESULTS* (RESULTADOS); *Save the Children Federation* (Federação Salvem as Crianças); *Second Haverst* (Segunda Colheita); *Share Our Strength* (Compartilhe a Nossa Força); *United Nations Children's Fund* (UNICEF) [Fundo das Nações Unidas para as Crianças]; *United Nations World Food Program* (WFP) [Programa de Alimentação Mundial das Nações Unidas]; *World Emergency Relief* (Assistência Mundial de Emergência); *World Vision* (Visão Mundial).

Visões e propostas do M.S.P.D.

M.S.P.D. – É um movimento por uma Sociedade Positiva e Desperta, cujo foco é a harmonia dos biocampos pessoal, social e planetário através de um modo de vida que sustente todos de maneira saudável e feliz, pacífica e próspera.

- Enquanto técnicos de biocampo e metafísicos, promovemos o uso pessoal e social do projeto de 8 ítens que apresentamos abaixo – O Programa de Estilo de Vida Prazeroso. Também encorajamos todos os indivíduos no sentido de adotarem um paradigma pessoal que possa levar à experiência da BOA FORMA DOS QUATRO CORPOS – físico, emocional, mental e espiritual de uma maneira que respeite todos os seres vivos.
- Recomendamos também um novo paradigma global que refine os sistemas sociais, educacionais, econômicos, ambientais, religiosos e políticos que existem hoje. Isso pode ser feito através da Receita 2000>, que inclui o Programa de Estilo de Vida Prazeroso (PEVP), um programa de Educação de Estilo de Vida, que gera – comprovadamente – harmonia interior e exterior, além de códigos específicos de reprogramação.

Sem serem membros de um partido político, os Embaixadores do M.S.P.D. atuam como vozes da consciência social, uma vez que procuramos incentivar programas políticos que reconhecem a necessidade de uma educação holística, plenitude ética global e programas de recursos sustentáveis. Promovemos sistemas de energia positiva global que respeitam o biocampo ambiental e sabemos que esse planeta pode realmente ser maravilhoso! O M.S.P.D. encoraja o autocontrole, o autogoverno efetivo e trabalho sinérgico de equipe em escala micro e macrocósmica.

Ligados pela Rede Interior, muitos membros do M.S.P.D. promovem um paradigma universal que considere nosso lugar no universo e nossas interações com outros seres vivos, um paradigma nascido de biocampos bem sintonizados.

O objetivo dessa Receita é eliminar toda e qualquer guerra, violência, fome, pobreza e injustiça social da face da Terra.

Não se trata de um sonho utópico. Esse projeto pode realmente se tornar realidade se redistribuirmos nossos recursos e dermos prioridade a nossas metas e trabalho conjunto rumo a um objetivo comum. Nossos instrumentos são nossos desejos, nosso coração, nossa inteligência e a Receita 2000>.
Está na hora de ir direto para o Paraíso – VOCÊ VEM???

O M.P.S.D. acredita no poder dos indivíduos e mostra como – unidos por uma visão comum – podemos realizar toda e qualquer mudança necessária à felicidade de todos.

Namaste,
Jasmuheen.

Entre os BENEFÍCIOS PESSOAIS de participar dos encontros de RADIAÇÃO DIVINA e dos Seminários e Retiros de Jasmuheen fica disponível a inscrição na Self Empowerment Academy [Academia de Aumento do Poder Pessoal] (S.E.A.), PROGRAMA DE ALINHAMENTO PERFEITO e AÇÃO PERFEITA. Este Programa promove a RESOLUÇÃO PERFEITA, o REALINHAMENTO PERFEITO, as RELAÇÕES AFETIVAS PERFEITAS e o RELAXAMENTO PERFEITO.

Tudo isso pode ser conseguido com a Receita 2000 > que inclui a reprogramação consciente dos trajetos nervosos do cérebro para que todos possamos alcançar o amor, a saúde, a felicidade, a abundância, a paixão e o sentido de vida perfeitos. Os seminários também apresentam novas Técnicas da Ciência Futurista do Biocampo, como a criação de um modelo biocorporal que aumente nossa capacidade de irradiar o Amor Divino, a Sabedoria Divina e o Poder Divino no mundo. Alcançar a plenitude total em todos os planos também nos dá a maravilhosa oportunidade de entrar numa rede de pessoas poderosas e positivas, parecidas conosco.

Entre os BENEFÍCIOS GLOBAIS, cocriaremos saúde, felicidade, paz e prosperidade para todos através do refinamento dos sistemas sociais, políticos, econômicos, ambientais e educacionais existentes e apoiaremos pragmáticamente o progresso planetário positivo através de meditações em grupo e implementação da CIÊNCIA FUTURISTA DO BIOCAMPO.

P.E.V.P.
O Programa do Estilo de Vida Prazeroso do M.S.P.D.
Para a sintonização pessoal do biocampo...

1. MEDITAÇÃO; 2. ORAÇÃO; 3. PROGRAMAÇÃO; 4. ALIMENTAÇÃO VEGETARIANA; 5. GINÁSTICA; 6. SERVIÇO; 7. PERÍODO DE SILÊNCIO EM MEIO À NATUREZA; 8. O USO DO CANTO, DE MANTRAS E DAS MÚSICAS RELIGIOSAS.

A prática diária dessas oito propostas deixa-nos saudáveis, felizes e harmoniosos interna e externamente; e, à medida que mudamos, nossas sociedades também mudam. Quando nos refinamos energicamente, também liberamos nosso potencial mais elevado e temos uma percepção de quem somos realmente: o Eu que nos insufla ar e vida. Agora sabemos como ativar esse poder divino que está na DI – entrando em sintonia com ele através de nosso modo de vida. Depois disso, a questão seguinte é saber o que ele tem a lhe oferecer. Além do êxtase trazido pela comunhão com o divino, da revelação divina, de um sentimento avassalador de alegria e plenitude, a prática do P.E.V.P. vai

a) acabar com todas as guerras e violência e, por isso, trazer paz ao mundo, uma vez que a paz interior gera a paz exterior;

b) acabar com as doenças, funcionando como um sistema de medicina preventiva; e, com isso, também vai

c) economizar bilhões de dólares dos governos e contribuintes aplicados em sistemas de tratamento de saúde, tanto os convencionais quanto os alternativos, uma vez que a prática regular do P.E.V.P. melhora a saúde e a vitalidade em todos os níveis;

d) O maior benefício da prática do P.E.V.P. é que as necessidades e desejos das pessoas são satisfeitas nos níveis mais profundos e, com isso, elas se tornam naturalmente mais altruístas e amorosas em relação a todos, promovendo assim a harmonia global;

e) O P.E.V.P. melhora a comunicação com o Eu Divino que, enquanto mestre interior perfeito, vai guiar todas as pessoas no sentido de sempre estarem no lugar certo, na hora certa, fazendo as coisas certas para elas próprias e para o mundo inteiro;

f) O P.E.V.P. ativa os 4/5 do cérebro que em geral não usamos e onde estão nossa mente superior e uma consciência superior da natureza. Desse modo, avançamos no sentido de nos tornarmos o superhomem de que falava o filósofo Nietzsche;

g) O P.E.V.P. é o modo de vida adotado pelas pessoas que vivem de luz, pois assim ficam livres para optar por consumir comida ou ser alimentadas pelo prana. Essa opção significa uma grande economia de dinheiro, dando-nos muito mais tempo para nós mesmos e imensos benefícios a longo prazo em ternos da economia e do meio ambiente global;

h) O P.E.V.P. leva seu praticante para além do ego, do orgulho, da ganância, do materialismo, dos jogos de poder e da natureza mais grosseira da mente inferior. Embora a humanidade careça de disciplina e até da capacidade de um adepto bem treinado, todos temos o poder da DI, que pode ser liberado à vontade. A prática do P.E.V.P. libera esse poder de uma forma muito mais eficiente do que imaginamos.

A prática regular do P.E.V.P. satisfaz nossas necessidades mais profundas e leva-nos para um tal estado de satisfação que ficamos livres de todos os desejos. Também ficamos mais objetivos, perspicazes, impecáveis e cheios de amor.

O M.S.P.D. traz PAZ, PROSPERIDADE, SAÚDE e FELICIDADE para todos!

Sintonização do Biocampo Global
Redistribuição dos Recursos

No plano global, a Embaixada do M.S.P.D. atua como porta-voz de questões sociais nas arenas educacional e política. O programa abaixo tem por objetivo apoiar a implementação de programas muito eficientes, mas simples e holísticos para romper os ciclos de pobreza/doença.

FATOS: a cada 2 segundos uma criança morre de uma doença que pode ser evitada – em geral relacionada à alimentação. A cada ¾ de segundo um adulto morre de uma doença que pode ser evitada. Razão: falta de recursos, financiamento e educação. FATO: pela primeira vez, temos 1,2 bilhões de pessoas com problemas de saúde decorrentes do excesso de comida e desnutrição, e 1,2 bilhões com problemas de saúde decorrentes de subnutrição. Razão: falta de financiamento e educação. FATOS: gastos militares dos Estados Unidos: US$ 350 bilhões por ano. Quantidade necessária para acabar com toda a dívida do Terceiro Mundo: aproximadamente US$ 350 bilhões. Razão: falta de amor e opção por viver com medo devido à falta de uma educação holística.

James Wolfenson, diretor do Banco Mundial, estima que US$ 100 bilhões acabaria com a maior parte da pobreza do Terceiro Mundo. Gasto global com assistência no presente: aproximadamente US$ 50 bilhões por ano.

A sintonização do Biocampo Pessoal vai sintonizar automaticamente nosso biocampo global; mas temos nossas recomendações a fazer enquanto isso não acontece...

Para realizar nossa agenda prioritária de ALIMENTAÇÃO SAUDÁVEL, ROUPAS, MORADIA DECENTE e EDUCAÇÃO HOLÍSTICA como opção e direito inato de todos os povos da Terra, eu, Jasmuheen, embaixadora do M.S.P.D., convido todas as pessoas de todos os países do mundo a fazer o seguinte:

1. Perdão imediato de toda a dívida do Terceiro Mundo por todos os países (sem exceção). Isso vai liberar um capital muito necessário para a Educação Holística e Programas de Bem-Estar positivos de todos os países do Terceiro Mundo. UMA MÃO ESTENDIDA PARA AJUDAR, NÃO PARA TIRAR.

2. Todos os países devem cessar imediatamente a produção de armas de guerra e suspender os gastos militares. Isso deve ser feito por um período de dois anos, até a Prioridade 1 ter sido realizada no mundo inteiro. Imagine uma moratória global sobre o uso e criação de armas e o quanto todos se sentiriam mais seguros. FATO: 85% de todo o dinheiro da Índia é destinado ao pagamento dos juros da dívida e a despesas militares.

3. Todos os países devem começar imediatamente a implementar Programas de Educação Holística focados na sintonização do Biocampo e na BOA FORMA DOS QUATRO CORPOS. Os fundos destinados à pesquisa devem ser gastos na comprovação dos benefícios conjuntos do programa de 8 passos: meditação, oração, programação, alimentação vegetariana, ginástica, serviço, tempo em silêncio junto à natureza e uso do canto e de música

religiosa. Também recomendamos que todos os PROGRAMAS DE EDUCAÇÃO HOLÍSTICA sejam padronizados como procedimento de medicina preventiva.

Acreditamos que é possível construir uma ponte entre a física quântica e a metafísica utilizando a Ciência do Biocampo e, desse modo, a ciência e a espiritualidade também poderão dar as mãos. NÓS também reconhecemos a necessidade de implementar um pacote holístico que unifique nossas religiões e deixe de alimentar a separação. Acreditamos que a RECEITA 2000> seja esse programa.

Histórico de Jasmuheen

Embaixadora do M.S.P.D.
Autora de 17 livros
Conferencista internacional
Uma das principais pesquisadoras na área da alimentação prânica
Fundadora da Self Empowerment Academy
Co-facilitadora da C.I.A. – the Cosmic Internet Academy [Academia Cósmica da Internet]
Editora e organizadora do Boletim Informativo da Embaixada do M.S.P.D.(boletim online) The ELRAANIS Voice (TEV) [A Voz de ELRAANIS]

www.jasmuheen.co

1957 – nasce na Austrália de imigrantes noruegueses
1959 – começa a se interessar pelo vegetarianismo
1964 – começa a estudar o Chi
1971 – descobre as Línguas da Luz
1974 – inicia-se na Antiga Meditação Védica
1974 – começa a fazer jejuns periodicamente
1974 – descobre faculdades telepáticas
1975 – 1992 – cria as filhas, estuda e aplica metafísica, seguindo várias carreiras
1992 – afasta-se do mundo empresarial para levar uma vida metafísica
1992 – conhece os Mestres da Alquimia
1993 – passa pela Iniciação do Prana e começa a viver de luz
1994 – tem início seu programa de servir a humanidade com os Mestres Ascensos

1994 – recebe o primeiro dos cinco volumes ditados pelos Mestres Ascensos
1994 – escreve *Em Sintonia*
1994 – funda a Self Empowerment Academy na Austrália
1994 – começa da dar cursos de Autocontrole
1994 – dá início ao boletim informativo *The Art of Resonance*, mais tarde rebatizado de *The ELRAANIS Voice*
1995 – viaja extensamente pela Austrália, Ásia e Nova Zelândia partilhando a pesquisa dos Mestres
1995 – escreve *Viver de Luz – a fonte de alimento para o próximo milênio*
1996 – é convidada por St. Germain e Bábaji para divulgar a pesquisa sobre Alimentação Prânica no palco mundial
1996 – começa o programa de reeducação junto à mídia global
1996 – funda a Embaixada Internacional do M.S.P.D. com Kuthumi com sedes em 33 países
1996 – cria a C.I.A. – a Cosmic Internet Academy – um *site* da Web com dados sobre o progresso pessoal e planetário
1997 – começa a Trilogia *Our Camelot*, escrevendo *The Game of Divine Alchemy [O Jogo da Alquimia Divina]*
1997 – forma a Aliança da Embaixada do M.S.P.D., que congrega pessoas interessadas na harmonia e paz mundial
1998 – escreve *Our Progeny – the X-Re-Generation [Nossa Linhagem – a Re-Geração X]*
1999 – escreve *The Wizard's Tool Box [A Caixa de Ferramentas do Mago]*
1999 – escreve *Dancing with my DOW [A Dança com a DI]*
1998-1999 – escreve e publica *Embaixadores da Luz – Projeto Saúde e Fome Mundial*
1999 – começa a contatar governos do mundo inteiro a respeito de soluções para os problemas de Fome e Saúde

1996 - 2001 – viaja extensamente pela Europa, Estados Unidos e Brasil com a agenda *De Volta ao Paraíso*
1996 – 2001 – fala a mais de 600 milhões de pessoas através da mídia global
1997 – começa a implementar o projeto de pesquisa científica sobre Viver de Luz
1998 – Faz tournée internacional para falar a respeito da Agenda dos Mestres Impecáveis
1999 – Faz tournée internacional para falar a respeito do Projeto *De Volta ao Paraíso*
1999 – 2001 – dá início aos Retiros Internacionais de Treinamento de Embaixadores do M.S.P.D.
2000 – Faz tournée internacional para facilitar a eleição de um governo etérico nas 28 cidades-chave, além de divulgar o Programa de Estilo de Vida Prazeroso – P.E.V.P.
2001 – Faz tournée internacional para divulgar a Receita 2000>
2000 – 2001 – escreve *Cruising into Paradise [Viagem ao Paraíso]*
1999 – 2001 – escreve *Divine Radiance – On the road with the masters of magic [Radiação divina – na estrada com os mestres da magia]*
2000 – escreve *Biofields & Bliss [Biocampos e bem-aventurança]*
2000 – 2001 – lança a agenda OPHOP – *One People in Harmony on One Planet* [Um Povo Só em Harmonia num Planeta Só]
2002 – lança a Receita 2000> como uma forma de cocriar saúde, felicidade global, paz e prosperidade para todos os habitantes da Terra
2002 – lança **www.jasmuheen.com** com seus Programas de Educação Holística de Alinhamento Perfeito e Ação Perfeita
2002 – lança o I.R.S. para Instigar, Registrar e Sintetizar a cocriação do **paraíso** pela humanidade.

Livros sobre Respiratorianismo

(Podem ser encontrados no seguinte endereço: http://web.cari.net/~nature/breatharian.html.)

1. ***Diet, Health, & Living On Air*** (Alimentação, Saúde e Viver de Luz), de Morris Krok. Entre os capítulos: Leis de Juízo Moral; Um Estudo sobre o Naturismo; Doenças e Alimentação; Histórias de Casos; Segredos de Viver de Ar.

2. ***Man's Higher Consciousness*** (A Consciência Superior do Homem), de Hilton Hotema (1962). Em sua obra mais célebre, o grande defensor da dieta à base de alimentos crus e frutas - contemporâneo do dr. Herbert Shelton - demonstra a razão pela qual o receptor cósmico no cérebro humano não reage à radiação cósmica como reagia há 20 mil anos. Em 31 lições, o autor trata de questões como respiratorianismo, purificadores de ar cósmicos, perfeição física, alimentos crus, material de construção do corpo, o lar natural do homem, purificação física, imortalidade física, os mistérios da vida e os segredos dos mestres antigos. Um dos grandes clássicos do gênero dos alimentos crus.

3. ***Perfect Creation*** (Criação Perfeita), de Hilton Hotema. Com todos os avanços da tecnologia e das comunicações nos últimos 50 anos, os mistérios do potencial humano ainda são um mistério. Essa brochura mostra o quanto a mente é incrível. Uma obra tremendamente inspiradora que certamente vai despertar seu potencial oculto.

Livros de Jasmuheen

1. **Em Sintonia**: este livro pode ser comparado a um manual de "mecânica de motores", exceto por sua sintonização e alinhamento do sistema de quatro corpos – físico, emocional, mental e espiritual – para uma vida bem-aventurada! O livro apresenta 20 anos de informações fundamentadas em pesquisas, além de muitas técnicas práticas para criar mudanças positivas que vão da respiração ao trabalho com a luz, da bilocação às leis universais, passando pela comunicação telepática. Publicado em alemão, italiano, croata, holandês, português e inglês.

2. **Viver de Luz – a fonte de alimento para o próximo milênio**: quarto livro de Jasmuheen, fala de suas experiências e mostra com detalhes a transformação do corpo físico quando passa a viver exclusivamente de luz. Este livro também discute a imortalidade e apresenta recursos para estancar o processo de envelhecimento. Foi publicado em 12 línguas: inglês, alemão, italiano, holandês, francês, polonês, croata, português, espanhol, grego, húngaro, sueco e, em breve, em russo.

3. **4. e 5. Inspirations** [Inspirações]: mensagens recebidas telepaticamente dos Mestres Ascensos – Vol. 1, 11 e 111.

6. **e 7. Streams of Consciousness** [Fluxos de Consciência], Vols. 1 e 2: divulgam informações recebidas mediunicamente por Jasmuheen durante comunicação com os Mestres Ascensos. Coletânea verdadeiramente inspiradora de transcrições dos ensinamentos recebidos telepaticamente.

8. *Messages from the Masters* [Mensagens dos Mestres]: coletânea de ensinamentos recebidos telepaticamente, extraída dos 5 volumes anteriores da triologia *Inspirations* e dos Vol. 1 e 2 de *Streams*. Atualmente só está em catálogo a versão em alemão, publicada pela KOHA Verlag.

9. *OUR CAMELOT – The Game of Divine Alchemy* [Nossa Camelot - O Jogo da Divina Alquimia]: o primeiro livro desta trilogia fala do mundo dos magos modernos e de seus aprendizes no novo milênio. Trabalhando com St. Germain e Merlin, Jasmuheen oferece informações recebidas mediunicamente sobre o papel dos Cavaleiros Cósmicos da Camelot Cósmica, e também dos dias gloriosos da Camelot do rei Artur e de sua importância para o paraíso que muitos desejam sinceramente recuperar para todos no mundo de hoje.

Este livro também divulga os segredos da vida dos magos da Alquimia Divina (AD) e de sua conexão com os Mestres Alquimistas (MA) que dominam o mundo desde que a Terra começou a ser habitada. *Our Camelot* fala de nossa história galática, de realidades paralelas, do papel dos anjos, de nossa "queda" e de experiências de livre-arbítrio com Lúcifer. Lança uma base inspiradora para que a esperança, a alegria e a liberdade sejam uma realidade vivida mais uma vez pelos habitantes da Terra.

10. *Os Embaixadores da Luz* é o décimo livro de Jasmuheen. Nele Jasmuheen apresenta soluções práticas para os problemas de saúde e fome do mundo e maneiras efetivas de redistribuir os recursos mundiais. Isso implica um exame em profundidade do desarmamento mundial, o fim das proibições, o perdão da dívida do Terceiro Mundo, programas de reeducação holística e eliminação da necessidade de remédios com o fim de todas as doenças.

Os *Embaixadores da Luz* também mostra os benefícios inegáveis do vegetarianismo a longo prazo, tanto em relação à saúde quanto à sustentabilidade dos recursos, além dos modos de vida adotados por aqueles que agora estão liberados da necessidade de consumir alimentos físicos.

Jasmuheen também compila estatísticas do Projeto de Pesquisa Global da Embaixada da Luz, assim como das pesquisas de muitos outros sobre esse fenômeno. Também em alemão e holandês. Em breve em sueco, croata, francês e grego.

11. OUR CAMELOT – Our Progeny – the X-Re-Generation
[NOSSA CAMELOT – Nossa Linhagem – a Re-Geneneração X]: segunda parte da trilogia autobiográfica de Camelot. Um livro profundo sobre a juventude moderna e seu papel no novo milênio, esta obra gira em torno das opções por um estilo de vida e pela paixão, pela paz e pelo sentido da vida, ao mesmo tempo que oferece diretrizes muito necessárias para um rito de passagem em nossos dias. Nessa visão polêmica e pragmática sobre uso e vício em drogas, suicídio e morte, alimentação e recursos sustentáveis, democracia e liberdade de escolha, anjos e gurus, céu e poder divino, Jasmuheen discute as muitas questões enfrentadas pela geração X de hoje.

Mãe de duas filhas, madrasta de três e mãe substituta, Jasmuheen aplica alguns *insights* esotéricos com base nos anos de aconselhamento a adolescentes e adultos jovens , enquanto procuram seu caminho de vida. Este livro de múltiplas camadas, escrito em linguagem simples, reintroduz 8tlan, o comandante futurista da Esquadra Estelar que encarnou no passado para ensinar a Ciência de Luz da Bioenergética e Merlin, o mestre alquimista de Camelot, que ensina elegantemente a arte de viver.

12. *OUR CAMELOT – The Wizard's Tool Box* [NOSSA CAMELOT – A Caixa de Ferramentas do Mago]: desapareceu do sistema de Jasmuheen quando 80% já estava pronto e foi reescrito em dois livros – *Cruising into Paradise* [Viagem ao Paraíso] e *On the Road with the Master of Magic* [Na Estrada com os Mestres da Magia]. Ver acima.

13. *The M.A.P.S. Alliance Manual* [Manual da Aliança do M.S.P.D.], ainda no prelo: será enviado a todos os governos do mundo. Detalhando o projeto global dos Embaixadores do M.S.P.D. para o progresso planetário positivo, esse manifesto fala de desarmamento mundial, redistribuição dos recursos, sistemas políticos, educação no novo milênio e muitas propostas sociais, como a adoção de estilos de vida saudáveis como medida preventiva de saúde.

14. *Dancing with my DOW – Media Mania, Mastery and Mirth* [A Dança com a DI – Midiamania, Autocontrole e Alegria]: apresenta detalhes de sua pesquisa e experiências no campo da metafísica. Abrangendo seus anos em contato com a mídia, Jasmuheen conta suas histórias usando tanto o autocontrole quanto a alegria ao mergulhar mais profundamente no papel do iniciado dos tempos modernos e daqueles que ela chama de "os catalisadores da mudança".

Escrito inicialmente em forma de diário como um recurso terapêutico para aliviar o estresse da convivência com a mídia, Jasmuheen escreveu *Dancing with my DOW* enquanto viajava pela Europa e, neste livro vigoroso, profético e divertido, atualiza o leitor com seu trabalho de visionária futurista.

15. NOVIDADE – *Cruising into Paradise* [Viagem ao Paraíso]: terminado em fevereiro de 2001, este é um livro de cabeceira esotérico com belas ilustrações para estimular o fluxo de energia e cheio de técnicas de programação, exercícios, piadas e humor, citações excelentes e sabedoria antiga. Um manual brilhante para o estudioso de esoterismo e para os que apóiam a experiência de paraíso.

16. NOVIDADE – *Divine Radiance: On the Road with the Masters of Magic* [Radiação Divina: Na Estrada com os Mestres da Magia] : uma história leve, mas detalhada, sobre a vida dos mensageiros dos Mestres da Magia. Um livro de "coração/inteligência" cheio de histórias de Jasmuheen com aqueles que ela chama de Mestres da Alquimia. Fala dos ensinamentos desses mestres e gira em torno do palco global durante os 5 meses em que viajou pela Europa em 2001. Detalha também as experiências pessoais de Jasmuheen enquanto trabalha como escriba dos Mestres da Alquimia, e apresenta instrumentos e programas básicos da Ciência do Biocampo para refinamento pragmático pessoal e global.

17. NOVIDADE – *Four Body Fitness: Biofields and Bliss* [A Boa Forma dos Quatro Corpos – Biocampos e Bem-Aventurança]: obra terminada em agosto de 2001. Neste livro, Jasmuheen e Jeff contam detalhes da Ciência do Biocampo, que inclui códigos de programação e uma receita de estilo de vida que cria paz interior e exterior, harmoniza todas as pessoas e inspira grandes mudanças. Uma ponte entre a Sabedoria Antiga e a Ciência Futurista, *Biofields and Bliss* também apresenta a Ciência Superior da Luz da bioenergética avançada e sua aplicação pragmática para o refinamento pessoal e global.

"Não há misticismo no divino, a vida é apenas Ciência do Biocampo e Códigos."

Grande parte das informações e técnicas de suas obras é apresentada nos retiros e turnées de Jasmuheen. Acesse www.jasmuheen.com se quiser saber detalhes sobre seus retiros e viagens.

Self Empowerment Academy
PO Box 737
Brisbane 4069 Australia
Ph: + 61 7 3878 2446
Fax: + 61 7 3878 2564
www.selfempowermentacademy.com.au

Leia da Editora Aquariana

O Livro do Destino
Prefácio de H. Kirchenhoffer

Diz-se que a obra original foi ditada por Hermes Trismegisto, o Três Vezes Maior dos filósofos, sacerdotes e reis. É por causa dessa sua inspiração que as respostas assumem tanta relevância hoje em dia como devem ter assumido há milhares de anos.

O Livro do Destino é uma forma direta e absorvente de prever o futuro a partir de um antigo oráculo egípcio encontrado em um túmulo real, conservado e utilizado por Napoleão Bonaparte.

O Livro do Chá
Francis Rohmer

Este livro constitui verdadeira "colher de chá" para os interessados em mergulhar no mundo aromático das infusões calmantes, estimulantes, desintoxicantes, diuréticas ou, no mínimo, nas bebidas ideais para motivar encontros descontraídos.

Como complemento, a obra fornece quase uma centena de fórmulas de chás simples ou compostos, aromáticos em sua grande maioria e sempre eficazes contra os males mais comuns que nos afetam.

Walden ou a Vida nos Bosques
Henry David Thoreau

Desde a sua publicação, em 1854, *Walden ou a Vida nos Bosques* se converteu numa bíblia secreta, lida e amada no mundo inteiro. Sem este livro planetário, que une poesia, ciência e profecia, não teria havido Gandhi, o movimento ecológico e a rebelião mundial da juventude. Pelo seu dom de fazer florir e frutificar o coração do homem, esta obra é uma semente.

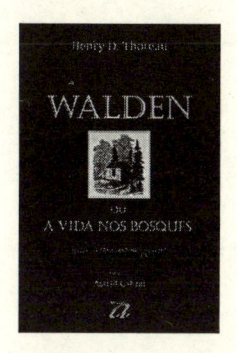

Irritação - O Fogo Destruidor
Torkom Saraydarian

Dentre as muitas causas de doenças, a irritação, embora sendo uma das mais freqüentes, não está suficientemente enfatizada, explicada e trazida a público. Este livro traz um alerta sobre o problema da irritação na vida agitada do homem, mostrando todo o dano que é causado ao seu mecanismo interno e externo, e ensinando as várias maneiras de evitá-lo.

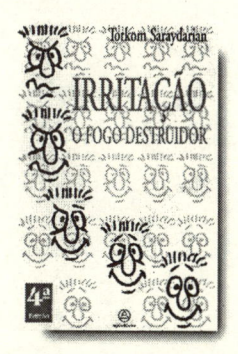

O catálogo com a nossa linha
editorial completa está à sua disposição.
Para recebê-lo por favor contacte-nos diretamente:

EDITORA AQUARIANA
Rua: Lacedemônia, 68 - Vila Alexandria
Tel.: (11) 5031-1500 / Fax: 5031-3462
aquariana@ground.com.br
www.ground.com.br

Impressão e Acabamento
Bartira
Gráfica
(011) 4123-0255